Mein schwacher Wille geschehe

Harry Nutt, Jahrgang 1959, ist Kulturkorrespondent der *Frankfurter Rundschau* in Berlin. In den Jahren 1996–1999 leitete er das Kulturressort der *taz*, von 1999–2006 war er Feuilletonchef der *Frankfurter Rundschau*. Harry Nutt hat diverse Bücher veröffentlicht, im Campus Verlag erschien 1997 *Als der Ball noch rund war*, eine Biografie Sepp Herbergers (zusammen mit Lothar Mikos).

Harry Nutt

Mein schwacher Wille geschehe

Warum das Laster eine Tugend ist – ein Ausredenbuch

Campus Verlag
Frankfurt / New York

Bibliografische Information der Deutschen Nationalbibliothek.
Die Deutsche Nationalbibliothek verzeichnet diese Publikation in der Deutschen Nationalbibliografie. Detaillierte bibliografische Daten sind im Internet unter http://dnb.d-nb.de abrufbar.
ISBN 978-3-593-38781-9

Umschlaggestaltung: Hißmann, Heilmann, Hamburg
Umschlagmotiv: Zeichnung »Sondermann erbt« von Bernd Pfarr
Satz: Campus Verlag, Frankfurt am Main
Druck und Bindung: Druck Partner Rübelmann GmbH, Hemsbach
Gedruckt auf säurefreiem und chlorfrei gebleichtem Papier.
Printed in Germany

Besuchen Sie uns im Internet: www.campus.de

Inhalt

Vorwort

You can always come back,
but you can't come back all the way.

Bob Dylan

Lasterhaft sind immer die anderen. An den Ringen unter den Augen liest man die Ausschweifungen vorangegangener Nächte ab, und ihre Leibesfülle verrät deren Unbeherrschtheit bei Tisch und vorm Fernseher. Unzuverlässig, schlampig, desorganisiert. Mit sich ist man nachsichtiger. Einer geht noch. Die lästigen Pflichten müssen warten, die Gebote haben frei. Im Kampf um die tägliche Selbstbehauptung sollte man auch mal in der Lage sein, der drängelnden inneren Stimme Redeverbot zu erteilen. Es gibt, sagt der Philosoph Blaise Pascal, Vernunftgründe des Herzens, die der Verstand nicht versteht. Der Erfinder des Roulettes hatte eine Ahnung davon, wie eigenwillig die Kugel oft fällt. Und so handeln wir, im Großen wie im Kleinen, wider besseres Wissen. Jedenfalls befolgen wir nicht immer, was wir uns vorgenommen haben. Mitunter ist das ein Segen, bisweilen ist es tragisch.

Die griechischen Philosophen haben dafür das Wort *akrasia* gefunden. (Von griechisch *kratos*, Stärke, bezeichnet *akrasia* den Mangel an Stärke.) Es ist nicht erst die achte Zigarette oder das vierte Glas Wein, die als Verstöße gegen innere oder von außen auferlegte Gebote durchgehen. Man ist schon bei viel harmloseren Dingen in der Lage, das Unsinnige zu tun und das Naheliegende zu lassen. In diesem Buch geht es um Willensschwäche und die unentwegte Bereitschaft, die gefassten Vorsätze wieder zu verwerfen. Danach kommt oft Reue ins Spiel oder auch ein stilles Kopfschütteln über das eigene Tun.

Es gibt keine Negativliste der lasterhaften Erscheinungen, deren Punkte man einfach nur großräumig zu umgehen braucht. Da hatte es die klassische Theologie leichter, die die so genannten Wurzelsünden kategorisiert hat: *superbia* (Hochmut), *avaritia* (Geiz), *luxuria* (Genusssucht, Wollust), *ira* (Zorn), *gula* (Völlerei), *invidia* (Neid) und *acedia* (Faulheit) wurden zwar nicht als Sünden an sich betrachtet. Man nahm aber an, dass sie diesen oft vorausgingen. Bis heute werden sie als schlechte Charaktereigenschaften angesehen, aber semantisch haben die Begriffe Staub angesetzt. Einige der Wurzelsünden gehören, wenn auch in kontrollierter Form, längst zur Grundausstattung erfolgreicher Lebensführung. Wer Faulheit geschickt inszeniert, dem attestiert man Lebensstil, und mit wohl dosiertem Zorn hat man sich seit jeher Respekt verschaffen können.

Was noch immer als Laster durchgeht, findet sich denn auch in keinem an die modernen Kommunikationsformen angepassten Knigge für Beruf und Privates. Zwar sind wir dauernd dabei, für das tägliche Be- und Überstehen Zweit- und Drittmeinungen einzuholen, und an Wegweisern mangelt es nicht. In allen nur erdenklichen Formen werden Verhaltensratgeber für Weingenuss, Sex, Öko-Etikette und anderes verbreitet. Dabei geht es dann ausdrücklich nicht um Wollust. Zu keiner Zeit hat es vermutlich derart viele Freiheiten wie Techniken gegeben, die Bandbreite der Wollust auszukosten und als bedeutendes Merkmal der Selbstbestimmung zu gestalten. Mehr oder weniger sexuell befreit kommt es auf Entscheidungen an, die der Multioptionalität auch gerecht werden. Man hat die Wahl, und es fällt immer schwerer, sie zu unterlassen. Wein, Weib und Gesang verlangen ein fein ausgearbeitetes Unterscheidungsvermögen. Sogar Unangepasste können Hinweise auf ein unkonventionelles Leben aus hinlänglich zur Verfügung stehender Literatur beziehen. Kleidung und Verhaltenshinweise gibt's für den von Jürgen Kaube trefflich beschriebenen »Otto Normalabweicher« von der Stange, auch in Übergröße. Individuelle Mucken können intensiv gelebt oder auf

Sozialverträglichkeit hin abgeglichen werden. Je nach Bedarf gibt es Angebote zur Zügelung oder Entfesslung der charakterlichen Anlagen. Wer seine Laster lebt, ist ebenso geachtet wie derjenige, der sie beherrscht. Die permanente Selbstbefragung und Sinnsuche gehören zu einem identitätsbildenden Prozess, aus dem man nicht herauskommt.

Ein Hilfsangebot mit dem Titel *Lasterfrei in 30 Tagen* wird man nicht finden. Es ist nicht einmal wahrscheinlich, dass es auf starke Nachfrage stoßen würde. Rundum sorglos mag man vielleicht leben wollen, aber man schreckt davor zurück, rundum tugendhaft zu sein. Von den sieben Todsünden scheint nur noch wenig Bannkraft auszugehen. Die Angst, ihnen zu nahe zu kommen, ist schwach ausgeprägt, ein bisschen Sünde steigert Ansehen und Selbstwertgefühl. Wer indes tugendhaft lebt, steht im Verdacht, nicht allzu viel aus seinen Möglichkeiten zu machen. Also übt man sich lieber in Techniken, mit dem Persönlichkeitsmix aus Talenten und Charakterschwächen voran- oder wenigstens klarzukommen. Die meisten Macken hat man ganz gut unter Kontrolle. Wenn man von jemandem sagt, er oder sie sei selbstbewusst, dann meint man das forsche, zielorientierte Auftreten der Person, deren Einschätzungsvermögen der eigenen Fähigkeiten und Kräfte und ihre zweifelsfreie Zuversicht. An solchen Leuten richtet man sich auf. Zum Selbstbewusstsein gehört es allerdings auch, seine eher kläglichen Seiten, schlechte Angewohnheiten und Marotten zu verbergen, so gut es geht. Sie sind da, jeder hat sie und je nach Tagesform sind sie kaum oder besonders deutlich sichtbar. Die misslingenden Vertuschungsversuche machen liebenswert oder einfach nur lächerlich. Wenn wir sie Laster nennen, dann mit ironischem Unterton und in Anspielung auf deren lange theologische Geschichte.

Zum Laster bedarf es immer eines Konflikts. Bereits im Augenblick des Handelns, und oft auch des Nichthandelns, stehen die Einwände Schlange. Es gibt kein Laster ohne Moralisierung. Stärker noch als das, was die anderen sagen, zählt dabei, was die inneren Stimmen flüstern. Wenn es einen inneren Schweinehund gibt, dann nur weil er viele innere Schutzheilige hat. Die Unfähigkeit, all dem angemessen zu begegnen, hört auf den Namen Willensschwäche. Man weist sie von sich, so gut man kann. Hat man wieder mal etwas verpasst oder vermasselt, war es nur schlechte Form. Man weiß ja, wie es geht. Beim nächsten Mal geben wir 100 Prozent, wie Fußballprofis fast in jedem zweiten Satz betonen.

Das Laster tritt immer in doppelter Gestalt auf. Was heute eines sein kann, macht man zuallererst mit sich selbst aus. Zu viel geraucht, zu viel getrunken, den Termin im Fitnessstudio wieder verstreichen lassen. Das Laster kommt uns bei den permanenten Bewegungen der Sinnstiftung in die Quere. Der Einfluss des Unbewussten ist nicht zu unterschätzen. Für derlei Dinge erst einmal sensibilisiert, fällt auf, wie intensiv Laster überall und von fast allen bekämpft werden. Die Exerzitien der Selbstdisziplin sind vielfältig. Eine erfindungsreiche Dienstleistungs- und Freizeitindustrie ist dabei, die Angebotspalette zur Selbstoptimierung ständig zu erweitern und zu verfeinern. Einfache Trainingshose war gestern. Ein entsprechendes Equipment für körperliche Ertüchtigung kostet Hunderte und um einen Diätplan richtig zu verstehen, bedarf es mindestens des Studiums einiger Semester Ernährungswissenschaften. Überall wird reduziert, minimiert und auf Durchschnittswerte geachtet. Das Ich steht dabei immer im Mittelpunkt, aber für den Body-Mass-Index zählen nur messbare Fakten: Größe, Alter, Gewicht, mit irgendwas multipliziert und dann geteilt. Das Ergebnis macht zu nicht geringen Anteilen Individualität in ihrer aktuellen Erscheinungsform aus. Der Feind ist mit all seinen Verführungskräften nicht hinter mir her, er schaut muffelnd zurück aus meinem Spiegel. Er spricht nicht, aber sein Gesicht scheint hämische Kommentare abzugeben: zu fett, zu ungepflegt, zu hässlich. Er nimmt das Wort Laster nicht jedes Mal in den Mund, aber hinter seinen Grimassen scheint eine klare Vorstellung davon auf, wie alles sein sollte. Er weiß, wie es geht, aber du hast es wieder mal nicht hingekriegt und außerdem wissentlich bei der Mülltrennung geschlampt. Das politisch-ökologische Bewusstsein rät zu Lupo, aber die Leidenschaft fährt mit dir Porsche. Wir erleiden Willensschwäche ja nicht nur, wir gehen mit ihr auch auf Partys. Und wenn wir gut drauf sind, erscheinen wir damit ganz liebenswert.

Es geht in diesem Buch zunächst um eine Phänomenologie des Lasters und der Willensschwäche. Was tun wir, wenn wir lästige Pflichten wie die Erstellung und Abgabe der Steuererklärung immer weiter aufschieben? Warum fangen wir nicht an, die einfachen Dinge wie den Abwasch zu erledigen, bevor er als klebriges und stinkendes Monstrum in der Küche auf uns wartet? Ist es denn wirklich so schwer, das Rauchen zu lassen und den Alkoholkonsum zu reduzieren, obwohl man es sich in einer besinnlichen Minute und mit Blick auf die Leberwerte als notwendige und richtige Entscheidung auferlegt hat? Es gibt sichtbare Laster und verborgene sowie mehr oder weniger akzeptierte. Die Grade der Akzeptanz haben sich in der Kulturgeschichte wiederholt gewandelt. Der etwas archaisch anmutende Begriff fischt gern im Trüben. Die Werte des Lasters sind auf einer Skala zwischen Lust und Schuld, Bereicherung und Schaden nicht zu finden. Fragen nach dem Laster greifen tief ein in den psychologischen Haushalt und es kann schon sein, dass die Ursachen für das dauernde Aufschieben und die Hingabe an zerstreuende Ersatzhandlungen weit zurück in der Kindheit liegen. Das Lob des Lasters, um das es hier geht, ist jedoch nicht als psychologisches Vademecum zu verstehen. Die Grenzen zwischen liebenswerten Marotten und manifesten Krankheitsbildern sind mitunter fließend. Wo sie in den Bereich der Zwangshandlungen und Suchtkrankheiten führen, hilft kein anderer Rat als die Empfehlung professioneller und ärztlicher Hilfen. Das »Ausredenbuch« ist nicht als lockeres Entlastungsprogramm misszuverstehen. Faule Ausreden werden ohnehin gnadenlos entlarvt. Dieses Buch enthält keine Liste der 100 besten Ausreden, mit denen man sich elegant durchs Leben mogeln kann. Wenn der Satz: »Lass mich doch endlich einmal ausreden« eine kurze Atempause vor der nächsten Unterbrechung bedeutet, dann soll hier mit Blick auf die allzu menschlichen Schwächen einmal zu Ende gesprochen werden. Abwiegeln gilt nicht. Es ist also ein Ausredenbuch in einem aufklärerischen Sinn.

Ausreden bedeutet auch, weiter auszuholen. Die einzelnen Kapitel nähern sich dem Thema aus verschiedenen Richtungen. Am Beispiel der Spielsucht (siehe *Exkurs: Wenn das Laster zur Sucht wird*) wird das komplexe Zusammenspiel zwischen beiläufigem Zeitvertreib, kreativen Ressourcen und selbstschädigendem Tun beschrieben. Es ist nicht ausgemacht, wo das Vergnügen aufhört und wo pathologisches Verhalten und die Zerstörung der eigenen Lebensgrundlagen beginnt. Wie widersprüchlich die Bewertung ausfallen kann, verrät die unterschiedliche Einordnung von Lastern in die Kategorien des Rechts. Anders als beim Rauchen, wo ja gerade derjenige geschützt werden soll, der es nicht tut, geht der Gesetzgeber im Fall des Glücksspiels davon aus, dass die Akteure vor übermäßigem Spiel bewahrt werden müssen. Glücksspiel ist daher grundsätzlich verboten, und wird, vom Staat kontrolliert, in dieser und jener Form wieder zugelassen. Das Laster wird vor dem Recht also nach dem Muster einer eigenwilligen Relativitätstheorie bearbeitet.

Das erklärt sich schon aus einer nicht sehr geradlinig verlaufenen Rechtsgeschichte, in der demeritorische (also wenig verdienstliche) Güter unterschiedlich eingeschätzt wurden. In traditionellen Gesellschaften wurde eine Praxis der Einhegung der Laster verfolgt. Das Übel der Trunksucht war in den meisten Gesellschaften früh erkannt, kleine Gemeinschaften waren aber geneigt, es zu tolerieren. Trinker wurden nicht exkommuniziert, lange erkannte man in der Trunkenheit eine Art heiligen Taumel. Man wusste immer, wer und wo die Trinker sind und passte so gut es ging darauf auf, dass sie keinen Schaden anrichteten. Laster und Willensschwäche dienten als mahnendes Beispiel für die Gemeinschaft und hatten somit nicht zuletzt eine orientierende und integrierende Funktion.

Im mittleren Teil des Buchs geht es um Ambivalenzen und Neubewertungen, die im weiten Feld von Laster und Willensschwäche lauern. Wenn die angestrengten Versuche, die Laster auszumerzen, ein »erschöpftes Selbst« hinterlassen, wie es der französische Soziologe Alain Ehrenberg beschrieb, dann können begriffliche Umwertungen nicht schaden. Lässigkeit wäre so verstanden eine Haltung, die, vom Gelingen überzeugt, auch mit Niederlage und Scheitern umzugehen weiß. Als Kronzeugen einer solchen Haltung könnte man Himmelkumov heranziehen, den Daniil Charms in einer seiner Kürzestgeschichten auftreten lässt. »Der Tabak war alle, und Himmelkumov hatte nichts mehr zu rauchen. Er zog an der leeren Pfeife, aber das verschlimmerte nur die Qual. So vergingen ein, zwei Stunden. Und dann war wieder Tabak da.«

Himmelkumov ist kein souveräner Akteur, der mit kühler Gelassenheit die Dinge im Griff hat. Die Lage ist ernst, die Qualen sind beachtlich. Man möchte sich gern auf das Vertrauen stützen, das Himmelkumov in der Wartestellung verharren lässt. Aber woher kommt es? Ist es wirklich begründet? Wer besorgt den Tabak? Himmelkumov ist nicht die handelnde Kraft der Geschichte. Es sind vielmehr die Auslassungen des Erzählers, die ihn am Ende wieder mit Tabak versorgen. In den Arenen der Selbstoptimierung und Selbstbehauptung, so könnte man Charms Geschichte lesen, kommt es immer mehr auf Erzählstrategien an. In diesem Sinn ist das Lob des Lasters die Aufforderung, narrative Kräfte zu mobilisieren. Es geht nicht nur um Reduktion und Beseitigung, sondern auch um Darstellung. Schwitzen und Abspecken stehen einem erfinderischen Draufsatteln gegenüber.

Im Strudel des Kaufrausches, eines weiteren oft beschriebenen Lasters, hilft indes der Vorschlag zu Konsumverzicht nicht weiter. Bloße Konsumkritik, das gilt auch nach oder in der Wirtschaftskrise, hat einen blinden Fleck (siehe Kapitel *Durch den Konsum*). Vielleicht käme es aber darauf an, mit der Jungskombo Tokio Hotel zu erfahren, wie man »durch den Konsum« hindurch kommt. Konsumkritik jedenfalls ist ohne Konsumerfahrung und Konsumermüdung nicht zu haben. Der Handlung, mit der etwas wider besseres Wissen getan wird, liegt nicht zuletzt ein emphatischer Begriff von Freiheit zugrunde. Ohne die Erprobung des Falschen kann es das Richtige nicht geben.

Es gibt unweigerlich eine gesellschaftliche Dimension des Lasters. Obwohl in den letzten Jahren in nahezu allen Bereichen eine fundamentale Liberalisierung stattgefunden hat, werden an der Rückfront der erweiterten Freiräume, in denen jeder fast alles darf, doch immer wieder Grenzen gezogen, verschoben und erhöht. Es wäre völlig unzureichend, angesichts dessen nur von erlaubt und verboten zu sprechen. Postheroische Gesellschaften meiden schon aus sprachhygienischen Gründen die Bezeichnung »Verbot«. Entgegen der umgangssprachlichen Verwendung des Begriffs existiert seit 2007 denn auch kein Rauchverbot. Die Freiheit der Raucher wird keineswegs bestritten. Du wirst schon sehen, was du davon hast, lautet die Mahnung, aber: Du darfst rauchen. Vor dem Hintergrund einer umfassenden Toleranz ist der Gesetzgeber nicht um die gesellschaftliche Vermeidung eines weithin als schädlich erkannten Lasters bemüht. Das Nichtraucherschutzgesetz befasst sich mit dem Raucher vielmehr als Gefährder der anderen. Dem Laster des Rauchens gegenüber zeigt sich der Gesetzgeber eher gleichgültig, allenfalls wird es durch Maßnahmen des Gesundheitssystems weiter delegitimiert. Das ist aber eine andere Geschichte.

Am Ende des Buchs wird die gesellschaftliche Dimension von Laster und Willensschwäche in den Blick genommen. Lasterprävention, die weit über Gesundheits- und Haushaltsfragen, den Körper und dessen Inszenierung hinausgeht, folgt in einer Marktgesellschaft, die längst alles dem Wettbewerb unterordnet, ökonomischen Gesetzen. Trotz des Schocks, den die Wirtschaftskrise ausgelöst hat, ist die Hegemonie wirtschaftlicher Organisationsmuster ungebrochen. In Schulen gibt es Bestrebungen, die Leistungen der Lehrer zu kategorisieren und sie entsprechend zu bezahlen. Selbst in Kindergärten hat inzwischen eine Benchmarking-Philosophie Einzug gehalten.

Beim Leben am Limit bleiben jedoch immer mehr Menschen auf der Strecke. Die Zahl der erfolglosen kleinen Familienunternehmen, die bei der Evaluierung der gewöhnlichen Lebensführung durchfallen, hat zugenommen. In einer Ökonomie der Gewinner erzeugt der permanente Zwang zur Selbstoptimierung Ausgeschlossene und Verlierer. Zum koketten Spiel mit den eigenen Schwächen mangelt es diesen meist an performativer Eleganz. Willensschwäche ist hier zugleich Indiz und Beweis dafür, dass es nicht reicht. Im Karneval der Kulturen laufen sie mehr oder weniger unmaskiert mit. Die in diesem Buch vorgenommene Neubewertung der Vorstellungen von Willensschwäche und Laster fragt hingegen nach den Ressourcen, die in Niederlagen und im Scheitern schlummern. Wenn Wille und Entschlossenheit sich dadurch auszeichnen, dass sie einen Endzustand und einen Abschluss herbeiführen, dann geht es hier um *odds* and *ends*, Verknüpfungen, Enden und Anfänge. Man könnte also mit dem Berliner Literaturwissenschaftler Joseph Vogl sagen: Jedem Anfang wohnt ein Zaudern inne.

Theater der Widersprüche – eine Umfrage

»Man kann nicht den ganzen Tag sein Bestes geben.«

Kathrin Passig

Das kleine Ding steckt unschuldig in einem schwarzen Etui, und wenn man es herauszieht, leuchtet meist eine Wolken- oder Seenlandschaft auf. Wie sehr diese multifunktionalen Kommunikationsgeräte den Alltag verändern, malte der Autor und Journalist Adam Soboczynski kürzlich in einem kleinen Essay aus. Der Feierabend hat Feierabend, hieß es da. Wir haben ihn in schrille Alarmsignale oder stummes Vibrieren aufgelöst. Zu später Stunde und selbstverständlich auch im Kreis von Freunden checken wir schnell noch unsere Mails und gehen mal kurz ins Netz. »Jede Nachricht ist potenziell eine schlechte«, schreibt Soboczynski: »Für jene, die ohnehin zu kleinen Neurosen neigen, führen Mailboxnachrichten und E-Mails, die Archive unserer Selbst, zu einer beständigen Unruhe. Zur Sucht ohnehin, da jederzeit eine Neuigkeit darauf warten könnte, von uns entdeckt zu werden. Das neue Heroin heißt iPhone, jenes ultimative Handy, über das man auch E-Mails abrufen kann, ein Arbeitsgerät, das sich als Technikspielzeug tarnt.« Sind wir denn alle verrückt geworden, lässt Soboczynski eine E-Mail-Leserin fragen, als diese entdeckt, dass der schnelle Textaustausch kurz vor Mitternacht stattfand. Ja, sind wir, antwortete der Autor noch rasch und schaltete den Computer aus.

Man kann diese manische Beschäftigung mit den technischen Hilfsmitteln als ein Laster beschreiben, das Auskunft darüber gibt, wie rasend und nachhaltig sich lasterhaftes Tun in unserer Normalzeit einzurichten weiß. »Wir gehören einer neuen Schicht an«, meint Soboczynski: »Wir sind die jederzeit Belangbaren.« Zu einem vollständigen Laster fehlt jedoch der Konflikt. An der seltsamen Bereitschaft dauernd und überall erreichbar zu sein, scheint kaum jemand zu leiden. Manchmal mag es nerven, meist ist man sogar stolz drauf. Kein Problem. Wer dieses kleine Ding aus dem Etui ziehen kann, signalisiert Bedeutung, zumindest für die kurze Phase der Geräteaktualität. Zum handfesten Laster aber fehlt der ernsthafte Versuch, es wenigstens von Zeit zu Zeit einmal ganz ohne zu probieren oder zumindest den Feierabend über offline zu sein.

Jenseits der Anstrengungen, von den Zigaretten loszukommen und nur die Hälfte zu essen, ist die Bandbreite von Laster und Willensschwäche unübersichtlich. Es kommen neue hinzu und nicht alle erkennt man sofort. Versuchen wir es zu Beginn mit Empirie: Ich habe mehr oder weniger unsystematisch berufene Leute gefragt, was sie unter Laster verstehen, wie sie damit umgehen und was man tun oder lassen kann. Für die Autorin und Journalistin Ursula März gehört das Rauchen nach wie vor zu den Dingen, die sie sich vorgenommen hat zu unterlassen – und dann doch tut. Dabei entspricht sie nicht dem Bild der klassischen abhängigen Raucherin. Es ist zehn Uhr morgens, und wir haben uns in einem Berliner Café getroffen. »Ich habe noch keine Zigarette geraucht, und ich werde heute auch keine mehr rauchen«, sagt Ursula März. »Aber das auch nur deshalb, weil ich weiß, dass ich nicht in eine Situation kommen werde, in der ich mir schon tausendmal vorgenommen habe, nicht zu rauchen. Ich spreche von Situationen wie einem komplizierten Telefonat, dem Schreiben eines Textes, der entweder lustvoll oder schwierig ist, dem Herumhängen vor dem Fernseher etc. All das werde ich heute nicht tun, weil ich eine kleine Reise vor mir habe. Und im ICE darf man ohnehin nicht rauchen. Dass ich heute mit Gewissheit nicht rauchen werde, ist allerdings keine Garantie dafür, dass ich es morgen ebenfalls nicht tue. Es ist dabei immer dieses Gefühl mit im

Spiel: Es ist nicht gut.« Dieses Gefühl, sagt März, sei jedoch wankelmütig. Es gehe dabei vermutlich nicht um Haltlosigkeit, sondern um ein Übermaß an Kontrolle und Zwanghaftigkeit.

Und macht sich dieses Gefühl auch in anderen Situationen bemerkbar? Ursula März nennt das morgendliche Ritual, in den Tag zu kommen: »Ich sage mir oft: Lauf morgens nicht zu lange im Schlafanzug rum. Es kann mir passieren, dass ich mittags um eins immer noch vollkommen ungeputzt bin. Das hat gewiss damit zu tun, dass ich Freiberuflerin bin. Ich muss nicht ins Büro. Ich setze mich manchmal also direkt nach dem Aufstehen an den Schreibtisch, ungekämmt, ohne die Zähne geputzt zu haben etc. Wenn es dann klingelt, mache ich die Tür nicht auf, weil ich noch nicht vorzeigbar bin. Ich habe mir schon oft vorgenommen, nicht so in den Tag zu starten. Aber ich mache es, gerade weil ich es mir schon so oft vorgenommen habe. Trotz und eine Art von Unrast sind mit im Spiel, auch so etwas wie Unschlüssigkeit. In dem Moment, wo ich eigentlich ins Bad gehen müsste, um zu duschen und mir die Zähne zu putzen, habe ich zwei Konflikte. Es gibt den Konflikt mit der Sache, also: ordentlich Anziehen. Außerdem habe ich aber noch einen Konflikt zwischen Kontrollverlust und Kontrollzwang. Ich merke, dass ich über die Sache hinaus an ein Persönlichkeitsproblem stoße.« Das Nichteinhalten von Vorsätzen, sagt Ursula März, habe bei ihr fast immer mit einem Zuviel an Kontrolle zutun. Ein Teil des Bewusstseins denke bei jeder Zigarette über das Rauchen nach, dessen gesundheitliche Folgen etc. Dieses Nachdenken führe paradoxerweise dazu, dass sie noch mehr rauche. In ihrem Fall sei das möglicherweise eine Reaktion auf ihre Erziehung.

Diese kleinen Marotten bilden ein Theater der Widersprüche, in das man sich permanent selbst einlädt. Für die großen Laster, Drogen etc, sagt Ursula März, sei sie immer zu ängstlich gewesen. Ihre Laster, glaubt sie, seien uncool. Damit bewege man sich eher im Spießermilieu als im Bohèmienmilieu. Ein weiteres Laster sei

Quasseln. »Ich kann in ein unglaubliches Dauerquasseln hineingeraten. Eine hysterische Herumquasselei, über die ich mich später auf dem Nachhauseweg ärgere: ›Wie konntest Du nur?!‹ Es geht dabei nicht nur um den Unsinn, den ich geredet habe, sondern auch um die Aufgeregtheit, in der es geschehen ist. Es ist eine Quasselmanie, in der ich zwei Stunden am Stück Quatschen könnte. Nicht immer kommt es dazu, aber ein innerer Druck ist da.«

Und es gibt das Gefühl, dass nicht alle Aspekte der Persönlichkeit gleichberechtigt zum Ausdruck kommen. Ursula März ist ein vernünftiger Mensch. Tüchtig, altruistisch und »caring«, wie sie sagt. Sie denke für andere und sei nicht egoman. Aber es gebe sehr wohl einen Teil, der ekstasefähig ist. »Ich meine das nicht erotisch oder sexuell. Ich meine es im Sinne von: Ich bin zu Wildheit fähig. Dieser Teil hat gesellschaftlich relativ wenig Platz. Es gibt kaum gesellschaftliche Räume, in denen man sich richtig gehenlassen kann. Ich gehe bisweilen in Discos und tanze, aber das ist es nicht. Deshalb finde ich Massenereignisse wie Fußballweltmeisterschaften oder die Wahl Obamas, bei der man einfach nur jubelt, unwahrscheinlich plausibel. Dabei geht es gar nicht um die Zustimmung zur Sache. Es gibt dem Bedürfnis nach Ekstase einen Raum. Wir leben jedoch in einer Gesellschaft, in der das nicht regelmäßig vorgesehen ist. Wir fallen nun einmal nicht alle einmal im Monat in Trance. Vielleicht geht es bei meinem Bedürfnis nach hemmungslosem Quasseln um so etwas wie Ekstase.«

Es gibt, vermutet Ursula März, eine anthropologische Komponente. Der Mensch könne nicht nur nach Dingen leben, die er sich vorgenommen hat. Der andere Teil müsse sich irgendwie äußern können. Wo er sich dann äußere, werde individuell bestimmt. Aber: »Der Mensch ist nicht dafür geschaffen, aus Dingen zu bestehen, die er gewollt hat. Wir kommen nicht als Kantianer auf die Welt und gehen auch nicht so ins Grab. Wir sind doch eher Nietzscheaner.«

Wenn in Gesprächen die Rede aufs Laster kommt, fällt bald die Frage, ob damit das Glas Wein am Abend gemeint sei. Fast jeder ist schon einmal versucht gewesen, seine Trinkgewohnheiten in Frage zu stellen. Die Krankenkassen werden nicht müde, entsprechende Wegweiser aufzustellen, was wiederum von Weinkennern in Frage gestellt wird, die »täglich Wein« propagieren. Sein Glas Wein, sagt der Naturwissenschaftler und Sachbuchautor Stefan Klein, empfinde er nicht als Laster. Der Begriff behagt ihm nicht. Es müsse eine Definition her. Probieren wir es zunächst mit der augustinischen Frage: Warum, fragte dieser, gibt sich der Geist Befehle, die er dann nicht befolgt? Als Naturwissenschaftler, sagt Klein, möchte er so nicht fragen: »Ich denke, dass es den Geist als Instanz gar nicht gibt. Was wir als Person empfinden, ist wie einem Baukasten aus verschiedenen und widerstreitenden Anlagen und Regungen entnommen.« Die Frage, die sich in Bezug auf Willensschwäche stelle, sei allenfalls, welche der vielen widerstreitenden Regungen sich als die stärkere erweise. Klein geht von den Funktionsweisen des Gehirns aus: Bei etwas so Elementarem wie der Nahrungsaufnahme würden so alte Gehirnregionen angesprochen, dass der bewusste Verstand die Vorgänge nur unzureichend erfasse. »Das Gehirn ist zunächst einmal dazu da, den Organismus am Laufen zu halten.« Verstand, bewusstes Denken, gute Vorsätze usw. seien allenfalls das Sahnehäubchen auf der Torte, eine späte Station einer sehr langen Reise. Das werde besonders deutlich, wenn mit Substanzen wie Alkohol oder Nikotin in die elementaren Prozesse eingegriffen werde. »Dann muss man mit starken Reaktionen rechnen.«

Suchtmittel oder Drogen wirken unmittelbar auf biochemische Prozesse im Gehirn. Sie stellen so etwas wie trojanische Pferde dar. »Das Gehirn wird durch sie umprogrammiert. Dabei spielt es überhaupt keine Rolle, was einer langfristig will.« Die Frage, warum wir so häufig wider besseres Wissen handeln, beantwortet sich Stefan Klein so: »Es gibt im Gehirn ein Belohnungs- oder

Erwartungssystem. Wenn eine bestimmte Erwartung übertroffen worden ist – sei es durch eine Gehaltserhöhung, ein Kompliment oder einen Gewinn am einarmigen Banditen –, werden Substanzen wie Dopamin etc. freigesetzt. Damit ist immer ein Lernprozess verbunden. Das Gehirn wird umprogrammiert für den Fall, dass eine solche Situation wieder auftaucht.« Dieser Lernprozess sei in erster Linie verantwortlich dafür, dass Glücksspiel ebenso abhängig machen könne wie stoffliche Drogen. Der chemische Eingriff in das Gehirn, sagt Stefan Klein, wirke jedoch viel stärker als beispielsweise eine Belohnung. Demzufolge seien chemische Süchte auch viel zerstörerischer als andere. Die biochemischen Prozesse aber verliefen sehr ähnlich.

Doch woher kommt, jenseits des Einsatzes von Drogen, die Neigung, mal so und mal anders zu entscheiden? Stefan Klein erklärt sich das so: »Vieles, was wir uns vornehmen und dann spontan anders entscheiden, ist uns nicht wirklich bewusst. Es war die große Leistung Freuds, die Instanz des Unbewussten erkannt zu haben. Wenn ich morgens ein Blouson anziehe, obwohl ich mich zunächst für ein Jackett entschieden habe, dann ließ vermutlich eine mir mehr oder weniger unbekannte Motivation das Blouson attraktiver erscheinen.« Alles, was wir tun, sei Folge einer Abwägung erwarteter Gewinne. Wir kennen jedoch weder alle unsere Erwartungen, noch die Motivationen, die uns antreiben. Der Verstoß gegen einen Vorsatz erfolge aus der kurzfristig höheren Bewertung gegenüber der Einhaltung einer bekannten Regel.

Das hat eine lange evolutionäre Geschichte. Langfristiges Abwägen sei im Tierreich etwas sehr seltenes. Einer Ratte, sagt Klein, brauchen Sie mit Argumenten über Selbstschädigungen nicht kommen. Wenn Sie die an Alkohol gewöhnen, dann saufe sie sich zu Tode. Viel erstaunlicher sei daher die Tatsache, dass wir uns überhaupt kontrollieren können. »Das verdanken wir den spezifisch menschlichen Eigenschaften unseres Gehirns – den Regionen des Stirnhirns, die bei uns viel ausgeprägter sind als bei allen anderen Tieren«, sagt Klein. »Und wir sind in der Evolutionsgeschichte sehr gut damit gefahren. Die Fähigkeit, planen und uns selbst kontrollieren zu können, hat uns unabhängiger von der Natur gemacht.«

Skeptisch ist Stefan Klein in Bezug auf praktische Anleitungen für menschliches Handeln im Alltag. So bezweifelt er den Nutzen von To-do-Listen, die dabei helfen sollen, das häusliche Chaos zu beheben oder das Zeitmanagement zu verbessern. In den entsprechenden Ratgebern werden oft viel zu lange Zeiteinheiten als Lösung vorgeschlagen, die dann lautet: Arbeite zwei Stunden lang deine Post ab. Unsere Aufmerksamkeit operiere aber auf sehr viel kürzeren Zeitskalen. Wir haben, so Klein, oft eine sehr absurde Vorstellung von der Planbarkeit des Lebens. »Es hat sich eine Haltung breit gemacht, dass jede Stunde mit strukturierten Tätigkeiten ausgefüllt sein sollte. Das ist langfristig keine gute Idee, weil Sie nicht offen sind für Unerwartetes.«

Den Raum für Unerwartetes versuchen Sascha Lobo und Kathrin Passig mit ihren Überlegungen zum Phänomen des Aufschiebens und Nicht-fertig-Werdens zu erweitern, indem sie auf deren schöpferische Potenziale verweisen. Ihrem Buch *Dinge geregelt kriegen ohne einen Funken Selbstdisziplin* sind zunächst eigene Erfahrungen vorausgegangen. Anschließend wurden empirische Stichproben gemacht. »Ich habe bei den Recherchen für unser Buch auch Leute gefragt, die auf einem bestimmten Gebiet, zum Beispiel beim Einhalten von Terminen, überhaupt keine Probleme mit dem Umsetzen von Vorsätzen haben«, sagt Kathrin Passig. »Die haben übereinstimmend gesagt, dass sie dafür keine besondere Willenskraft aufbringen müssen. Sie führen ihre Sachen einfach zu Ende. Ein Journalist und Autor meinte sogar, den Redakteuren in Zeitungen wären Autoren lieber, die erst zum Text gedrängt werden müssen. Das festige ihr Selbstbild als Redakteur, wenn sie den chronisch Verspäteten gut zureden müssen. Leute, die immer pünktlich liefern, machen den Redakteur ja auch beinahe überflüssig.«

Die Konflikte, die aus dem eigenen Verhalten erwachsen, hängen, so Passig, nicht nur davon ab, wie man sich sieht und wie einen die anderen sehen. Es komme außerdem noch hinzu, wie man selbst die anderen sehe. »Das Ausmaß eines individuellen Leidens am Aufschieben hängt auch von einer Wahrnehmungsverzerrung ab, in der man davon ausgeht, dass die anderen Leute jederzeit alles im Griff haben.« Ein weiterer Aspekt seien die Anpassungsleistungen, die man von sich fordere. »Einige lässt das völlig unberührt. Mir ist es in einigen Bereichen gleichgültig, in manchen beschäftigt es mich aber schon, was andere von mir erwarten.«

Dabei waren es nicht die individuellen Befindlichkeiten, die Kathrin Passig dazu brachten, sich intensiver mit dem Thema zu befassen. »Meine Beschäftigung war eine Gegenreaktion. Ich habe mich lange mit amerikanischen Produktivitätsblogs befasst, in denen es darum geht, wie man sein Arbeitsleben, aber auch seine Freizeit, stromlinienförmiger gestalten kann, so dass mehr in den Tag passt. Dazu muss man wissen, dass diese Blogs nicht von Leuten bevölkert werden, die fest angestellt sind. Die meisten befinden sich in Startup-Unternehmen und machen das was sie tun, sehr gern. Die wollen ja mehr Stunden vom Tag haben, weil sie ihren Unternehmungen nachgehen wollen. Das wird in den Blogs unter dem Aspekt Selbstdisziplin mitbehandelt. Wie kann ich regelmäßig Sport treiben? oder Wie ernähre ich mich gesünder?« Das gehe, sagt Passig, aus einem sehr amerikanischen Geist der Selbstverbesserung hervor, der auch durch empirische Versuche unterstützt werde. »Ich sage diesen Satz zu 100 Kunden und zu 100 anderen sage ich einen anderen Satz. Danach wird verglichen, was besser ankommt. Diese konkrete Herangehensweise hat mir durchaus gefallen. Anfangs fand ich diese Weltverbesserungstechnik im Kleinen ganz spannend. Unangenehmerweise werden dort aber auch Schlafverkürzungstechniken behandelt. Mit der Zeit schien mir das zu einseitig, Ich hatte das Gefühl, dass es ein Korrektiv dazu geben müsste.« Aus dieser Überlegung heraus sei dann das Buch entstanden. »Ich glaube nicht, dass der Wille zur Optimierung selbst den Schaden anrichtet. Vieles davon ist gut und richtig. Der Schaden entsteht vielmehr aus der Idee, dass man ständig sein Bestes geben und aus dem Tag das Letzte herausholen muss. Mir missfällt die protestantische Idee, man müsse sich ununterbrochen fordern. Das überfordert einen schließlich auch. Man kann nicht den ganzen Tag sein Bestes geben.«

Auch die Diversifizierung der Arbeitsverhältnisse hat einen erheblichen Anteil daran, dass wir stets an unsere Grenze getrieben werden. Als Gegenstrategie empfehlen Passig und Lobo technische Lösungen für soziale Probleme: »In dem Moment, wo ich keine festen Arbeitszeiten mehr habe und der Chef mir nicht mehr über die Schulter schaut«, sagt Kathrin Passig, »bin ich natürlich viel stärker auf die Techniken angewiesen, mich selbst zu motivieren. Ich habe es zum Beispiel eine ganze Zeit lang geschafft, zügig ins Büro zu kommen, weil ich zu Hause nicht online war. Also musste ich ins Büro, um rasch meine E-Mails zu lesen. Das sind selbstgemachte Rahmenbedingungen, die einen dazu bringen, das zu tun, was man auch vorhatte. Je mehr Optionen die neuen Arbeitsweisen bieten, desto mehr Werkzeuge muss man sich schaffen, um damit zurechtzukommen. Es ist ja nicht nur so, dass die Arbeit in die Freizeit einwandert. Am Arbeitsplatz selbst entstehen auch mehr Freiheiten und Freizeit.«

In der amerikanischen Produktivitätsliteratur werde nicht sehr sauber getrennt zwischen den Überlegungen zur Effizienzsteigerung und der Frage, wie man sich geschmeidiger in das Korsett aus Anforderungen fügen könne. Es bleiben psychische Blockaden, Naheliegendes auch tatsächlich zu tun. »Was ich bis heute nicht recht verstanden habe«, sagt Passig, »ist der psychologische Widerstand gegen *outsourcing* in der eigenen Haushaltsführung, die Beschäftigung von Putzhilfen oder das Engagieren von Leuten, die einem beim Papierkram helfen. Das ist meist keine Frage des Geldes. Die Kosten kann man leicht woanders sparen. Es scheint starke Skrupel zu geben. Als ginge es dabei nicht um die Sache, sondern darum, sich selbst etwas zu beweisen. Als sei es ehrenrührig, eine ungeliebte Arbeit an andere zu übertragen.«

Dennoch war es Passig und Lobo wichtig, gerade nicht psychologisch zu argumentieren. »Wir haben uns einer psychoanalytischen Betrachtung des Themas weitgehend enthalten«, sagt Passig. »Mich stört das stereotype Zurückführen von allem auf persönliche Unzulänglichkeiten. Das nervt mich auch an der umfangreichen Ratgeberliteratur. Es ist nun einmal so, dass Menschen im Dunkeln schlechter sehen. Das hat dazu geführt, dass Autos Scheinwerfer haben und an den Straßen Laternen aufgereiht sind. Die Ratgeber aber rufen den Leuten zu: Übt doch einfach mal, im Dunkeln besser zu sehen. Wenn 80 Prozent der Bevölkerung an ein und derselben Aufgabe scheitern, dann kann man das nicht mehr auf individuelle Unzulänglichkeiten zurückführen.« Die Fähigkeiten zur Selbstverbesserung seien ohnehin sehr begrenzt.

Die Sache mit dem Pappkarton

Little boxes on the hillside,
Little boxes made of ticky-tacky,
Little boxes, little boxes,
Little boxes, all the same.
There's a green one and a pink one
And a blue one and a yellow one
And they're all made out of ticky-tacky
And they all look just the same.

Malvina Reynolds

In der Frankfurter Innenstadt befindet sich in der Nähe der Hauptwache ein Einzelhandelsgeschäft mit dem schönen Namen »Ordnungssinn«. Zu dessen umfangreichem Warenangebot gehört allerlei Nützliches, das einem das Navigieren durch den eigenen Haushalt erleichtern soll. Man bekommt dort Regalstützen, Türstopper und Leselampen, die man am Buchrücken festklemmen kann. Rätselhaft ist zwar, wie man in einem derart beschwerten Buch bei fortschreitender Ermüdung lesen soll, aber das schicke Lampendesign erstickt derlei Nörgelei rascher, als man vorm Schlafengehen das Licht ausknipsen kann. Auch die Sammlung kleiner Helfer bei »Ordnungssinn« kann sich sehen lassen. Es gibt kaum ein Haushaltsproblem, für das der Laden nicht einen formschönen Lösungsvorschlag bereithält. Für alles, was einem das Leben bisweilen schwer zu machen droht, werden Hefter und Post-its, Klebesysteme, Hängeregister, Schachteln und Dosen in verschiedenen Größen angeboten. Die Palette industriell gefertigter Ordnungshilfen ist unerschöpflich und lässt den Bedürftigen in der Unübersichtlichkeit haushalterischer Tätigkeiten nicht im Stich. Es gibt immer etwas wegzulegen.

Vor ein paar Jahren im Herbst (vielleicht lag es an den fallenden Blättern in den Taunuswäldern) bin ich dort hingegangen, um mich mit Folien, Klarsichthüllen, Beschriftungsgeräten, Kladden und Ablagesystemen einzudecken. Ich war früh dran, denn ich hatte den Antrag auf eine zweite Fristverlängerung für die Einkommenssteuer gerade erst vom Finanzamt genehmigt bekommen. Zumindest war diese nicht, wie zuvor schon einmal geschehen, kurzfristig widerrufen worden, was ökonomisch wie seelisch einiges Unheil angerichtet hatte. Genügend Zeit also. Alles unter Kontrolle.

Ich gehöre zu der Sorte von Menschen, denen der Gedanke an den Kontakt mit den Finanzbehörden Unbehagen bereitet. Genauer ist es nicht zu sagen. Rationale Begründungen sind für diese sonderbare Gestimmtheit, in der ich viele Leidensgenossen hinter mir weiß, nicht zur Hand. Jedenfalls hat dieses Gefühl nichts damit zu tun, dass wissentlich fiskalische Leichen im Keller lagern würden. Nach allem, was ich so weiß, habe ich mir stets Mühe gegeben, auch in solchen Dingen ein rechtschaffener Bürger zu sein. Komplizierte steuerliche Konstruktionen meide ich aus Prinzip, und das Wort »abschreiben« ist für mich ein Synonym für: vergessen; auf sich bewenden lassen; etwas aufgegeben haben. Wie Steuerabschreibungen funktionieren und warum dazu mehrere Jahre vonnöten sind, entzieht sich meiner Kenntnis. Doch pünktlich, wenn die Fristen drohen überschritten zu werden, lasten dunkle Schatten auf der Seele. Das träge Ich, das den Kalender zu lesen versteht, beginnt sich an solchen Tagen zu wappnen. Morgen, spätestens Übermorgen, soll die Sache angegangen werden. Und wenn der Beschluss, Ordnung zu schaffen, nicht nur gefasst, sondern durch ein sichtbares Zeichen, zum Beispiel eine Klarsichthülle, auf den Weg gebracht worden ist, geht man gleich etwas leichter des Wegs. Es gibt immer wieder hoffnungsvolle Anfänge, sogar im Umgang mit der Steuererklärung. Hatte am Tag des Einkaufs bei »Ordnungssinn« nicht sogar die Sonne geschienen? Es gibt ihn, den *indian summer* der Steuererklärung.

Von den drei farbigen Markern, die ich mir damals zugelegt habe, habe ich einen wiederholt beim Lesen von fotokopierten Zeitungsartikeln benutzt. Zwar habe ich schon zu meiner Schulzeit nie so recht begriffen, warum man bunt übermalen soll, was sich auch einfarbig blau mit dem Kugelschreiber unterstreichen lässt. Zumal man mit dem Marker bisweilen die gemeinte Textstelle grob verfehlt, so dass vor allem der Weißraum zwischen den Zeilen bemalt wird. Aber damals benutzten ihn fast alle. Und ohne weiter darüber nachzudenken, versuchte ich es nicht ohne nostalgische Reminiszenz an die vergangene Schulzeit mit dem Marker noch einmal. Jeder hat eine zweite Chance verdient. Warum nicht auch ein schnödes Markierungswerkzeug?

Die restliche Beute meines damaligen Einkaufs bei »Ordnungssinn« ist größtenteils nach wie vor original verpackt. Schlimmer noch: Das eine oder andere gute Stück schaut mich heute fremd an, und ich kann mir beim besten Willen nicht erklären, warum es damals in meine Einkaufstasche wanderte. Keine Ahnung, was die Geräte alles bewerkstelligen sollen. Einer Schere sieht man an, was mit ihr zu tun ist. Vielleicht nicht auf den ersten Blick. Wenn man die Finger jedoch durch die Schlaufen geführt und die Scherenflügel bewegt hat, kommt man damit zurecht. Aber was, um Himmels Willen, bewirken all die kleinen bunten Utensilien auf dem Schreibtisch? Auf der Suche nach irgendwelchen Unterlagen oder Sicherungs-CDs stoße ich im Bisley-Container meines Arbeitszimmers manchmal auf länger zurückliegende Versuche, dem jährlichen Steuerprojekt mit diesem oder jenem guten Stück beizukommen. Können die großen Leitz-Ordner mit der Aufschrift »Steuer« eine Gedächtnisstütze sein? Eher nicht. Sie sind leer. Es ist nicht einmal das Stück Pappe entfernt worden, das vor dem ersten Gebrauch die Bügel schützen soll.

Als die Zeit gekommen war, da das Finanzamt nicht länger mit sich über einen Abgabetermin verhandeln ließ, war ich also einmal mehr gezwungen, den schmuddeligen Pappkarton hervorzuholen, der über Jahre den Dienst nicht verweigert hat, die Quittungen, Rechnungskopien und andere Belege aufzubewahren. Er ist an den Seiten eingerissen und verliert allmählich die Form. Aber nie wäre ich bisher auf die Idee gekommen, ihn durch irgendein moderneres und stabileres Gefäß von »Ordnungssinn« zu ersetzen. Man hängt an solchen Dingen vielleicht nur, weil man sie in jedem Durcheinander sofort wieder erkennt. Ich begann also, den Inhalt auszubreiten in der Hoffnung, dass sich alles zu einem schönen Puzzle zusammenfüge. Ich kramte herum, bildete Häufchen, machte Häkchen, tippte in den Taschenrechner, vertippte mich dabei, begann noch einmal von vorn, schmiss das eine Häufchen um, tippte noch einmal und trug am Ende die Summe dieses Tuns vorsichtig zu einem geduldigen Steuerberater, der all die Schnipsel wortlos entgegennahm, später aber in aller Form mitteilen ließ, ich möge beim nächsten Mal doch Hilfsmittel wie Klarsichthülle und andere Ablagesysteme verwenden. Am besten immer dann, wenn ein Buchungseingang zu verzeichnen sei, mindestens aber einmal im Monat. Nur so als Tipp, das könne doch nicht so schwer sein.

Die Geduld des Steuerberaters hatte bald ein Ende, so dass ich gezwungen war, mich der Angebotsvielfalt auf dem Markt des Wirtschaftsberatungswesens anzuvertrauen. Die geduldige Nachfolgerin des geduldigen Steuerberaters sparte nicht mit wohl bekannten Ratschlägen. Ich möge es doch einmal mit praktischen Ordnungshilfen probieren. Dabei hätte man meinen Einkauf bei »Ordnungssinn« zweifellos als Zeichen deuten können, dass ich mich nicht der Einsicht in die Notwendigkeit verschließe, meine Steuerunterlagen überschaubar und nachvollziehbar zu präsentieren. Am Ende half das aber nicht. Es kam der Tag, da holte ich den alten Pappkarton hervor und bildete Häufchen, machte Häkchen, tippte in den Taschenrechner ...

Über solch rätselhafte Verhaltensweisen hat sich bereits Augustinus den Kopf zerbrochen. Wer legt einem all die Steinchen in den Weg, über die man, falls nicht darüber stolpert, auf wundersame Weise die Zeit und den Zweck seiner guten Absichten vergisst? Am Beispiel der Steuererklärung, die vielen Bürgern als unhintergehbare Pflicht auferlegt ist, lässt sich ein wenig Ursachenforschung betreiben. Zwar kann man sich dem staatlichen Begehren widersetzen. Zunächst passiert sehr wenig, mit einiger Verzögerung aber hat das Amt auf jede Unterlassung eine Antwort. Das vergrößert oft nur die Qual, und man fährt besser damit, den Aufforderungen Folge zu leisten. Bei fortgesetzten Zuwiderhandlungen neigen die Ämter dazu, unbarmherzig ihre Recheninstrumente zu zeigen.

An der Einsicht in die Notwendigkeit und Praxis der privaten Buchführung mangelt es nicht. Dabei leuchten derlei Verhaltensweisen keineswegs sofort ein. Die Steuererklärung ist ein aus der Zivilisationsgeschichte erst sehr spät hervorgegangenes Verfahren, das sich inzwischen regelmäßig und unerbittlich wiederholt. Wie Weihnachten und Ostern kehrt der Zeitpunkt der Steuererklärungspflicht wieder, auch wenn er nicht von vornherein rot in jedem Kalender eingetragen ist. Das Amt zeigt sich in seinen zeitlichen Vorgaben sogar recht flexibel, doch die terminliche Unbestimmtheit steigert das Unbehagen nur noch und ruft mitunter unbekannte Neigungen zu Starrsinn wach. Mit den Pflichten wächst das Beharrungsvermögen, und man beginnt, dumme Fragen zu stellen. Warum hat überhaupt der Staat das Recht, Einblicke in die Einkommensverhältnisse seiner Bürger zu verlangen? Beim Ausfüllen der Bögen wird der Steuerbürger gern grundsätzlich und denkt über anthropologische Fragen oder gar den Prozess der Zivilisation nach. Was trägt die Steuererklärung zur Arterhaltung bei? Und dient sie der Nahrungsaufnahme oder ist sie auf andere Weise existenzsichernd?

Das Gegenteil ist der Fall, ihr Ergebnis vermag Existenzen nachhaltig zu beeinträchtigen. So bürokratisch korrekt eine Steuererklärung auch daherkommen mag, rührt sie doch ans Innerste der gewählten Lebensform. Sie findet einen überall, auch auf dem Waldbauernhof am Rande der Zivilisation, wo Möhren gezogen werden für den Eigenbedarf und den Verkauf auf dem Wochenmarkt in der Stadt. Jenseits der in Anspruch genommenen professionellen Hilfsangebote reagiert das Subjekt meist mit deutlicher Abwehr. Es scheint etwas im modernen Wirtschaftsbürger zu schlummern, das sich gegen den Übermut der Ämter sträubt. Wie kann es sein, dass die soviel dürfen?

Wer Freude und Genugtuung an Vorgängen des Sortierens und Abheftens empfindet, dem ist es indes völlig fremd, dass das Hin- und Herbewegen von ein paar Zettelhügeln, Zahlenkolonnen und Kontoauszügen die Seele beschwert. Tatsächlich aber kommt die Qual mit der Steuererklärung einer sich verbreitenden Zivilisationskrankheit gleich. Nirgends jedenfalls äußern sich die Symptome eines Aufschiebeimpulses derart stark. Man kennt derlei Regungen vielleicht vorm Besuch des Zahnarztes. Der Schritt vor die Tür ist nicht länger hinauszuzögern. Das Pulsieren des Zahnfleischs hat den Mund zu einer gefühlten Größe eines Ochsenmauls anschwellen lassen. Heute noch einmal abwarten? Vorm Zahnarzt lässt sich mehr oder weniger begründet Angst haben. Aber was macht einen Finanzbeamten zur Schreckensperson, dessen Namen man in der Regel nicht kennt und dessen tonlose Aufforderung keine unmittelbaren Schmerzen verursacht? Selbst bei Menschen, die äußerlich jederzeit den Eindruck erwecken, ihr Leben im Griff zu haben, treten Blockaden wie diese auf. Eine der eher quälenden Erfahrungen beim Erstellen der Steuererklärung ist die Wiederkehr der bereits abgelaufenen Zeit. Ist das nicht das eigene Leben, was da auf dem Papier zu bloßen Zahlen gerinnt und nicht selten von der fremden Instanz nachteilig bewertet wird? Der distanzierte Kontakt mit dem Finanzamt konfrontiert unweigerlich mit der plötzlichen Einsicht: »Das bin ja ich.« Gasthof »Zur Krone«, irgendwo im Rheingau, ach, das hatte ich ganz vergessen. Und wie teuer das damals war. Und stundenlang auf das Taxi gewartet. Warum finde ich die dazugehörige Taxi-Rechnung eigentlich nicht?

Das Unbehagen an der Überführung der eigenen Existenz in haushalterische Parameter rührt her aus der abrupten Stillstellung des Datenflusses. Dass aus der vergehenden Zeit Zählbares gezogen werden soll, begreift das sensible Steuersubjekt intuitiv als Kränkung. Es ist nicht hinnehmbar, dass so etwas Grandioses wie das Hinübergleiten von einem Tag in den anderen plötzlich mit Kassenzetteln belegt werden soll. Das Bleibende hatte man sich irgendwie anders vorgestellt als schon nach kurzer Zeit verblassende Quittungen. (Während das verblassende Leben eine Metapher ist, tun es die Quittungen übrigens tatsächlich.) Dabei geht es vermutlich gar nicht um die Angst vor Offenlegung, Rückforderung oder Nachzahlung. Es geht vermutlich nicht einmal um Geld. Den Aufschub leisten sich nicht selten auch jene, die sogar eine Erstattung von der Finanzbehörde zu erwarten haben. Das Geld, das man vom Finanzamt bekommt, wähnt man dort selbst in Zeiten der Finanzkrise gut aufgehoben. Die eigenen Geldstile sind da deutlich prekärer. (Siehe die Kapitel *Durch den Konsum, über die Verhältnisse*) Was man fraglos als mangelnde Selbstdisziplin, Antriebsschwäche oder mentales Chaos beschreiben könnte, hat andererseits auch etwas von einer inneren Rebellion. Je unerbittlicher der Apparat, desto heftiger die Aversion. In den bürokratischen Alltag ragen archaische Reste hinein. Der nach geordnetem Schaltplan funktionierenden Maschine steht ein hilfloses Wesen mit pochendem Herzen gegenüber. Die vielen irrationalen Zuwiderhandlungen gegen die Anordnungen des Amtes folgen dem Gestus kleiner Aufstände.

Zum gegenseitigen Unverständnis zwischen Individuum und Behörde tragen wohl auch die Kommunikationsformen bei. Das Finanzamt schreibt auf standardisierten Vordrucken, die altmodisch erscheinen und autokratisch klingen. Die tatsächliche Kommunikation, ein Telefonat oder gar ein persönlicher Termin, soll durch einen strengen, apodiktischen Ton scheinbar unterbunden werden. Die Behörde legt Wert auf die hohen Mauern des Schriftlichen.

So gesehen kann die strenge Autorität eines Amtes auch etwas Beruhigendes haben. Das Regelmäßige, mit dem die wirtschaftsbürgerliche Pflicht vom Finanzamt eingefordert wird, gewährt Kontinuität und Halt. Mehr als die herumgebrachten Lebensjahre zählen im fortgeschrittenen Alter die absolvierten Wirtschaftsjahre. Wenn der Inhaber einer Steuernummer schließlich seinen Bescheid in der Hand hält, wird er sich im Anflug eines kleinen, na ja, Glücksgefühls, eingestehen, dass der Schrecken des Amtes so groß nun auch wieder nicht ist. Zum Charakterbild der Aufschiebekünstler gehört es, sich das drohende Grauen vor der selbstauferlegten Handlung besonders düster auszumalen. Ist es vollbracht, nehmen wir bevorzugt die distanzierte Haltung des Forschers ein. Warum zeigen wir uns gegenüber der Aufforderung, unsere Einkünfte zu offenbaren, so schwerfällig und zäh? Und warum bewahren wir das zur Buchhaltung nötige Papier in so merkwürdigen Behältnissen auf?

Es gibt viele blinde Flecke beim Umgang mit unseren Schwächen. Und alle Ordnungssinn-Filialen und Simplify-Agenturen haben die Zettelberge auf dem Schreibtisch und im Bewusstsein nicht abbauen können. Zumindest zur Sache mit dem Pappkarton seien ein paar Hinweise erlaubt. Eine wichtige Spur zu dessen Geheimnis hat der Schweizer Architekturhistoriker Siegfried Giedion gelegt. Die Neigung des Menschen zum Provisorischen machte Giedion bereits in der mittelalterlichen Lebenswelt aus. Der Pappkarton mit den Steuerpapieren wäre demnach eine Art Wachhalten des Fluchtinstinkts. Eine »tiefe ökonomische Unsicherheit«, schreibt Giedion in seinem Werk *Die Herrschaft der Mechanisierung*, »veranlasste die Kaufleute und Feudalherren, ihre Habe soweit als möglich mit sich zu nehmen, wusste doch keiner, welche Veränderungen kamen, wenn die Tore sich hinter ihm schlossen. So kommt es, dass im Wort Möbel der Begriff des Beweglichen, des Transportablen tief eingewurzelt ist.«[1] So schwer das solide verarbeitete Holz in den frühen Jahren des Handwerks auch erscheinen mochte, kommt es bei Möbeln doch immer darauf an, wie gut sie zu verstauen sind. »Leicht transportfähig war vor allem das verbreitetste Möbel des Mittelalters: die Truhe. Sie bildete den Grundstock und fast das Hauptelement der mittelalterlichen Einrichtung. Sie diente als Behälter für die ganze bewegliche Habe. Kein anderes mittelalterliches Möbel ist in so vielen Exemplaren erhalten geblieben. Truhen konnten gleichzeitig als Reisekoffer benutzt werden. Der Hausrat war in ihnen stets fertig verpackt. Man war sozusagen immer auf dem Sprung. In dem nomadischen Möbel zeigt sich das politische Chaos der Zeit.«

Im Pappkarton mit den Steuersachen zeigt sich das nie erloschene Bedürfnis, gegebenenfalls auch verschwinden zu können. Die stets wache Absicht, sich im Ernstfall aus dem Staub zu machen, unterhält heute den gesamten Berufsstand der Wirtschafts- und Steuerberater. Indem man ihnen die lockeren Belege anvertraut, beweist man sich seine eigene Flexibilität. Wie sehr das gesellschaftliche Ganze von solch archaischen Instinkten durchdrungen ist, zeigten die ersten Fernsehbilder von der Finanzkrise im Herbst 2008. Den unter ihrer Schuldenlast zusammengebrochenen Banken blieb nichts anderes übrig, als ihre Mitarbeiter zu entlassen. Diese hatten demütig ihre Schreibtische geräumt und ihre Habseligkeiten in kleinen Pappkartons aus den glitzernden Glaspalästen getragen.

Die letzte Zigarette – für heute

»Ich bin überzeugt, dass die Zigarette anders und besser schmeckt, wenn sie die letzte sein soll.«

Zeno Cosini

Vielleicht ist es das leise Knistern, das das Herunterbrennen des Papiers verursacht, noch ehe der Rauch vollständig in die Mundhöhle aufgenommen ist. Der Moment, in dem man eine Zigarette wie ein zu Beobachtungszwecken entzündetes Objekt betrachtet, entfaltet sich für den Raucher zum triumphalen Augenblick. Der weiche Tabakstift liegt leicht zwischen den Fingern, beinahe schwerelos signalisiert er langsam vergehende Zeit, die für den Moment still zu stehen scheint. Die Würde des Rauchens erwächst aus dieser kurzen Erhebung über die Zeit. Bald darauf löst der beißende Druck des Rauchs auf der Lunge einen schrillen Alarm im Gehirn aus, der einen Sekundenbruchteil später bereits widerrufen wird, wenn sich das beklemmende Empfinden in wohlige Beruhigung verwandelt. Nichts, so scheint es, vermag dieses Erlebnis zu stören.

Die Frage nach Genuss ist für einen Raucher zunächst von untergeordneter Bedeutung. Es ist unwahrscheinlich, dass sich jemand an die geschmacklichen Freuden seiner ersten Zigarette erinnert. Fast immer ist das Gegenteil der Fall. Sehr viel naheliegender ist es jedoch, dass man sich an die äußeren Umstände erinnert. Es gehört nicht viel dazu, sich zum Sinnesschock zu bekennen, den das erste Mal ausgelöst hat. Erst später, wenn der Raucher sein Tun in ein Gefüge von Handlungen, Wahrnehmungen und Empfindungen integriert hat, bekommen Geschmacksfragen ihren Platz in einem System von Distinktionen. Nun lässt sich gut begründen, warum und wie oft man es tut, in welchen

Ritualen man sich eingerichtet hat und warum man weiterhin nicht davon lassen kann oder möchte. Auf dem Rauchen lastet ein gesellschaftlicher Legitimationsdruck, mit dem die Raucher umzugehen gelernt haben. Ablenkung, Pausen füllen, die Antwort auf die Frage: Wohin mit den Händen? Andere gängige Erklärungen mehr. Dabei geht es nicht um irgendeinen Tick im weiten Feld individueller Marotten. Mehr als andere Ausdrucksformen gehört Rauchen zur sozialen Praxis, und der Umgang damit erzählt Geschichten vom gesellschaftlichen Tun und Lassen. Rauchend wie nichtrauchend verhält man sich zu seiner Umwelt und gestaltet das eigene Ich. Wie immer man es damit auch halten mag: Rauchen ist bedeutsam, ein zentraler Bestandteil unserer kulturellen Prägung. Zwar gelten Raucher als personifizierter Ausdruck schlechter Gewohnheiten, und es gibt kaum einen, der dies nicht ohne Umschweife einräumen würde. Das schlechte Gewissen raucht mit. Nicht selten sieht man sie als schwache Menschen, die, wie erfolgreich sie auch im gesellschaftlichen Leben sein mögen, sich diesem Bedürfnis hingeben müssen. Rauchen stellt einen permanent misslingenden Triebaufschub dar. Zugleich erstattet aber gerade die stigmatisierte Gruppe der Raucher der demeritorischen Handlung, dem wenig verdienstvollen Tun, ihre Normalität. Rauchen trägt zum gesellschaftlichen Gelingen nichts bei, aber man hat sich daran gewöhnt, dass es vorkommt. Mehr noch: Weil es als schlechte Gewohnheit grassiert, bekräftigt es die Existenz und die Notwendigkeit der guten. Das schlechte Beispiel, mit dem andere vorangehen, stabilisiert den Kanon der Tugenden. Im Raucher manifestiert sich der alltägliche Kampf des Einzelnen, ein besserer Mensch zu werden. Die Gesellschaft der Nichtraucher hat lange Zeit recht milde auf ihn geblickt, weil sie ihre verborgenen Kämpfe in seinem gut aufgehoben wusste. Das gesellschaftlich anerkannte Laster hat nicht zuletzt auch eine Stellvertreterfunktion. Es schützt vor schlimmeren heimlichen Unsitten.

Es gibt kein unschuldiges erstes Mal. Zug um Zug, das weiß der Rauchende von Anfang an, übertritt er ein Verbot. Das erste Mal erfolgt als negative Initiation. Man wird in die Gesellschaft der Raucher nicht feierlich aufgenommen, sondern verschafft sich unerlaubten Zutritt. In der kindlichen Entwicklung ist es bis heute der bedeutendste Regelverstoß, den begangen zu haben eine ausgesprochene innere Verpflichtung darstellt. Die erste unerlaubte Zigarette ist wohl noch immer die erste jugendliche Mutprobe. Sie führt ein in die Kunst der Lüge, und mit etwas Glück und Geschick macht man die Erfahrung, dass die Strafe nicht notwendig auf das Vergehen folgt. Die erste Zigarette erschließt so gesehen ein neues Verhältnis zur Welt.

Zeno Cosini, der wohl berühmteste Raucher der Weltliteratur, dessen lasterhaftes Tun der im Triest der k.u.k.-Zeit geborene Italo Svevo so ausführlich wie spielerisch hintertrieben im gleichnamigen Roman schildert, raucht das vom Vater gestohlene Päckchen in kurzer Zeit hintereinander weg, weil er das Diebesgut nicht lange bei sich behalten möchte. Selten bereitet das unerlaubte Rauchen das erhoffte Vergnügen. Zur Angst vor der Entdeckung durch die Eltern gesellt sich die Scham vor Gleichgesinnten. Einmal begehen die Kinder ein heimliches Wettrauchen, das Zeno gewinnt. Nur mühsam vermag er die bald darauf einsetzende Übelkeit zu verbergen, während der unterlegene Spielkumpan anschließend auch noch das Siegesgefühl davonträgt. »Mir macht es gar nichts, dass ich verloren habe. Ich rauche nur, so lange es mir Spaß macht.«[2]

Zeno Cosini war zu keinem Zeitpunkt ein Spaßraucher. Die umfangreiche Literatur, die bei der Befreiung von der Nikotinsucht helfen will, versäumt nicht, unablässig darauf hinzuweisen, dass die propagierte Freude am Rauchen eine Illusion ist, sei es aus durchschaubaren Marketinggründen, sei es infolge komplexer Konstruktionen von Selbstbetrug. Zeno Cosini ist ein Meister von Techniken, die es ihm ermöglichen, das eigene Bewusstsein zu hintergehen. Als junger Erwachsener kann er selbst dann nicht vom Nikotin lassen, als ihn eine Krankheit ans Bett fesselt. »Damals konnte ich noch nicht sagen, ob ich die Zigarette, ihren Geschmack und den Zustand, liebte oder hasste. Später habe ich verstanden, dass ich das alles hasste, was die Sache noch viel schlimmer gemacht hat. (...) Als der Arzt fort war, blieb mein Vater noch bei mir (meine Mutter war schon seit vielen Jahren tot), rauchte seine Zigarette und leistete mir ein wenig Gesellschaft. Bevor er fortging, legte er leicht die Hand auf meine glühende Stirn und sagte: ›Nicht rauchen, du!‹ Da kam über mich eine ungeheure Erregung. Ich dachte: Es schadet mir, ich will es nie mehr tun. Nur ein einziges und letztes Mal will ich noch rauchen. – So zündete ich mir eine Zigarette an. Sofort verließ mich jede Erregung, obwohl das Fieber noch stärker wurde, und ich bei jedem Zug meine Kehle brennen fühlte, als würde ein glühendes Holzstück hineingestoßen.«

Die inneren Kämpfe um Rauchen und Nichtrauchen sind der Klassiker jener charakterlichen Ambivalenz, die wir Willensschwäche nennen. Jeder hat Erfahrungen mit der Nikotinzufuhr gesammelt, und sei es auch nur in einer kurzen Phase seines Lebens. Irgendwann einmal, auf dem langen Weg des Erwachsenwerdens, hat man es probiert. Spätestens seit dem 18. Jahrhundert gehört Rauchen zur Geschichte des Aufwachsens. Das ist paradox genug. Das illegitime Zeichen der Zugehörigkeit zur Welt der Erwachsenen ist zugleich Ausdruck einer gefährlichen und oft lebenslangen Abhängigkeit. Der Drang nach Unabhängigkeit und Eigenständigkeit bringt eine schwer wieder los zu werdende körperliche Bindung hervor. »Schon aus diesen meinen Aufzeichnungen geht hervor«, heißt es in *Zeno Cosini*, »dass mir ein ungestümer Drang innewohnt, besser zu werden. Und dieser Drang wird mir immer innewohnen, worin ja mein allergrößtes Unglück besteht.«

In *Zeno Cosini* wird ein ganzes Bündel psychologischer Ur-Szenen ausgebreitet, die den Raucher als modernes Individuum im Selbstbehauptungskampf zeigen. Der kindliche Übermut, väterlicher Autorität zu trotzen, erfasst den Körper des Heranwachsenden unmittelbar. Zugleich erlebt Zeno Cosini die Schwäche des Vaters, weil dieser glaubt, allmählich den Verstand zu verlieren: Er konnte einen abgelegten Zigarettenstummel, den Zeno aufgeraucht hatte, nicht wiederfinden. Während die Lüge lediglich Schamesröte in die Wangen treibt und ein Diebstahl kaum mehr als ein flaues Gefühl in der Magengegend bereitet, überwältigt die Übelkeit, die das Rauchen verursacht, den ganzen Körper. Der junge Raucher erfährt die Erregungen eines doppelten Schwindels. Er übertritt ein elterliches Verbot und macht eine erste körperliche Grenzerfahrung.

Mit dem Rauchen erlernt der junge Mensch allerdings auch das Umgehen eines Verbots: Es wird zur Gewohnheit. Die einstige Überschreitung nimmt als Wiederholung Gestalt an und formt sich zu einem persönlichen Stil. Aber trotz aller kulturellen Adaption bleibt eine dauerhafte Verbindung zum Gewissen. Im Zusammenhang mit dem Rauchen sprechen wir gleichermaßen von schlechter Angewohnheit und schlechtem Gewissen. Italo Svevos Romantitel gibt diese Doppeldeutigkeit ausdrücklich wieder. In der deutschen Übersetzung heißt es sowohl »Zenos Bewusstsein« wie »Zenos Gewissen«. Es ist der tragikomische Bericht über einen, der nicht daran glauben mag, sein Leben aktiv beeinflussen zu können. Mit klarem Verstand manövriert sich Zeno durch die aberwitzigsten Situationen und hofft auf die gestaltende Kraft des Schicksals. Der Kampf gegen die Nikotinsucht ist hier eine Metapher des Versagens vor den Anforderungen eines maßvollen Lebens.

In solche Kämpfe ist jeder Raucher dauerhaft verstrickt. Noch der überzeugteste Genussraucher hat sich wiederholt die Frage gestellt, ob er es nicht besser ließe. Zeno Cosini befasst sich allerdings kaum mit den gesundheitlichen Folgen – wohlwissend um ihre Existenz. Sein lebenslanger Bewusstseinskampf überragte die Fragen nach den gesundheitlichen Begleiterscheinungen. Das Aufhörenwollen wird nichtsdestotrotz zum grotesken Zwang, für den Zeno Cosini immer neue Strategien entwickelt. Als Zwangsneurotiker im fortgeschrittenen Stadium verbindet er seine Vorsätze mit einer inneren Zahlenmystik, von der Erfolg und Misserfolg seiner Lossagungen abhängen. »Als ich Student war, wechselte ich einmal die Wohnung und musste die Wände des Zimmers, das ich verließ, neu tapezieren lassen, weil ich sie über und über mit Daten bedeckt hatte. Ich verließ das Zimmer wie einen Friedhof meiner guten Vorsätze. Ich hatte sie alle dort begraben und hielt es nicht mehr für möglich, an demselben Ort noch einmal neue zu schmieden.«

In der Floskel vom guten Vorsatz scheint der Wechsel vom Fremdzwang zum Selbstzwang geradezu feierlich anerkannt, doch der Sprecher kokettiert bereits mit dessen Scheitern. Wer gute Vorsätze verkündet, stellt bereits in Aussicht, dass nichts daraus werden könnte. In der etwas geschwollen daherkommenden Rede ist bereits die Harmlosigkeit des Unterfangens zu erkennen. Man will es tun, womöglich aber auch lassen. Es ist gewiss kein Zufall, dass zum endlich gefassten Entschluss der Jahreswechsel gewählt wird. Im neuen Jahr wird alles besser. Man positioniert sich zur Zeitrechnung und verleiht so seinem Neuentwurf ein besonderes Gewicht. So wie die Pausenzigarette einen flüchtigen Ausstieg aus dem schnöden Vergehen der Zeit verspricht, so erhofft man sich vom Verzicht zum neuen Jahr eine besondere Abrundung des Unterfangens. Hinzukommt, dass man sich den Zeitpunkt zur späteren Bilanz von Abstinenzleistungen gut merken kann. Im Falle des Scheiterns rückt es den nächsten Versuch in angenehm weite Ferne. Das Laster wird dadurch zugleich veredelt und trivialisiert. Zeno Cosini, der ein geradezu besessener Sammler von Aufhörstrategien ist, entweiht das immer wieder gegebene Versprechen, indem er es mit der Illusion von Geschmack verknüpft und bewahrt sich so die vielleicht auch beruhigende Aussicht auf künftiges Scheitern: »Ich bin überzeugt, dass die Zigarette anders und besser schmeckt, wenn sie die letzte sein soll.« Folglich raucht er in seinem Leben lauter letzte Zigaretten und gelangt von einer Zigarette zu einem guten Vorsatz und von einem guten Vorsatz zu einer Zigarette. So dreht sich der Zirkel des Lasters. Aber es ist ein kulturelles Spiel, denn anders als bei einer zerstörerischen Sucht attestiert man dem Rauchen, eine noch zu behebende Malaise zu sein. Der Schaden, so die stets mitschwingende Hoffnung, ist nicht irreversibel. Während Alkoholabhängigkeit immer auch im Ton einer gewissen Tragik gesprochen wird, hat der Raucher Aussicht auf Umkehr. Dem Trinker droht sozialer Ausschluss, der Raucher muss bloß raus auf den Balkon.

Ist das Aufhören denn tatsächlich so schwierig? Der reichlich zur Verfügung stehenden Ratgeberliteratur ist zumindest daran gelegen, es einfach erscheinen zu lassen. Selbst der Verzicht muss mittlerweile eine besonders gut konsumierbare Ware sein. Zur Frage, wie man dem Laster des Rauchens beikommen kann, bietet der Anti-Raucher-Guru Allen Carr, vor einiger Zeit selbst an Lungenkrebs gestorben, denn auch weniger eine Methode als eine Haltung an. Er schlägt vor, den Rauch mit Verachtung und Wissen abzuschirmen. Die einzige Disziplinleistung, die man erbringen muss, besteht darin, zu Lebzeiten Carrs Kursen, und gegebenenfalls im Fernstudium seinen Büchern, von Anfang an gewissenhaft zu folgen. Zur Anfeuerung und Bekräftigung dieser Disziplin wird er auch schon einmal streng. »Alles, was Sie tun müssen, ist, meine Anweisungen zu befolgen. Wenn Sie nur einmal den falschen Weg einschlagen, sind alle weiteren Anweisungen sinnlos.« Hier spricht ein Zuchtmeister des Lasters, der nicht daran denkt, sich länger mit liberaler Beliebigkeit aufzuhalten.

Allen Carr stellt sich als vormals schwerer Raucher vor, der irgendwann begriffen habe, worauf es ankommt. Er verrät das Geheimnis, wie man wieder davon loskommen kann, nicht gleich zu Beginn. So richtig verstehen tut man es auch am Schluss nicht, aber es soll viele Ex-Raucher geben, die in seinen Büchern wie in der Bibel lesen. Warum es mehrere solcher Bücher geben muss, ist vielleicht allzu ketzerisch gefragt. Neben dem großen Klassiker gibt es eine kompakte Kurzfassung für alle, die sich nicht lange mit den Qualen des Aufhörens abgeben wollen. Auch wenn er die sanfte Tour propagiert, sich das Rauchen abzugewöhnen, muss man sich Allen Carr und seiner nachsorglichen Belagerung doch rückhaltlos anvertrauen. Soviel Guru-Attitüde muss wohl sein. Carr breitet zunächst einmal das verfügbare Wissen über das Rauchen aus. Die Gründe, warum man es tut, aber eben auch das weite Feld der gesundheitlichen Folgen. Er greift dabei nicht auf früher übliche Schockmethoden wie das Präsentieren von Bildern geteerter Raucherlungen etc. zurück. Allen Carr geht ganz behutsam vor, im Ton eines sympathischen Gemeinschaftskundelehrers: »Seit ich das Rauchen aufgehört habe, war es mein Hobby und später mein Beruf, den vielen Rätseln, vor die uns das Rauchen stellt, auf die Spur zu kommen, Es ist ein verzwicktes, faszinierendes Puzzle und praktisch unlösbar wie ein Zauberwürfel.«

Es sei gar nicht schwer, wenn man die Kniffe kennt. Man solle sich dessen bewusst sein, dass es sich beim Rauchen um eine Sucht handelt, die sowohl mentale und körperliche Formen der Abhängigkeit erzeugt. »Zum Glück ist es leicht, von dieser Droge frei zu kommen«, schreibt Carr, »doch erst einmal müssen Sie akzeptieren, dass Sie süchtig sind.« Wie beim klischeehaften Einführungstreffen der Anonymen Alkoholiker besteht die erste Übung darin, sich einzugestehen, dass man süchtig ist. Rauchen ist Sucht. Ich heiße Udo und bin abhängig. Solche Initiationsriten klingen immer ein wenig nach sektenhafter Unterwerfung. Selbsterkenntnis verlangt stets Demut. Allen Carr erlöst einen aber schon bald: »Beim Nikotinentzug erleidet man keine körperlichen Schmerzen.« Die Qualen des Rauchers sind anderer Natur. Für den Raucher, der beschlossen hat, sich das Rauchen abzugewöhnen, müssen die Ausflüchte vorbei sein. Die Vergiftung des Körpers, so Carrs Erkenntnis, ist nicht das Problem. Zwar wirkt Nikotin wie alle Drogen. Nach einer Zeit des Wohlbefindens fällt das Glücksempfinden nach unterbrochener Stoffzufuhr stark ab. Der Körper verlangt nach mehr, er will, dass man die Dosis steigert. Wer Raucher kennt, die sich trotz einer brennenden Zigarette bereits die nächste anzünden, muss bei ihnen nicht gleich Anzeichen einer beginnenden Amnesie vermuten. Es äußert sich darin vielmehr der Impuls eines Rauchers, die Dosis zu erhöhen. Im Gegensatz zu anderen Drogen greift Nikotin den Körper in puncto Abhängigkeit nicht dauerhaft an. (Die Schädigung der Lunge und anderer Organe steht auf einem anderen Blatt). Schon nach etwa vier Wochen Abstinenz, rechnet Carr vor, ist der Körper von seinem Verlangen nach Nikotin befreit. Dass Raucher dennoch sehr viel länger brauchen, um von ihrem Laster loszukommen, schreibt Carr einer mentalen Abhängigkeit zu, die er Gehirnwäsche nennt. »Wie ich sagte, existiert die Gewohnheit gar nicht. Der wahre Grund, warum jeder Raucher weiter raucht, ist jenes kleine Monster in ihm. Immer wieder muss er es füttern.« Das kleine Monster in uns, der innere Schweinehund. Noch in den härtesten Kampfansagen gegen die Neigung zur Indolenz wird bevorzugt auf eine verniedlichende Märchenmetaphorik zurückgegriffen. Im Tier, vor dem man sich ekelt, versucht man zu bannen, was man eigentlich gar nicht fassen kann.

Allen Carr verwendet viel Energie darauf, vor den falschen Methoden der Rauchentwöhnung zu warnen. Die Benutzung von Nikotinpflastern oder nikotinhaltigen Kaugummis, die eine kontrollierte Nikotinzufuhr regeln, verlängern, warnt Carr, lediglich die Sucht. Auch die kleinen Tagessiege, auf die man stolz ist, weil es einem gelungen ist, weniger zu rauchen, helfen nicht weiter. Die Wenigraucher, die gelegentlich als Helden einer kontrollierten Sucht dastehen, enttarnt er als Lügner. Sie gehen heimlich aufs Klo, und die Heimlichraucher sind ohnehin die Schlimmsten. Da die Nikotinabhängigkeit gar nicht das Problem darstelle, sei es unsinnig, von dieser Seite her zu operieren. Die Verzichtsleistung besteht nicht im Weglassen des Nikotins, sondern in der Bearbeitung der psychologischen Gestalt, die die Zigarette hält und an den Mund führt. Aber selbst einfach und abrupt aufhören, Carr nennt das die Methode Willenskraft, ist letztlich der falsche Weg.

Allen Carr ist der gute Ratgeber, aber irgendwann hilft die sanfte Tour nicht weiter. Dann müssen auch zur Bewältigung der vermeintlich geschmeidigen Tour, »der einfache Weg, mit dem Rauchen Schluss zu machen«, feste Regeln her. Im Buch sind sie eigens dafür fett gedruckt: »Was Sie auch vorhaben, verfallen Sie nicht in den Fehler, zu sagen: ›Jetzt nicht. Später‹, und die Sache zu verdrängen. Stellen Sie jetzt Ihren Zeitplan auf und freuen sich darauf.« Nicht verdrängen. Gute Idee. Nicht aufschieben. Auf solche Tipps haben die Willensschwäche-Addicts schon lange gewartet. Allen Carr schließt seinen Ratgeber denn auch nicht, ohne am Ende gesellschaftskritisch zu werden. »Ich halte das Rauchen für den größten Skandal in der westlichen Gesellschaft, Atomwaffen eingeschlossen.«

Warum eigentlich nur der westlichen Gesellschaft?

Während viele der rauschhaften Genussstoffe aus dem Orient gen Westen kamen und wiederholt entscheidenden Einfluss auf das Gesellschaftsleben hatten, kam der Tabak tatsächlich aus westlicher Himmelsrichtung. 1627 weiß der kurpfälzische Gesandte Johann Joachim von Rusdorff von einer seltsamen Eigenheit zu berichten, die er in den Niederlanden beobachtet hatte. »Ich kann nicht umhin, mit einigen Worten jene neue, erstaunliche und vor wenigen Jahren aus Amerika nach Europa eingeführte Mode zu tadeln, welche man eine Sauferei des Nebels nennen kann, die alle alte und neue Trinkleidenschaft übertrifft.

Wüste Menschen pflegen nämlich den Rauch von einer Pflanze, die sie Nikotina oder Tabak nennen, mit unglaublicher Begierde und unauslöschlichem Eifer zu trinken und einzuschlürfen.«[3] Das große Erstaunen ist der sonderbaren Einnahmeform des fremden Stoffes zuzuschreiben. Während die meisten aus fernen Welten stammenden Genussstoffe wie Kakao, Tee oder Kaffee getrunken wurden, stellt das Rauchen aus anthropologischer Sicht einen Sonderfall dar. 1658 veröffentlicht der jesuitische Prediger Jakob Balde eine Satire gegen das Rauchen und spricht von der »trockenen Trunkenheit«.

Der Kulturwissenschaftler Wolfgang Schivelbusch sieht in dem Ausdruck jedoch weit mehr als nur einen metaphorischen Versuch, das Phänomen der Rauchaufnahme zu beschreiben. Die Medizin des 17. und 18. Jahrhunderts sah bereits den Kaffee als einen trockenen Stoff, dessen Haupteigenschaft es sei, die Körpersäfte des Menschen auszutrocknen. »Ganz ähnlich«, so Schivelbusch, »sieht die Medizin des 17. und 18. Jahrhunderts die Wirkungen des Tabaks. Die Ähnlichkeiten gehen bis hinein in die Formulierungen. Wie der Kaffee so trockne auch der Tabak insbesondere einen Körpersaft aus, den Schleim. (…) Wie beim Kaffee, so wird auch beim Tabak diese trocknend-entschleimende Wirkung je nach der weltanschaulichen Position des Autors positiv oder negativ gesehen, und wie in der Auseinandersetzung um den Kaffee verläuft die Frontlinie zwischen dem bürgerlich-fortschrittlichen Bewusstsein, das in der antierotischen Trockenlegung die wahre Gesundheit (sprich: Produktivität) des Körpers sieht, und der konservativen Anschauung, die in der manipulativen Störung des Säftegleichgewichts die Zerstörung des Körpers (sprich: die überlieferten Verhältnisse) befürchtet.«

Bemerkenswert ist, dass das Rauchen über viele Jahrzehnte trotz der von Beginn an vorhandenen Befürchtungen eher positiv konnotiert war. »Einer der studiert«, zitiert Schivelbusch den holländischen Arzt Beintema von Palma »muss notwendig viel

Tabak rauchen, damit die Geister nicht verloren gehen, oder da sie anfangen zu langsam umzulaufen, weshalb der Verstand, sonderlich schwere Sachen nicht wohl fasst, wieder mögen erweckt werden, worauf alles klar und deutlich dem Geiste überliefert wird, und er wohl überlegen und beurteilen kann.«

König Friedrich I. in Preußen ließ so genannte Tabakskollegien abhalten, die er aus den Niederlanden übernommen hatte in der Annahme, »dass der Gebrauch des Tabaks gegen alle böse Luft gut sei«. Das Rauchen wurde so gesehen zur Stimulanz politischer Stimmungen eingesetzt. An den Zusammenkünften nahmen auch Damen teil, und von der Pflicht zu rauchen konnte man sich zugunsten wohltätiger Zwecke freikaufen. Der Sohn Friedrichs I., der so genannte Soldatenkönig Friedrich Wilhelm I., behielt die Institution des Tabakkollegiums bei, änderte aber grundlegend ihren Charakter. Nun wurde die Runde als reine Männergesellschaften abgehalten. Man traf in einfachen Räumen zusammen, trank reichlich Bier und sprach über Tagespolitik, Religion und anderes. Zum gemeinschaftlichen Rauchen wurden gar die höfischen Regeln außer Kraft gesetzt: Jeder sollte ungehemmt sprechen dürfen, niemand musste sich erheben, wenn der König den Raum betrat. Die Runde traf sich in den Schlössern von Berlin und Potsdam sowie im Jagdschloss Königs Wusterhausen, südlich von Berlin. Zum Teilnehmerkreis gehörten hochrangige Militärs, hinzu kamen gelegentlich Diplomaten und Reisende, von denen man sich interessante Neuigkeiten erhoffte. Regelmäßig anwesend waren auch einige Gelehrte, so genannte »Lustige Räte«, die vom Hof materiell abhängig waren. Sie wurden als Fachleute angehört, häufig aber auch zu übermäßigem Alkoholgenuss und zu Streitgesprächen animiert, die zum Vergnügen der übrigen Anwesenden nicht selten in schweren Handgreiflichkeiten endeten. Einer von ihnen war der Historiker Jacob Paul von Gundling, mit dem sich der wenig feinsinnige König derbe Späße erlaubte. Gundling galt als eitel und willensschwach und wurde wiederholt gedemütigt. Der König brachte so seine Abneigung gegenüber den Wissenschaften zum Ausdruck, von denen er glaubte, dass sie seine Untertanen zu sehr verweichlichten. Sein Sohn, Friedrich der Große, brach mit der Tradition des Tabakkollegiums. Nicht aus grundsätzlichen Vorbehalten gegen den Tabakkonsum. Er bevorzugte Schnupftabak, und er hielt ferner wenig davon, Wissenschaftler vorzuführen. Seine Korrespondenz sowie seine Potsdamer Zeit mit dem französischen Philosophen Voltaire sind inzwischen Legende.

Über das Anekdotische hinaus verweisen die preußischen Intermezzi darauf, wie sehr der Umgang mit dem Rauchen von Beginn an gesellschaftliche und politische Relevanz hatte. Jede Gesellschaft greift auf die für sie opportunen Hilfsmittel und Drogen zurück. Wenn das Rauchen jetzt aus der Öffentlichkeit verbannt wird, besagt das kaum mehr, als dass die gesellschaftlichen Folgekosten höher eingeschätzt werden als der Nutzen. Das, was das Rauchen bewirkt haben mag, können andere Substanzen heute besser. Was bleibt, ist der Kampf des Einzelnen, das Laster wieder loszuwerden.

Öffentlich gewogen

»Beginne jeden Tag, als wäre es Absicht.«

Will Smith

In einer *Tatort*-Folge mit dem Titel »Schatten der Angst« führte eine Spur des Verbrechens den beleibten Ludwigshafener Kommissar Mario Kopper im Rahmen seiner Ermittlungen geradewegs in ein Fitnessstudio. »Sie suchen wohl einen Trainer?« fragte ihn auffällig munter vom Tresen her eine sportlich attraktive Frau, die den übergewichtigen Kommissar eindeutig als Kunden für anstehende körperliche Ertüchtigung identifiziert zu haben glaubte. Kommissar Kopper ging auf das Angebot zu weiterführenden Dienstleistungen nicht ein. Kühl verwies er mit einem Kopfnicken auf seinen Dienstausweis und sagte schließlich: »Ich will so bleiben wie ich bin.« Die Szene mit dem ironischen Zitat eines Fernsehspots, der für ein kalorienarmes Produktlabel wirbt, war die augenzwinkernde Pointe eines Drehbuchschreibers, der sich dabei des auffälligen Imagewandels des Dickseins bediente. Viel auf die Waage zu bringen, steht für etwas. Aber soll das schon alles gewesen sein? Und so treten die Dicken heraus aus der Deckung, sie trippeln, tänzeln, tanzen und kommen mit Schwung. Trauriger Kloß war gestern. Ihr offenkundiges Übergewicht hindert sie an gar nichts. Sie zeigen, wie sie sind und wie sie sich sehen. Es gibt kein Stigma und keine menschliche Schwäche, die nicht auch für eine Gegenoffensive in Frage käme.

Und so wirbt der Schauspieler Rainer Hunold ausdrücklich wegen seines beträchtlichen Körperumfangs für so genannte XXL-Produkte des Textilkaufhauses C & A, nicht ohne dabei auf die Möglichkeit aufmerksam zu machen, dass man jenseits der

50 und über 100 Kilo noch sexy wirken und sich auch so fühlen kann. Hunold ist nicht der einzige Vertreter seines Berufszweigs, der sich in den Dienst der Neudefinition des Dickseins gestellt hat. Niemand soll sich verstecken müssen und keine Rundung bedarf noch länger einer schamhaften Kaschierung. Die Hüfthose bringt allerhand zum Vorschein. Nichts ist, wie es auf den ersten Blick scheint. Alles eine Frage der Einstellung. Oder wenigstens fast. Es bleibt den Dicken etwas, das sie von den meisten unterscheidet. Niemand weiß das besser als die Schauspieler, die manchmal schon aus körperlichen Gründen nicht im Stande sind, voll und ganz in einer Rolle aufzugehen. Wandlungsfähigkeit ist nicht alles. Hamlet kann man sich in diesem oder jenem Gewand vorstellen, mit 130 Kilo aber eher nicht. Es gibt seit jeher Erscheinungen, die man nicht nur ob ihres markanten Antlitzes, sondern auch an der Statur wiederzuerkennen vermag. Das schränkt ein und eröffnet zugleich Chancen. Körperfülle kann ein Markenzeichen sein, aber darüber hinaus kommt es darauf an, nicht allein auf Sinnlichkeit und Gutmütigkeit festgelegt zu werden. Es ist halt ein altes Spiel von Mäusen und Menschen, den Dicken und dem Gefühl. Und so war zuletzt wiederholt die Brechung des Rollenklischees zu beobachten. Mitunter steht eine ganze Fernsehserie im Zeichen des »Dicken«, der mehr ist als eine dreistellige Ziffer auf der Waage. Jeder hat die Möglichkeit, so lautet insgeheim die Botschaft, das Programm zu ändern. Wenn Dietmar Bär nicht gerade als Freddy Schenk neben *Tatort*-Kommissar Ballauf als launiger Instinktbulle ermittelt, dann geht er auch schon mal als begehrter Liebhaber mit Ehedoppelleben (in der ARD-Komödie *Theo, Agnes, Bibi und die anderen*) durch. In einer seiner Arztrollen reüssiert Rainer Hunold bevorzugt als passionierter Motorradfahrer. Das eigene Erscheinungsbild, der körperliche Makel, so die Botschaft dieser virtuosen Auftritte, ist nicht länger Schicksal. Vieles ist verhandelbar und manches wandelbarer als man denkt. Aber

wenn das stimmt, verringert es das Dilemma nicht. Wer jetzt sagt, dass er so bleiben will wie er ist, kann für sein Gewicht auch verantwortlich gemacht werden. Das macht die Dicken, ob sie es wollen oder nicht, zur exemplarischen Figur. Ihre bloße Erscheinung ist ein Indikator für maßlosen Genuss. Man meint ihnen anzusehen, dass sie sich nicht beherrschen können. Das hebt sie unter den Lasterhaften besonders hervor. Wer lasterhaft lebt, versucht es in der Regel zu verbergen, so gut es geht. Aus Scham oder gar Angst vor Strafe behält man es für sich. Der Dicke ist der arme Tropf, dem selbst das nicht gelingt. Er wird sogleich als einer erkannt, der seine Genusssucht nicht unter Kontrolle bringen kann.

Das hat vielfältige Folgen. In der Welt der Schönen und Prominenten wird das Klischee vom gemütlichen, aber unbeherrschten Dicken bisweilen auf bizarre Weise ausgereizt. Neben der neuen Rollenvielfalt muss der Dicke auch weiterhin zur Vorführung seines körperlichen Stigmas herhalten. Der massige Schauspieler Günther Strack wurde in einer Fernsehshow öffentlich gewogen, und jedes Gramm brachte bares Geld für einen guten Zweck. Trotz seiner selbstlosen Wohltat sah er auf dem wackeligen Gestell nicht sonderlich glücklich aus. Einem anderen erging es noch ärger. Wenn der frühere Fußballmanager Rainer Calmund nach dem Überschreiten seiner beruflichen Höchstleistungen beim Tingeln durch verschiedene Fernsehformate sich schließlich bei Stefan Raab auf ein Sportgerät befestigen lassen muss, das dem asiatischen Gartopf namens Wok nachempfunden ist, um anschließend den Eiskanal der Rodelbahn von Altenberg im Rahmen der sogenannten Wok-Weltmeisterschaft herunter zu rasen, dann verkommt das Dicksein zu einer albernen Varietényummer und die kritische Masse kullert sich. Dabei bekommt nicht jeder die Chance, auf so clowneske Art mit seinen Pfunden umzugehen. Und längst nicht jede kann wie Trude Herr (»Ich will keine Schokolade, ich will lieber einen Mann«) einen selbstreferenziellen musikalischen Witz über Genusssucht und sexuelle Bedürftigkeit machen.

Man sollte sich allerdings vom amüsanten Plauderton der Kalorienjäger und Fettverbrenner nicht täuschen lassen. Sie haben von qualvollen Exerzitien am eigenen Leib zu berichten. Dass es kein Vergnügen ist, dick zu sein, schildert der Journalist Stephan Bartels gleich auf den ersten Seiten seines Buches *Der Kilo-Killer*, in dem er die Techniken des täglichen Selbstbetrugs karikiert. Die meisten Hungerbiografien erzählen die immergleiche Geschichte. Ich ist ein anderer. »Wir Dicken machen gern selbstironische Scherze über uns«, schreibt Bartels, »schließlich haben wir einen Ruf zu verlieren, von wegen lustig und gemütlich und so weiter. Aber in Sachen tief empfundener Emotionen sind wir eine schweigende Masse. Was wäre denn, wenn wir uns ständig bewusst machen würden, wie wir auf andere wirken? Wenn wir uns die Blicke der Leute – zwischen abschätzig und mitleidig – wirklich zu Herzen nehmen würden, ganz zu schweigen von den offenen Hänseleien? Wenn wir beständig darüber nachgrübeln würden, welche Probleme wir bei H&M haben, weil Jeans über Bundgröße 36 dort nicht verkauft werden? Wie sehr unsere Knochen und Gelenke unter unseren Pfunden leiden? Wie verzweifelt wir oft sind, weil wir durch das Leben rollen wie eine langsame, schnaufende Kolonne von 30-Tonnern in den Kasseler Bergen? Wir würden allesamt umgehend depressiv werden, zusätzlich zu den gesundheitlichen Risikofaktoren, die ohnehin schon mollig und bequem auf unseren Hüften lagern.«[4]

So vielfältig das Dickenschema sich auch präsentieren mag: Es gibt Gründe, gut auf sich und seinen Körper aufzupassen. Er ist der wichtigste und direkteste Gradmesser der individuellen Erscheinung. Die Bearbeitung der Speckröllchen, Flaschenwaden und der schier unerschöpflichen Varianten von Auswuchtungen und Körperdellen ist inzwischen zu einem veritablen Industriezweig ausgewachsen, der von einer erstaunlichen Vielfalt von

Bekenntnissen begleitet wird. Das öffentliche Besteigen von Gewichtsmessgeräten hat tiefe Textspuren hinterlassen, die auf vorausgegangene Vernachlässigungen hindeuten. Das Verständigungsgerede über Gramm, Kilo und das unstillbare Bedürfnis, dergleichen endlich los zu werden, füllt meterweise Buchregale. Wo gesprochen wird ist Hoffnung, und sind die Beklemmungen erst einmal zu Papier gebracht, zeichnen sich bald Trainingspläne ab.

Es mangelt nicht an Ratschlägen zum Umgang mit der an Fassung verlierenden körperlichen Hülle. Jeder weiß was, jeder hat es schon versucht, wenigstens ein bisschen die Kontrolle zu behalten bei dem, was man auf die Waage bringt. Und nach dem Urlaub ist es dann doch wieder passiert. Dabei hat man am Buffet aufgepasst und ist doch täglich spazieren gegangen. Wer bereits in den Kontrollmodus übergegangen ist, macht rasch die Erfahrung, dass es hilft, mit der Sprache herauszurücken. Wer Gewichtsprobleme hat und sich auch noch traut, sie zu artikulieren, wird nicht als Fresssüchtiger betrachtet, mindestens aber mit etwas mehr Nachsicht behandelt. Wie unter Hundebesitzern erkennt man sich als Bündnispartner und Leidensgenosse, ohne gleich im Bewusstsein von Aussätzigen weiterleben zu müssen. Der Club der Korpulenten bittet um Aufnahme ins gesellschaftliche Vereinsregister. Wer zu schwer ist, kann leichter werden, und alle anderen können beim Projekt der aufopferungsvollen Selbstreduzierung zusehen. Der Kampf mit den Pfunden ist, wenn man so will, die öffentlichste Form des Umgangs mit Willensschwäche, ein Modellstudiengang mit vielen Anschlussmöglichkeiten und Quereinstiegen. Ab einem gewissen Alter steht fast jeder vor der Immatrikulation, und Anleitungen zur Erlangung und Beibehaltung des neuen Leicht-Sinns gibt es in allen nur denkbaren Medienerzeugnissen. Die Zeitschrift *Brigitte* hat das Laufprogramm »Run« mit Musik entwickelt, und noch die opulentesten Kochsendungen im Fernsehen referieren über gesundes Essen, ernährungstechnische Standards und wie man am besten gar nicht erst zunimmt. Medienprominente, die wie der Ernährungswissenschaftler Hademar Bankhofer ihr Wissen in einem ordentlichen Beruf erworben haben, fungieren als Über-Ich jeglicher Verdauungsvorgänge. Die vermaledeiten Fettsäuren des letzten Kipferls entkommen ihm nicht, und als rettendes Hilfsmittel hat er stets noch ein Heidekraut auf Lager, dessen Wirkung immer noch allzu sehr unterschätzt wird. Dass Bankhofer dabei in den Verdacht der Schleichwerbung für solch ein Produkt geriet, ist keine besondere Ironie, sondern eine Art Berufsrisiko. Trotz alledem ist es erstaunlich, dass nicht von einer neuen Trimm-dich-Welle die Rede ist, für die in den Siebzigerjahren zahllose Waldschneisen mit Klettergerüsten ausgestattet wurden. Und weit und breit kein Bundespräsident, der zu einer neuen Wanderbewegung aufruft. Zwar gibt es überall Gehhilfen für *nordic walking* käuflich zu erwerben, und die Krankenkassen gratifizieren mitunter die Anstrengungen körperlicher Ertüchtigung. Aber selbst der Aktionsplan gegen Fettleibigkeit, den die Bundesregierung aufgestellt hat, scheint sich als eine Art mentale Mobilmachung zu vollziehen. Morgen ist der Tag, an dem ich mit dem alles verändernden Bewegungsprogramm beginne. Weit davon entfernt, eine gesunde Nation zu sein, herrscht eine Art Alarmzustand, durch den der durchschnittliche Kassenpatient dazu gebracht werden soll, eine einschneidende Wende in seinem Leben einzuleiten oder sie wenigstens zu erwägen. Du bist Deutschland und sollst nicht rauchen, trinken und zu fett werden. Die armen Wenigen, die dergleichen dennoch tun, sind die Hoffnungslosen an der Ernährungsfront, denen nur noch Radikalkuren und Nachhilfestunden am Kühlregal helfen können. Ungläubigen dicken Eltern mit dicken Kindern wird in einschlägigen TV-Formaten eingebläut, dass Kartoffelchips suboptimal sind und sprudelnde Süßgetränke sich nicht zum Zähneputzen eignen. Diese Protagonisten des Alltags leisten ihren Teil zum gemeinschaftlichen

Ganzen als abschreckendes Beispiel oder stehen für den Rest derer, die das Schicksal in Form noch nicht heilbarer, monströs wuchernder Stoffwechselkrankheiten erwischt hat. Für alle anderen legt die so genannte Verzehrstudie der Bundesregierung von 2008 nahe, dass die Dicken Gefahr laufen, die neuen Asozialen zu werden. Wer über 90 Kilo wiegt, schädigt das Gemeinwohl. Wer nicht, wie prognostiziert, einem Herzinfarkt erliegt, fällt unweigerlich den Krankenkassen zur Last. Und so ist es geboten mitzumachen bei Spielen, wo Kalorien gezählt und Trennkostregeln eingehalten werden. Am eigenen Leib vergewissert sich die moderne Gesellschaft ihrer Fähigkeit zur Trendumkehr. Nichts ist festgelegt, nichts muss immer nur in eine Richtung gehen. Willensschwäche gibt es in diesem Verständnis nur, um sie bearbeiten zu können. Die Gesellschaft ist vielleicht nicht dankbarer dafür, sieht es aber gern, dass sie in den Dicken welche hat, an denen sich dieser Prozess für alle sichtbar studieren lässt.

Die Dramen auf der Waage vermögen zu erschüttern, was man bislang zu den Grundfesten gesicherter menschlicher Vernunft gezählt hatte. Einiges stammt aus dem Genrefach der Burleske unter Hinzuziehung neuester technischer Möglichkeiten. Wie der Nachtmensch, der des Morgens Schwierigkeiten mit dem Aufstehen hat und zur Behebung des Problems mehrere Wecker in fein abgestuften zeitlichen Abständen ihre Melodien abspielen lässt, besteigt der Füllige alle verfügbaren Messgeräte. Analog, digital und mit lichtempfindlichen Kollektoren. In der Welt des Wiegens ist kein Gramm wie das andere. Drei Waagen können drei verschiedene Ergebnisse hervorbringen und je nach Gemütslage oder Stand des Diätverlaufs Anlass für Hoffnung und Gram, Verzweiflung und Hochgefühl sein.

Schon vor langer Zeit hat das sich endlos wiederholende Spiel der Differenz auf der Waage professionelle Hilfsangebote hervorgebracht. Das 1963 in den USA gegründete Abnehmer-Unternehmen Weight Watchers ist das bekannteste seiner Art, nicht zuletzt deshalb, weil es Glaube, Geld und Wissenschaft zu einem sonderbaren Cocktail mixt. Weight Watchers macht die Gewichtsreduktion demonstrativ zu einem öffentlichen Vorgang. Man tritt einer Gemeinde auf Zeit bei, und im öffentlichen Wiegen wird eine Schuld- und Einsichtsrhetorik, die den Bekenntnisformeln der Anonymen Alkoholiker nachempfunden ist, mit einer einigermaßen ausgeklügelten Ernährungspraxis kombiniert. Der Vorgang der Entrichtung von Gebühren ist in den Schuldprozess fest eingebunden, und nur ein positives Ergebnis, eine geradlinig nach unten verlaufende Kurve, die den Prozess der Abnahme veranschaulicht und bestätigt, vermag die Schmach zu verringern, unter Aufsicht und im Beisein anderer Fettleibiger gewogen zu werden. Wer sich bei den Weight Watchers wiegen lässt, klammert sich anfangs noch an hilflose Halteversuche der Manipulation. Wer mit schweren Schuhen kommt, hat für das nächste Mal noch ein paar Reserven. Irgendwann aber wird es warm im Jahr, und es ist kein Unterhemd mehr da, das noch abgeworfen werden könnte. Zu den ungleichen Waagen daheim ist nun noch eine weitere Waage hinzugekommen, die den Anspruch erhebt, das absolute, allein gültige Gewicht anzuzeigen. Geschlagen steigt man ab. Es muss auch so gehen, ohne Tricks. Und meistens geht es dann tatsächlich ein wenig bergab auf der Excel-Tabelle, und sei es auch nur grammweise. Wer das Wochenziel nicht erreicht hat, kann eine Auszeit nehmen und wiederkommen, wenn er wieder im Soll ist. In der Gemeinschaft erfreut man sich an den selbst gesteckten Zielen. Über das Gewicht des Einzelnen hinaus zählt auch das stetig sinkende Gruppengewicht. Folgerichtig wurde aus der Idee eine Fernsehshow entwickelt, die hierzulande von der schlanken Eiskunstläuferin Kathi Witt angeleitet wurde. Inzwischen ist *The Biggest Loser* aber schon wieder vom Speiseplan der Fernsehkonsumenten verschwunden.

Die Vereine der willigen Gewichtsverlierer bringen unterdessen immer neue Gruppenführer hervor. Es herrscht Methodenkonkurrenz, aber auch die Kritik daran ist ein einträgliches Gewerbe. Die nachfolgende kleine Auswahltypologie des öffentlichen Wiegens veranschaulicht, dass der Kampf mit dem inneren Schweinehund inzwischen unterhaltungstauglich ist. Gewitzte Autoren haben ein Marktsegment erschlossen, in das sie zu gleichen Teilen politische Moral, gesunden Menschenverstand und ausgeprägte Comedytalente einzubringen vermögen. Sie hatten, ein jeglicher auf seine Weise, ihr Damaskus-Erlebnis auf der Waage und konnten es nicht länger für sich behalten.

Der Umprogrammierer – Joschka Fischer

Am Vorabend der Verhandlungen im französischen Rambouillet, wo im Februar 1999 der Abschluss eines Friedensvertrags zwischen der Bundesrepublik Jugoslawien und dem Kosovo letztlich scheiterte, hatte Bundesaußenminister Joschka Fischer eine kleine Gruppe von Feuilletonjournalisten auf den Bonner Petersberg zu einem informellen Abendessen zu Gast. Fischer, der Umfragen zufolge als der beliebteste Minister der noch jungen Schröder-Regierung galt, suchte den Austausch mit den intellektuellen Meinungsmachern, deren Textproduktion nicht primär vom politischen Tagesgeschäft geleitet war. Fischer war geneigt, sich inspirieren zu lassen. Er wollte sein Politikverständnis durch den fremden Blick der anderen beleben. Die Kulturjournalisten ließen sich die ungewohnte Aufmerksamkeit gern gefallen. Fischer, der in diesen Tagen wie ein Mann voller Anfänge wirkte, dachte daran, die Runde in einer gewissen Regelmäßigkeit stattfinden zu lassen. Tatsächlich berief er sie später jedoch nur noch einmal ein. Nach Rambouillet wehte ein anderer politischer Wind, der ihm die Freude an folgenlosen kulturellen Plaudereien wohl ausgetrieben hatte. Im Februar 1999 aber war Fischer trotz der bevorstehenden schwierigen Verhandlungen ganz Ohr. Er hörte zu oder sprach über seine späte musikalische Entdeckung:

Richard Wagner. Man wurde den Eindruck nicht los, dass Fischer vor allem auch an einem kulturellen Schemawechsel gelegen war. Dazu wurde ein kalorienbewusstes Menu gereicht, an dem der Minister allerdings mehr mümmelte, als dass er herzhaft speiste. Er empfahl abwechselnd ausgesuchte Weiß- und Rotweine, die er jedoch nicht anrührte. Joschka Fischer war an diesem Abend mit seinem Mineralwasser unterwegs zu sich selbst. Sein autobiografischer Bericht mit dem Titel *Mein langer Lauf zu mir selbst* sollte kurz darauf als Buch erscheinen.[5]

Das Protokoll seines intensiven Lauftrainings und der Umstellung seiner Ernährungsgewohnheiten, in deren Prozess sich eine radikale Gewichtsabnahme einstellte, beginnt wie ein Referat über das Ernährungsdilemma in den postindustriellen Wohlstandsgebieten. »Die menschliche Zivilisation«, beginnt Fischer so nüchtern wie ein Ökobauer im Milchrausch, »verfügt über viele Segnungen und manche Krankheiten ...« Der Minister betreibt politisch korrekte Dehnungsübungen, ehe er die Geheimnisse eines äußerlich immer weniger zu verbergenden Lasters preisgibt, aus dem ihn schließlich ein mühsamer Prozess der Selbsterkenntnis, wie er im Verlauf des Buches nicht müde wird zu behaupten, wieder herausgeführt habe. »Dieses Buch hat kein Arzt, kein Ernährungsphysiologe, kein Therapeut, kein Sportmediziner, kein Trainer, kein Wissenschaftler und auch kein Laufprofi geschrieben, hier berichtet ein Betroffener von einem Selbstversuch, der erstaunlich positive Ergebnisse gebracht hat.« Fischer präsentiert sich als unangepasster Autodidakt, dem authentische Selbsterfahrung bei seinen Exerzitien wichtiger war als das gewissenhafte Einhalten von Trainingsplänen. Noch im Moment des grundsätzlichen Lebensstilwandels will er als Selfmademan der Politik derjenige bleiben, der die Kontrolle behält. Einer wie Fischer begibt sich nicht in die Obhut anderer, auch nicht von Trainern und Physiologen. Im Beratungsgeschäft, in das er sich mit dem Buch unweigerlich begeben hat, ist das keine untypische Einstellung. Es erhöht die Glaubwürdigkeit erheblich, wenn der Kampf mit dem inneren Schweinehund aus eigenem Antrieb und ohne professionelle Unterstützung aufgenommen wurde. Der hässliche Mungo, der so lange schwer auf den Schultern lastete, wird, glaubt man der einschlägigen Bekenntnisliteratur, zu Beginn mit einem mehr oder weniger ungeschützten Überraschungsangriff attackiert. »Ich traf diese sehr weitreichende Entscheidung«, schreibt Fischer, »in jener einen Sekunde (es war tatsächlich nicht mehr an Zeit notwendig), an die ich mich noch sehr genau erinnern kann, denn in derselben Sekunde wusste ich auch, dass ich zu meiner alten körperlichen Verfassung, zu meinem idealen Kampfgewicht des Jahres 1985 zurück wollte, als ich noch nicht fett, schwer und kurzatmig war, zurück zu einer Zeit also, in der ich mich selbst noch wohl gefühlt hatte in meiner eigenen Haut.«

Äußerlicher Anlass dieser plötzlichen Erweckung war eine seelische Krise, »denn dass mich meine Frau verlassen hatte, schlug mir nachdrücklich auf den Magen...«, so Joschka Fischer. Er beschreibt sich als Instinktmensch, der sich von seinem Bauchgefühl leiten lässt, wie er es sehr erfolgreich auch in seinem politischen Leben getan hat. Doch für den Typus des Umprogrammierers, für den Bewusstseinswandel kein mystisches Erlebnis, sondern eine klare Willensentscheidung ist, ist es damit nicht getan. »Die Zeit der spontanen, durch die äußeren Umstände begünstigten Entscheidungen ging zu Ende: Ein Plan musste nunmehr her!« Wer mochte, konnte und sollte darin auch Fischers Politikbegriff wiedererkennen. Die bessere Gesellschaft gibt es nur mit eiserner Disziplin und kleinen Strafgebühren wie Dosenpfand und Ökosteuer. Für Fischers Laufpensum folgten daraus die hart formulierten Grundsätze: »Entschlossenheit, Durchhaltevermögen, Realismus, Geduld waren die vier Tugenden, auf denen fußend ich drei Grundsätze formulierte, die mir in den folgenden Monaten von großem Nutzen sein sollten:

- Belüge Dich niemals selbst!
- Meide immer Deine Leistungsspitze!
- Gib niemals auf!«

Zu Fischers 60. Geburtstag im Frühjahr 2008 hätte man als öffentlicher Gratulant auf die Idee kommen können, dessen gesamte politische Karriere als einen dieser Regel folgenden Steigerungslauf, dem auch etwas von Kadettenschule anhaftet, zu deuten. Was Fischer zu einem typischen Bekämpfer des inneren Schweinehunds macht, ist sein beharrlicher Rigorismus. Er beschreibt sich als einen, der geradlinig seinen Weg verfolgt und sich selbst gegenüber unnachgiebig ist. »Die bewusste Umprogrammierung ist dabei der alles entscheidende Unterschied, denn die persönliche Krise allein führt nicht mit Notwendigkeit zu diesem Ergebnis. Hierzu bedarf es vielmehr einer weitreichenden, einer bewussten und gewollten Entscheidung.«

Betrachtet man das gegenwärtige Erscheinungsbild des Ministers a.D., dann wäre es leicht, dem Autor des Buches von 1999 mit einiger Häme vorzurechnen, dass er die Einhaltung seiner Grundsätze irgendwann aus den Augen verloren haben muss. Joschka Fischer hat es sich wieder schmecken lassen, und das Lauftraining hat er auch im politischen Ruhestand in der einstigen Intensität nicht wieder aufgenommen. Der Läufer Fischer, so könnte man geneigt sein festzustellen, hat sich gehen lassen. Zumindest dürfte er sich nicht mehr sehr heftig dagegen gewehrt haben, wenn er versucht war, sich selbst zu belügen. Wer eigene Gewichtsprobleme je auf vergleichbare Weise bekämpft hat, lässt jedoch bereitwillig von solchen Bemerkungen ab. Die Bemühungen, sein einmal erreichtes Gewicht zu halten – und das muss noch lange nicht das so oft beschworene Idealgewicht sein -, sind buchstäblich ein Langstreckenlauf. Typisch ist an Fischers Laufbericht jedoch jene beinahe aus jeder Zeile hervorspringende Gewissheit, nie wieder ein Opfer jenes so gemeinen Jojo-Effektes zu werden, der den Dicken nach erfolgten Abnahmeprozessen am Ende nur noch dicker macht. Zum Typus des Umprogrammierers gehört es, dass Jojo im Programmverlauf nicht vorgesehen ist. Der lange Lauf zu sich selbst findet aber auch auf Umwegen und Seitenpfaden statt und hört auch nach dem Diktat nicht auf. Jojo aber ist der gemeinste Laut, den der innere Schweinehund nach einer längeren Zeit wieder von sich gibt, in der man ihn schon abwesend glaubte.

Die Einquatscherin – Susanne Fröhlich

An politischen oder ethischen Vorgaben muss sich Susanne Fröhlich in ihrem Textprogramm nicht orientieren. Die Fernseh- und Rundfunkmoderatorin hat auf ihre innere Stimme gehört und dieser eine breite Plattform gegeben. Das 2004 erschienene Buch *Moppelich. Der Kampf mit den Pfunden* ist ein nicht gerade leises Selbstgespräch, das bei vielen Leidengenossinnen den Ton getroffen zu haben scheint.[6] Die Zeit der Scham ist vorbei, posaunt die Fröhlich. Die Autorin führt vor, dass es eine Diätrealität jenseits jugendlicher Hungerharken mit Modelambitionen gibt. Die Frau ab Ende dreißig mit sich verlangsamendem Stoffwechsel, so ihre Botschaft, hat ein Menschenrecht auf erreichbare Körperziele. Susanne Fröhlich hat bemerkt, dass sie nicht die einzige ist, die sich so ihre Gedanken gemacht hat. »Wenn man sich mit dem Thema Abnehmen beschäftigt, begegnet man mehr Gurus, als ganz Indien zu bieten hat, und für die Abspecken, gemessen am heiligen Ernst, mit dem sie ihr jeweiliges Programm zelebrieren, schon fast so etwas wie eine Religion zu sein scheint. All die Strunzens, Atkins', Montignacs und Co – nichts als Propheten, die uns Moppeln ihre Botschaft wie Gott seinerzeit Moses den brennenden Busch als neuestes Wunder präsentierten.« Von Bedeutung sind hier weniger die virtuosen religionsphilosophischen Verweise. Susanne Fröhlich adressiert ein allgemeines Wir der

Generation 60 plus, die in diesem Fall nicht in Jahren, sondern in Kilos gemessen wird. Das Moppelich meint so gesehen nicht nur den inneren Schweinehund, der bevorzugt auf den Hüften lastet und sich an Cellulitis labt. Moppelich ist vielmehr ein stehendes Heer von Untoten, Leidensgenossinnen, die zum Appell erschienen sind und auf Ansprache warten. Daraus ergibt sich der markante Sound des Buches. Das stille Selbstgespräch mit dem Ich, das ein anderer ist (»Liebe Hüftknochen, seit Jahren haben wir uns nicht gesehen«) wird von Susanne Fröhlich durchs Megaphon gepresst.

Das ist nicht ohne Witz. Susanne Fröhlich beharrt auf ihrem parodistischen Talent, und weil ihre Ratschläge und Erkenntnisse auf jahrelanger Selbsterfahrung fußen, ist diese Textsorte mit einer kräftigen Portion Authentizität und Selbstironie garniert. »Habe mich beim Joggen verlaufen. Susanne allein im Wald. (...) Bin mindestens 35 Minuten länger gelaufen als geplant. Was bin ich doch für eine zähe Sportlerin. Etwa sieben Knäckebrot zusätzlich erlaufen.« Im Witzeln und Dahinerzählen ihrer Erfahrungen mit dem Abspecken sondert Susanne Fröhlich Hilfreiches von Überflüssigem und erhebt den Anspruch, als Leidgeprüfte über eine Art gesunden Menschenverstand zu verfügen. Alles selber mitgemacht. Sie bietet sich als gute Freundin an, der man alles erzählen kann. Das Elend in den viel zu engen Umkleidekabinen und die Unlust, Stammkundin bei der Textilzeltbauerin Ulla Popken zu werden.

Moppelich ist weniger ein Handbuch für Einsteiger als ein Absolutionstext von einer, die es wenigstens versucht hat. Die unausgesprochene Botschaft dieser Textsorte sagt: Ihr müsst Euch an nichts halten. Ich sag Euch, wie es war. Dass es so aufgekratzt munter daherkommt, macht es gut lesbar. Fröhlich empfiehlt, mit sich und seinem Übergewicht in die Phase friedlicher Koexistenz einzutreten. Beharrlichkeit in der Sache, aber guter Wille auf beiden Seiten. Und so ist das Buch trotz eines gewissen Dröhnens am Ende eins, das man ohne Gewissenbisse wieder beiseite legen kann. Wer weiter dick bleiben will oder muss, hat wenigstens ein bisschen Spaß bei dem Gedanken gehabt, seinem Leben eine Wende zu geben. Dass die Methode Fröhlich, wie man in der ein oder anderen Talkshow gelegentlich überprüfen kann, schließlich doch nicht so richtig erfolgreich ist, sieht man der Moderatorin eher nach als dem missionarischen Politiker. Sie hat weniger versprochen und bessere Unterhaltung geliefert. Das Heer der Untoten ist unterdessen nicht geschrumpft.

Der Versuchsballon – Stephan Bartels

Ein weiterer Typus der Bekenntnisliteratur, *Der Kilo-Killer* von Stephan Bartels, tritt als männliche Antwort auf Susanne Fröhlich auf. Während Fröhlich den Männern in Bezug auf ihre körperliche Erscheinung einen ausgereiften Wahrnehmungsverlust attestiert, demzufolge sie lieber bei kleinen Hosengrößen bleiben, um sich nicht weiter damit auseinandersetzen zu müssen, entdeckt Bartels seinesgleichen als Paria in zu engen Trainingsanzügen. Selbstironie mit drei versuchten Witzen pro Seite gehört auch bei ihm zum angestrebten Textziel. Mit einer beträchtlichen Portion Anti-Narzissmus ausgestattet, hat er reichlich Fotomaterial seiner Expedition durch den Schlankheitsdschungel beigesteuert. Leute, es ist wirklich ernst. Wie Joschka Fischer präsentiert sich Bartels als Ex-Sportler, der den Zeitpunkt verpasst hat, nahtlos wieder an seine Höchstleistungen anzuknüpfen. Und so werden einstige Bestmarken aus dem Gedächtnis hervorgezottelt und Heldentaten auf dem Fußballplatz memoriert. Wer so konsequent abspeckt, muss einmal dazugehört haben. Es geht nicht nur um den Lauf zu sich selbst, man will auch zurück zu den anderen. Stephan Bartels führt den Variantenreichtum der institutionellen Unterstützung vor, die einem dabei inzwischen geboten wird. Sportärzte untersuchen die Tragfähigkeit des Körpergerüstes und Fitnesstrainer geben Anleitungen, wie man zurück zur Form findet, ohne zu übertreiben. Das unkorrumpierbare Regelwerk physiologischer Gesetzmäßigkeiten wird dabei nicht selten gebeugt. Das Ende der prächtigen Erfolgserlebnisse auf der Waage war für Bartels gekommen, als er wegen seiner lädierten Knie nicht länger Fußball spielen konnte. Das Drama der Dicken besteht darin, nicht einfach nur abzunehmen. Sie treten ein in ein unhintergehbares Therapiesystem, in dem einzelne Körperteile ihre Dienste auch schon einmal quittieren können. Und auch dann ist noch nicht alles verloren. Wer nicht mehr laufen kann, muss schwimmen oder Rad fahren. Und für strapazierte Knie ist ein weiche Bewegungen erzwingender Crosstrainer besser als das Laufband. Man spürt auch bei Stephan Bartels, dass hinter dem lockeren Ton der Schweiß perlt. Man weiß längst mit dem Autor, dass das »Jahr im Schlankheitswahn«, so der Untertitel des Buches, verlängert werden muss, um nachhaltige Erfolge zu erzielen. Auch für Bartels zählt, es wenigstens versucht zu haben.

Bücher über das Abnehmen sind Stellvertreterliteratur. Die Dicken bieten sich insgesamt als Experimentier- und Exerzierfläche an, auf der man zeigt, wie dem Laster vielleicht beizukommen ist. Stellen sich Erfolgserlebnisse ein, können sie sogleich von allen genossen werden. Man hungert nicht für sich allein. Das schweißtreibende Auf und Ab formt Menschen mit unterschiedlich wechselhaften Geschichten. Wo deren Verlauf auch nach dem Selbsterfahrungsbericht noch transparent und öffentlich ist, wird deutlich, dass es das gelingende Leben nicht als beigelegte CD für den Heimgebrauch gibt.

Aufschiebende Wirkung

»I'm glad it happened to me,
fell asleep in the bandroom,
woke up in history.«

Brian Wilson

Anfang der Siebzigerjahre landete die Bochumer Theater- und Filmschauspielerin Tana Schanzara einen Hitparadenerfolg mit dem Spaßlied »Vatter aufstehn«. In dem schrullig daherkommenden Sprechgesang versucht eine etwas herrische Ruhrgebietsalte, ihren trägen Mann aus den Federn zu kriegen. Aber Vatter will nicht, und das rauchige Genörgel der Tana Schanzara scheint ihm auch keinen Anreiz zu bieten, frohgemut ans Tagwerk zu gehen. Vatter rührt sich nicht. Das kann auch im Rahmen von zwei Minuten und 30 Sekunden nicht gut ausgehen. Am Ende des Songs gibt es einen lauten Knall und Tana Schanzara hebt an zum finalen Satz: »So Vatter, jetzt kannze liegenblaibn.«

»Vatter aufstehn« konnte deshalb zu einem Anti-Hit werden, weil er eine verbreitete, aber wenig charmante Schwäche zum Thema machte: bräsige Faulheit, eine quälende Körper- und Geisteststarre am Anfang des Tages und das hartnäckige Beharrungsvermögen, einfach liegen zu bleiben. Wenigstens noch ein paar Minuten. Vatters Verhalten scheint, trotz aller mitschwingenden Drohung, die es auf sich zu ziehen vermag, einem weit verbreiteten Bedürfnis zu entsprechen: endlich mal Ausschlafen. In dem rauen Malochermilieu changiert es zwischen Sünde, die man schuldbewusst in Kauf nimmt und himmlischem Versprechen, das man sich redlich verdient hat. Durch die skurrile Eskalation am Ende des Lieds – es bleibt offen, was genau geschieht – wird das Leiden an einer Ehe, in der nicht viele Worte gemacht werden, in tief schwarzen Humor getaucht. Zugleich entlastet der explosive Schlussakkord von einer diskursiven Bearbeitung des Problems. Über Aufstehen und Liegenbleiben ist es schwer, ernsthaft zu sprechen – ein klarer Fall fürs Humorfach. Mit etwas feinerem Strich als Tana Schanzara hat sich etwa zur gleichen Zeit der große Zeichner, Regisseur und Comedy-Künstler Loriot des Themas angenommen. In einem seiner unzähligen gezeichneten Sketche zeigt er einen wortkargen Ehemann im Wohnzimmersessel. Die Frau besorgt den Hausputz und versucht ihn unentwegt dazu zu bewegen, etwas zu unternehmen. Obwohl der Mann beinahe reglos und stumm im Sessel verweilt, stört er. Es deutet einiges darauf hin, dass er in der Regel nicht dort sitzt. Was macht er da? Wo kommt er bloß her? Kann er denn nicht etwas anderes oder überhaupt etwas tun?

Er hingegen will »nur sitzen«. Auch in diesem Fall ist eine Eskalation der Szene vorgezeichnet. Doch bei einem gesitteten Gesellschaftsbeobachter wie Loriot geht es selten jemanden an den Kragen. Ein Charakteristikum seiner seltsam gewöhnlichen Figuren ist ja deren Anpassungsfähigkeit. Der bei der Befriedigung des biederen Bedürfnisses nach Muße gestörte Gatte ist ebenso wenig wie dessen Ehefrau zu Gewalt- oder Mordphantasien in der Lage. Die zu entwickeln, überlässt Loriot getrost dem Zuschauer, der sich die Szene mit sicherem Gespür für Erlebtes auszumalen vermag.

Berta: »Ich meinte nur, es könnte ja nicht schaden, wenn du mal spazieren gehen würdest!«
Hermann: »Nein, nein, schaden könnte es nicht.«
Berta: »Also was willst du denn nun?«
Hermann: »Ich möchte hier sitzen!«
Berta: »Du kannst einen ja wahnsinnig machen!«
Hermann: »Ach.«
Berta: »Erst willst du spazieren gehen, dann wieder nicht.

Dann soll ich einen Mantel holen, dann wieder nicht. Was denn nun?«

Hermann: »Ich möchte hier sitzen!«

Berta: »Und jetzt möchtest du plötzlich da sitzen!«

Hermann: »Gar nicht plötzlich. Ich wollte immer nur hier sitzen!«

Berta: »Sitzen?«

Hermann: »Ich möchte hier sitzen und mich entspannen!«

Berta: »Wenn du dich wirklich entspannen wolltest, würdest du nicht dauernd auf mich einreden!«

Hermann: »Ich sag ja nichts mehr!«

Berta: »Jetzt hättest du doch mal Zeit irgendwas zu tun, was dir Spaß macht!«

Hermann: »Ja.«

Berta: »Liest du was?«

Hermann: »Im Moment nicht!«

Berta: »Dann lies doch mal was!«

Hermann: »Nachher, nachher vielleicht!«

Berta: »Hol dir doch die Illustrierten!«

Hermann: »Ich möchte erst noch etwas hier sitzen.«

Berta: »Soll ich sie dir holen?«

Hermann: »Nein, nein. Vielen Dank.«

Berta: »Will sich der Herr auch noch bedienen lassen, was. Ich renne den ganzen Tag hin und her. Du könntest wohl einmal aufstehen und dir die Illustrierten holen!«

Hermann: »Ich möchte jetzt nicht lesen!«

Berta: »Mal möchtest du lesen, mal nicht.«

Hermann: »Ich möchte einfach hier sitzen.«

Berta: »Du kannst doch tun, was Dir Spaß macht!«

Hermann: »Das tue ich ja!«

Berta: »Dann quengle doch nicht dauernd so rum!«

Berta: »Hermann?«

Hermann: »–«

Berta: »Bist du taub?«
Hermann: »Nein, nein.«
Berta: »Du tust eben nicht, was dir Spaß macht. Stattdessen sitzt du da!«
Hermann: »Ich sitze hier, weil es mir Spaß macht!«
Berta: »Sei doch nicht gleich so aggressiv!«
Hermann: »Ich bin doch nicht aggressiv!«
Berta: »Warum schreist du mich dann so an?«
Hermann: »Ich schrei dich nicht an!«

Einfach nur sitzen zu wollen, ist keine satisfaktionsfähige Handlung. Dabei stehen Alternativen im familiären Haushalt hinreichend zur Verfügung. Ein Mittagsschlaf könnte der Erholung dienen, Fernsehen vielleicht der Informationsaufnahme, etwas Lesen verhülfe zu Kontemplation. So weiß sich, um nicht immer bloß zu sitzen, der Heimwerker mit allerlei Gerätschaften im Keller einzurichten. Hier hat die männliche Spezies es sogar zu einer unübertroffenen Ordnung gebracht. Alles an seinem Platz. Ferner gibt es viele Möglichkeiten, sich auch außerhalb solcher Keller nützlich zu machen oder seinem Tun wenigstens den Anschein sinnvoller Aktivität zu geben. Bloßes Sitzen aber stellt eine unerträgliche Provokation dar. Wie das Liegenbleiben hat es weder ein erkennbares noch verlässliches Ende und für die emsigen Ehefrauen der Sketche besteht der Skandal insbesondere darin, dass Zweckorientierung nicht in Betracht zu kommen scheint. Schlimmer noch als die aufgeschobene Verrichtung einer Tätigkeit ist, dass im Loriot-Sketch streng genommen nichts aufgeschoben wird. Wer etwas aufschiebt, den plagt meistens ein schlechtes Gewissen. Er weiß ja nur zu genau, was zu tun ist. Die beiden Comedy-Figuren sind jedoch frei davon. Jedenfalls äußern sie sich diesbezüglich nicht. Ein zweckmäßiger oder zumindest nachvollziehbarer Schritt wird vielmehr ausgesetzt. Der Witz beider Szenen erwächst aus gezielten Auslassungen und einem dramatischen Gefälle an Intentionen. Es gibt nichts zu tun, und dass dies von den Männern nicht einmal als Problem angesehen wird, machen diese Beispiele paradoxer Kommunikation zu humoresken Stereotypen. Nicht zufällig fallen beide Witzversionen in die Phase einer sich gesellschaftlich durchsetzenden Emanzipationsbewegung. Das Lachen erfolgt auf Kosten anderer. Angesichts des weiblichen Aufbruchs signalisieren die Männer Schwierigkeiten, den Hintern hochzukriegen. Bloß sitzen zu wollen, scheint für den Moment keine angemessene soziale Option. Es kann Ärger geben.

Aber auch in den nachfolgenden Jahren stieg aufschiebendes Verhalten nicht sonderlich im Kurs. Wer zu spät kommt, den bestraft nicht zwangsläufig das Leben, aber er muss doch damit rechnen, den Unmut der anderen auf sich zu ziehen. Unpünktlichkeit nervt, und wer dauerhaft den Eindruck erweckt, man müsse ihm Arbeiten abnehmen, kann nicht mit sozialer Achtung und Anerkennung rechnen. Um andere Folgen des Aufschubs steht es kaum besser. Wer sich nicht entscheiden kann, der wird irgendwann nicht mehr nach seiner Meinung gefragt, und wer sich zu lange offen hält, ob er eine Einladung annimmt oder ablehnt, läuft Gefahr, beim nächsten Mal nicht mehr auf der Gästeliste zu stehen. In den meisten Alltagssituationen jedenfalls gilt es, Entschlusskraft zu gratifizieren. Wer auf andere zugehen kann, hat größere Chancen im Geschäft, beim Knüpfen von Freundschaften, aber auch in der Liebe. Nur wer den Mund aufmacht, findet die richtigen Worte, und die Millionenfrage bekommt man allenfalls dann gestellt, wenn man sich zuvor zum Quiz beworben hat. Teilhabe setzt Beteiligung voraus. Mitzumachen, initiativ zu werden, ist übrigens nicht nur eine Erwartung der anderen. Sobald man sich in Bewegung gesetzt hat, in welche Richtung auch immer, kann man dieses gute Gefühl erleben, dabei zu sein. Dass es immer wieder schwierig ist, es anzustacheln, steht auf einem anderen Blatt. Die Vita Passiva kann Folgen haben. Wer nicht mitspielt, gerät wie Vatter Schanzara in Gefahr, auf drastische Weise mit seinem Liegenbleiben konfrontiert zu werden.

Dennoch geht vom Abwarten und Aufschieben eine nie ganz versiegende Anziehungskraft aus. Bundeskanzler entdecken plötzlich eine Politik der ruhigen Hand, und an der Börse wird stoische Gelassenheit als das richtige Rezept gegenüber hektischen Verkaufsimpulsen ausgewiesen. Die viel zitierten Weisheiten des ungarischen Börsengurus André Kostolany bestehen zum Beispiel aus Empfehlungen des Abwartens oder gar Vergessens. Wer Geld an der Börse investiert, so Kostolany, soll alles Mögliche tun. Nur sollte er es unterlassen, sich der Pflege seines Depots zu widmen. »Einer Straßenbahn und einer Aktie«, so Kostolany, »darf man nicht nachlaufen. Die nächste kommt bestimmt.« Der Geduld, dem Abwarten und dem Nichtstun werden geheime Kräfte und unbekannte Wonnen unterstellt, und tatsächlich widerfährt dem Aufschiebenden bisweilen das Glück, vom Schicksal reichlich bedacht oder wenigstens verschont zu werden.

Aber das Schicksal kann auch unerbittlich sein, und Probleme mit dem Aufstehen werden keineswegs nur von der literarischen Gattung des Witzes bearbeitet. Eine der berühmtesten Erzählungen der Weltliteratur behandelt die Unfähigkeit, am Morgen die Glieder zu bewegen und die Beine aus dem Bett zu bekommen. »Als Gregor Samsa eines Morgens aus unruhigen Träumen erwachte«, so beginnt Franz Kafkas berühmte Erzählung »Die Verwandlung«, »fand er sich in seinem Bett zu einem ungeheuren Ungeziefer verwandelt.«[7] Während der Volksmund es gewohnt ist, das Aufstehen mit allerlei Metaphern (aus den Federn kommen) und Traumassoziationen zu versehen, besteht die Pointe Kafkas darin, eine bildliche Darstellung radikal zu unterlaufen. Es ist nichts geträumt, die Verwandlung hat stattgefunden. Alles ist wirklich. »Gregors Blick richtete sich dann zum Fenster, und das trübe Wetter – man hörte Regentropfen auf das Fensterblech aufschlagen – machte ihn ganz melancholisch.« Auch Gregor dachte natürlich daran, sich noch einmal zurückzuträumen, um die Trägheit abzuschütteln. »Wie wäre es, wenn ich noch ein wenig weiterschliefe und alle Narrheiten vergäße, dachte er, aber das war gänzlich undurchführbar, denn er war gewöhnt, auf der rechten Seite zu schlafen, konnte sich aber in seinem gegenwärtigen Zustand nicht in diese Lage bringen. Mit welcher Kraft er sich auch auf die rechte Seite warf, immer wieder schaukelte er in die Rückenlage zurück. Er versuchte es wohl hundertmal, schloss die Augen, um die zappelnden Beine nicht sehen zu müssen, und ließ erst ab, als er in der Seite einen noch nie gefühlten, leichten, dumpfen Schmerz zu fühlen begann.«

Während im Lied der Tana Schanzara »Vatters« Motive für das Liegenbleiben unklar bleiben, gibt Loriots Figur kaum zu erkennen, warum er »bloß sitzen« möchte. Sein Triumph hätte womöglich schon darin bestanden, sich den zahlreichen Beschäftigungsangeboten widersetzt zu haben. Gregor Samsa hingegen erfährt das Liegenbleiben gleichzeitig als Qual wie als Aufschub von noch Schlimmerem. Es plagen ihn Schuldgefühle und die Hoffnung auf Entlastung. So scheint er im ersten Moment beinahe erleichtert auf die Verwandlung zu reagieren. Er bleibt liegen, weil nichts da draußen ihn zu locken vermag, das Gewohnte wieder in Angriff zu nehmen. Gründe einfach liegen zu bleiben, gibt es immer genug. Wer liegen bleibt, tut es nicht aufgrund irgendwelcher egoistischen Freuden, sondern als Reaktion auf die Welt. Die anderen sind immer schon mit von der Partie. Nach dem Aufwachen erlebt man die Schwere des Körpers als Gleichnis des eigenen Lebens. »Ach Gott, dachte er, was für einen anstrengenden Beruf habe ich gewählt! Tagaus, tagein auf der Reise. Die geschäftlichen Aufregungen sind viel größer als im eigentlichen Geschäft zu Hause, und außerdem ist mir noch diese Plage des Reisens auferlegt, die Sorge um die Zuganschlüsse, das unregelmäßige, schlechte Essen, ein immer wechselnder, nie andauernder, nie herzlich werdender menschlicher Verkehr. Der Teufel soll das alles holen!«

Das Nichtstun des einen kann den anderen rasend machen. In Kafkas »Verwandlung« kommt der Prokurist von Gregors Firma und sucht das Ausbleiben seines Mitarbeiters zu ergründen. Kontrolle, so eine anthropologische Erfahrung, findet statt, auch wenn man sie nicht sieht und spürt. Im Liegenbleiben gibt man sich nicht zuletzt der Illusion hin, sich ihr wie das Kind, das beim Versteckspiel die Hand vors Gesicht hält, entziehen zu können. Ist es zunächst Gregors Schwester, die die kommunikative Beziehung aufrecht zu erhalten versucht, so wendet sie sich später entschieden ab. Sie erlebt die sukzessiv sich vollziehende Verwandlung plötzlich als radikale Zäsur. War es nicht von Anfang an ein Fehler, auf eine Wiederherstellung der Normalität zu hoffen? In Kafkas Erzählung prallen das Bedürfnis nach verlässlicher Kontinuität und der jederzeit mögliche Eintritt der Katastrophe aufeinander. Die Moderne kann mit der Hoffnung auf verlässliche Verhältnisse, denen sich derjenige anverwandelt, der liegen bleibt, nicht dienen.

In einem Essay zur Bundestagswahl 2005 hat der Münchner Soziologe Ulrich Beck Kafkas Erzählung denn auch als eine Art Lesegerät für das Verhalten der Bürger in Zeiten der Globalisierung benutzt.[8] Die Verwandlung deutet Beck als allgemeine Reformstarre. Der schwindende Einfluss des Nationalstaats und ein ubiquitäres Wirtschaftsdenken lähmen die Einzelnen in der Multioptionsgesellschaft. Der Impuls, liegen zu bleiben, begleitet das Subjekt auch nach dem Aufstehen durch den Tag. Man ist es einfach leid, ständig über den Wechsel des Stromanbieters nachdenken und die Telefontarife im Kopf haben zu müssen. Am Ende ist es Gregors Schwester, die sich radikal modernisierungsoffen gibt und nach dem langsamen wie unvermeidlichen Tod Gregors wieder so etwas wie eigene Körperspannung verspürt. Kafkas Erzählung ist so häufig und unterschiedlich interpretiert worden, dass sie es gewiss aushält, hier im Zeichen einer Vita Passiva und die Reaktionen, die es hervorruft, gelesen zu werden. Es kann nicht folgenlos bleiben, sich treiben zu lassen.

In einem weit harmloseren Sinne demonstrieren auch Loriots Figuren, wie sehr die Entfaltung von Idiosynkrasien meistens des anderen bedarf. Paare wissen zahlreiche Lieder davon zu singen. Nicht selten besteht der Kern einer dauerhaften Bindung in wechselseitiger Rücksichtnahme oder Antizipation des jeweiligen Tun und Lassens. Das Beseitigen des Mülls, das Ablesen des Stroms, das Ausräumen der Spülmaschine, das Zurückschlagen des Bettzeugs, das Waschen des Autos etc. kann in ein kompliziertes, ein die Paarbeziehung konstituierendes Spiel aufgeschobener oder sofort erledigter Handlungen mit einbezogen werden. Singles hingegen unterliegen sehr viel stärker der Tendenz zur Verwahrlosung. Für alles selbst verantwortlich, Maßstab und Orientierungspunkt zu sein, macht das Leben bisweilen einfacher, im Umgang mit gesellschaftlichen Normen aber eher komplizierter. Unterhält man Beziehungen, in denen Anerkennung, Gefühle und Stimmungen ausgetauscht werden, so werden die alltäglichen Handlungen bald mit zusätzlichen Bedeutungen aufgeladen. Es sind keineswegs nur Liebesbeziehungen, die derart unter emotionale Spannungen geraten können.

Wie zum Beispiel eine Arbeits- und Geschäftsbeziehung sich zu einem faszinierenden psychologischen Drama steigerte, zeigt der Briefwechsel zwischen dem Schriftsteller Wolfgang Koeppen und seinem Verleger Siegfried Unseld, der zugleich das Protokoll eines jahrelangen Aufschubs ist. Der Briefwechsel ist die nicht enden wollende Korrespondenz über ein ungeschriebenes Buch. Nach drei erfolgreichen Romanen (*Tauben im Gras, Das Treibhaus, Tod in Rom*), die als Zeitromane in den Nachkriegsjahren der Bundesrepublik angesiedelt sind, war Koeppen, der vor dem Krieg bereits zwei Romane veröffentlicht hatte, mit einigen Vorschusslorbeeren in den Suhrkamp Verlag gewechselt, wo der junge Verleger Unseld bald einen neuen Roman erwartete.[9] Immer wieder kommt es zu Formulierungen wie dieser vom 19. November 1960: »Gelänge es mir bis zum Jahresende, hätte es sein Gutes: unbeschwerten Gemütes könnte ich den Roman packen und ihn noch für den Herbsttermin schaffen. Ich hoffe es, ich glaube es! Die Flinte soll nicht ins Korn geworfen werden, und ich bin mit herzlichem Gruß Ihr Wolfgang Koeppen.«

Der Konjunktiv, das Gemüt, Glaube, Hoffnung, die nicht ins Korn geworfene Flinte. Schon früh beginnt sich abzuzeichnen, was auch über dreißig Jahre später die Beziehung der beiden Männer prägt, die, trotz aller Enttäuschungen, Drohungen und Zerwürfnisse Freunde wurden und blieben. Der geduldige, junge Verleger spielt das Spiel seines weit älteren, angesehenen Autors mit. »Lieber Herr Koeppen«, schreibt Unseld am 22. November 1960, »das war ein guter Brief, den Sie mir am 19. November schickten, weil er mir doch Ihre Arbeit und Ihren Arbeitswillen zeigte…« Schon früh erweist sich Unseld als der ideale Partner der Kommunikation über Aufschub, veränderte Fristen und neue Abmachungen. Ein paar Wochen später, vielleicht baute Unseld auf die guten Vorsätze seines Autors zum Jahreswechsel, versucht er es am 30. Dezember 1960 mit der leisen Tönung einer Mahnung:

»Lieber Herr Koeppen, in den letzten Arbeitsstunden des Verlages schreibe ich Ihnen noch diesen Brief; gestern abend habe ich die Überweisung der ersten Rate unterschrieben. Mit welchen Gedanken. Nun stehen wir an der Schwelle zu einem neuen Jahr, das uns zu engerer Zusammenarbeit führen wird. Sie wissen, es ist mein sehnlicher Wunsch, dass diese Zusammenarbeit sich harmonisch und produktiv auswirken möchte. Der Verlag hat ja nun Vorleistungen ideeller und materieller Natur erbracht. Ich hoffe sehr, dass dieses Vertrauen Sie bewegt und befeuert, in jedem Fall aber bestärkt.«

Unseld schreibt zum Jahreswechsel. Wie einer, der sich mit guten Vorsätzen neu zu erfinden versucht, probiert er auch in der bereits durch Versäumnisse geprägten Beziehung eine Art Neuanfang. Doch das war der sanften Umarmung und des Ansporns wohl schon zu viel. Koeppen reagiert auf die vorsichtige Erwähnung bereits erbrachter Leistungen, die eine Gegenleistung erhoffen, spürbar gereizt. Am 3. Januar 1961 schreibt er:

»Lieber Herr Doktor Unseld, als ich am Neujahrstag Ihren Brief empfing, habe ich mich wie immer über das Signum des Verlages gefreut und Zutrauen empfunden. Dann aber haben mich Ihre Worte verwundert, befremdet, stutzig gemacht und gekränkt. Es hätte wenig Sinn darum herum zu reden: ich habe lange über Ihren Brief nachgedacht, und ich muss Ihnen gestehen, Sie haben mich schockiert. (...) Ist dieser Zeigefinger nicht zu früh erhoben? Gewiss, mancher Schüler enttäuscht, aber er beabsichtigt es doch wohl nicht von Anfang an, und man sollte es ihm nicht schon beim Eintritt in die Klasse vorhalten. Ich fühle mich nicht befeuert und gestärkt, sondern vor den Kopf gestoßen.«

Koeppen, der scheinbar bereitwillig die Position sittlicher Unreife eingesteht, gibt sich aber nicht nur gekränkt. Im nächsten Absatz zieht er ein anderes Register und wechselt auf die geschäftliche Ebene. »Mein Grübeln lässt mich vermuten, dass Sie den Abschluss unseres Vertrages inzwischen vielleicht bedauern, das Vertrauen zu mir aus irgendeinem Grunde verloren haben könnten. Das wäre traurig; aber wenn es so ist, sollten wir schleunigst alles rückgängig machen. Ich würde mich Ihrem Wunsch nicht widersetzen.« Koeppen ist ein Meister in der Temperierung emotionaler Wechselbäder. Vom kühlen, in seiner Ehre gekränkten Geschäftsmann, der zu hohem Risiko bereit ist, kehrt er alsbald in die Rolle des willigen Vertragserfüllers zurück. »Meine Pläne sind die alten. Ich will den Roman schreiben. Ich werde ihn schreiben. Ich werde anderes schreiben, und ich glaube an meine literarische Zukunft, die ich gern bei Suhrkamp sah.«

Koeppens hoher Einsatz verfehlte seine Wirkung nicht. Unseld reagierte nicht per Brief, sondern suchte Koeppen persönlich auf.

Im darauf folgenden Brief geht es bereits wieder um praktische Dinge und die Bitte Koeppens, die Zahlungen des Verlages über ein Münchner Postscheckkonto abzuwickeln.

In immer wieder neuen, oft kunstvollen Wendungen teilt Koeppen seinem Verleger mit, dass der ersehnte Roman nicht fertig geworden ist. »Lieber Herr Doktor Unseld«, schreibt Koeppen am 15. August 1961, »ich muss Ihnen endlich schreiben, dass der Plan, noch in diesem Herbst ein Buch herauszugeben, misslungen ist. Es war ein guter, es war ein freundlicher Plan von Ihnen, aber ich habe es nicht geschafft.« Der gewieft, forsch und selbstbewusst auftretende Vertragspartner entpuppt sich nun als ein gequält Versagender. Nein, als ein Versager würde Koeppen sich gewiss nicht bezeichnen. Im Eingeständnis der Niederlage tut er seinem verzweifelt wartenden Verleger kund, dass genialische Ideen in ihm schlummern.

»Ich war aus der Bahn geworfen, und am besten wäre es gewesen, sich zu betrinken. Ich tat es nicht. Ich überließ mich einem anderen Laster. Ich fing in der Panik an, einen Roman meines Unbehagens zu schreiben. Dieser kleine Roman ›Theseus, fast nichts‹ entwickelte sich und verführte. Ich glaubte, noch mit einem Manuskript zu Ihnen kommen zu können. Jeder Gang über die Straße brachte Frucht zum Tisch. Selbst noch der Lärm des Appartements regte an. Aber auch diesmal stimmte die verhängnisvolle Milchmädchenrechnung nicht: ich muss täglich acht Seiten schreiben, um dem Verlag zweihundertfünfzig geben zu können. Mit dem Fernrücken, mit der Unerreichbarkeit des Ziels erlahmte dann auch allmählich der anfängliche Schwung. Der Einfall war, er ist nicht schlecht. Aber selbst für diese kleine, recht melancholische Geschichte brauchte ich noch zwei Monate. Und sollte man da nicht die ganze Kraft an das wirkliche Werk wenden?«

Koeppen gewährt seinem Verleger tiefe Einblicke in die Mechanismen seines Scheiterns, der Unmöglichkeit, am Morgen aufzustehen, sich zu erheben und etwas Zusammenhängendes zu Papier zu bringen. Trotz aller Raffinesse, die er darauf verwendet, sich seinen Verleger gewogen zu erhalten, wird jedoch klar, dass Koeppen keinen Genuss aus der dauerhaften Alimentierung zieht. Die Briefe verfasst kein gerissener Hochstapler, der sich durchs Leben zu schlagen weiß, sondern ein an seinen Talenten Leidender. Der berühmte *writer's block* ist auch ein Kunstwerk, das so oder so behauen werden kann. In den Briefen lässt Koeppen die Kunstfertigkeit seiner schriftstellerischen Begabung stets durchblicken. Im Handumdrehen entwirft er ein kleines Romanprojekt einzig und allein nur, um es als Grund dafür anführen zu können, dass es letztlich zum Aufschub des großen beigetragen hat. Schuldeingeständnis und Größenwahn liegen stets dicht beieinander. Koeppen weiß gut über seine Schwäche Bescheid, aber die Einsicht in die Mechanismen seines Scheiterns verlängern nur den Zustand, im Aufschub zu verharren.

»Da steht es so: ich muss mich dazu bringen, unbeirrt, unabgelenkt mit Geduld zu arbeiten. Jede dieser Rechnungen, acht, sechs, vier Seiten am Tag, führt zur Niederlage. Ich muss mich aus dieser Verstrickung befreien! Ich muss es gut finden und zufrieden sein, wenn es nur zwei Seiten wurden, und ich muss bereit sein, diese vielleicht am nächsten Morgen zu verwerfen. Ich brauche Ruhe, um meine Unruhe darzustellen.« Doch die rein technische Einstellung zu der Frage, wie die Misere zu beheben sei, schlägt um in Schuldgefühle und Selbstmitleid. »Sie haben mir die Möglichkeit dazu geboten, aber ich habe sie bisher nicht richtig, nicht klug genützt.« Für einen neuen Anlauf, die Möglichkeiten vielleicht doch noch klug zu nützen, ist es nun allerdings zu spät. Koeppen rechnet, nachdem er seine prekäre Situation so virtuos darzustellen in der Lage gewesen ist, mit der Nachsicht seines Verlegers. »Ich bin jetzt so weit zu sagen, dass ich den ersten Band des größeren Romans nicht vor Ende März fertig haben werde. Ich hoffe auf Ihr Verständnis.«

Dem sanften Verleger bleibt nichts anderes übrig, als dieses Verständnis aufzubringen. Längst hat Koeppen ihn in das labyrinthische Gebäude seines Befindens hineingezogen. Wenn jetzt Mahnungen ergehen, stabilisieren sie mehr die gegenseitige Verstrickung als dass sie Auswege eröffnen. »Wenn Sie ein Manuskript oder einen Teil fertig stellen können« schreibt Unseld am 18. August 1961«, muss alles bei Ihnen liegen, Sie sollten sich nicht mehr festlegen, nur müssten Sie radikal allen Ablenkungen, jeder Art von Reisen, Lesungen und Konferenzen entsagen. Ich glaube, nur so werden Sie die innere Ruhe für die Unruhe Ihres Schreibens finden.«

Koeppen kann sich nun dessen gewiss sein, dass äußere Bedrängungen nun nicht länger auf ihn einprasseln. Die guten Ratschläge nimmt er dankbar an, übergeht sie aber souverän. Schon im nächsten Brief kündigt er an, dass er nun einige Zeit nicht gut zu erreichen sein wird. Man kann in diesem einzigartigen Dokument einer Beziehung, in der Aufschub das bestimmende Moment ist, hin und her springen. Auf fast jeder Seite finden sich Ausflüchte, Entschuldigungen, Zurückweisungen und fein verwobene Störungen in der Kommunikation. Auch Jahre später versucht es Unseld noch einmal mit wirtschaftlichem und moralischem Druck. Die gemeinsame Arbeit am ausbleibenden Werk hat längst auch eine beträchtliche ökonomische Dimension angenommen. Am 17. März 1964 schreibt er:

»Wir nähern uns mit dieser Zahlung nun dem achtzigsten Tausend, das ist ein Betrag, wie er sicher in dieser Höhe noch nie einem Autor vorgeschossen wurde. Darüber mache ich mir meine Gedanken, wie Sie es tun. Ob wir diese Zahlungen fortsetzen können, hängt nun doch sehr von der Tatsache ab, ob wir nun wirklich am 15. April einen Blick in das Manuskript tun können, das werden Sie sicherlich verstehen. Selbst wenn wir am 15. April noch nicht alles lesen könnten, wäre mir dann doch an einem größeren Teil gelegen.«

Die Frist verstreicht, und Koeppen ist nun nicht zu erreichen. Ende April bittet er kleinlaut noch um ein paar Tage Aufschub, die Herausgabe von Teilen des Manuskripts lehnt er jedoch ab. Es würde, so schreibt er pathetisch, die ganze Arbeit gefährden. Ende Juni muss sich der Autor schließlich offenbaren. Am 23. Juni 1964 schreibt er: »Es ist leider doch so gekommen, dass ich in große Verzweiflung fiel, alles für misslungen hielt und zur Strafe von entsetzlichen täglichen Kopfschmerzen heimgesucht wurde; bis ich dann in einer helleren Stunde das Geschriebene doch wieder gelten ließ, mich nicht untergegangen und immerhin dem Ufer zutreiben sah. Jedoch, wie soll ich das erklären?« Kein Roman, nicht einmal der Torso eines Textes. Wohl aber eine beiderseitige Bereitschaft, das Drama auf hohem Niveau fortzusetzen. Gut fünf Jahre später hat sich die finanzielle Lage des von Suhrkamp ausgehaltenen Autors verschärft. »Lieber Herr Dr. Unseld«, schreibt Koeppen am 29. September 1969, »ich weiß nicht, wie es weitergehen kann. Keine Mark, Schulden, Gläubiger, drohende Sperre des Lichts und des Telephons, kein Geld für die Miete, die Versicherungen gekündigt.« Und selbst Unseld scheint gelegentlich der mehrfach geflickte Geduldsfaden zu reißen. »Ich kann Ihnen nur noch helfen, wenn ich ein Manuskript habe. Nun zeigen Sie doch der Welt, dass Sie schreiben können. Immer wieder lese ich wirklich großartige Prosa von Ihnen. Warum nicht diese lächerlichen 60 oder 100 oder 200 Seiten? Das ist doch einfach nicht einzusehen. Warum setzen Sie sich nicht wirklich ernsthaft hin und schreiben dieses Manuskript?«

Der Autor gibt darauf keine Antwort. Der Roman wird nie geschrieben. Anfang des Jahres 1972 sind Autor und Verleger dafür zum Du übergegangen. Die frühen Romane können nun auch bei Suhrkamp veröffentlicht werden. 1976 erscheint eine Erzählung Koeppens unter dem Titel *Jugend*, die in der literarischen Welt für Furore sorgt. Zahlreiche Feuilletons, Interviews und Studien sind inzwischen über Koeppens ungeschriebene Romane und dessen ausgeprägte Schreibblockade erschienen. Ohne Zweifel litt Koeppen über Jahrzehnte an Depressionen. Das jüngste Indiz für diese Diagnose ist ein 2008 erschienener Briefwechsel zwischen Koeppen und seiner alkoholkranken Frau Marion, der zusätzliche Einblicke in die psychische Disposition des Autors gewährt.[10] Es spricht einiges dafür, dass die Schreibblockade Koeppens eher Ventil und Ausdruck seines psychischen Leidens denn dessen Ursache war. Diese Art der Willensschwäche, das Unvermögen, den Roman zustande zu bringen, war seine Art, seinem seelischen Dilemma eine Stimme zu geben. In dem Verleger Siegfried Unseld fand Koeppen den idealen Partner. Er lieh ihm in lebenslanger Loyalität sein Ohr für die unsagbaren Konflikte. In diesem Sinne ist Willensschwäche weniger Starre, Verweigerung und Aufschub, sondern ein bis zur Verzweiflung gehender Artikulationsversuch. Unsere kleinen Marotten, dies oder das lieber zu lassen, erzählen Geschichten davon.

Tatsächlich ist der Schriftsteller Koeppen nie untätig gewesen. Sein nachgelassenes Spätwerk besteht aus zahlreichen Romananfängen und Fragmenten, immer wieder hat er sich an dem von der literarischen Welt und seinem Verleger Unseld erhofften Roman versucht. Fertig gestellt hat er ihn allerdings nie. Ein letzter Brief Koeppens an Unseld ist vom 14. August 1995 datiert. Noch einmal greift er darin, ein paar Monate vor seinem Tod, das Lebensthema der gemeinsamen Jahre auf.

»Lieber Siegfried, ich werde dieses Buch und auch andere Bücher fertig schreiben. Lass mich das schreiben, störe mich nicht. Immer wenn ich höre, dass Du über den Ozean fährst, denke ich, dass ich mit Dir fliegen möchte.«

Exkurs: Akrasia

»Mit seiner Haltung zur Angst entscheidet das Selbst zugleich über seine Haltung zum Leben.«

Wilhelm Schmid

Wenn am 3. Januar die Zigarette wie von Geisterhand entzündet wieder glimmt und das Projekt »Besserer Mensch« vertagt werden musste, steigt vorübergehend ein flaues Gefühl in der Magengegend auf. Man fühlt sich nicht gut und man weiß, dass man selbst der Urheber dieses Unwohlseins ist. Das macht die Sache nicht besser. Man hat es nicht so gewollt, aber genau so ist es gekommen. Dabei sind es nicht nur die großen Fragen des Lebens, bei denen einem das eigene Tun ein Schnippchen schlägt. Hier anrufen, dort etwas abholen. Keine große Sache. Und doch verweigern sich in der gefragten Minute Körper und Bewusstsein als Erfüllungsorgan. Meist ist fast nichts gewesen. Keine Ursache. Die Unterlassung ergab sich einfach so. Manchmal fällt es nicht einmal auf. Man könnte, wenn man es müsste, das eigene Tun kaum erklären. Ich habe mir vorgenommen, an der nächsten Ecke links abzubiegen – und laufe dann doch geradeaus. Keine Ahnung, warum. Links herum ist die Strecke kürzer, und nichts liegt auf dem Weg, was die Änderung der vorgefassten Absicht nahelegen würde. Und dann geht es doch einfach geradeaus. Es sind halt so Launen.

Aber selbst wenn den Paradoxien der Lebensführung die gebotene Aufmerksamkeit und Konzentration entgegengebracht wird, droht die Lösung zu entgleiten. Augustinus jedenfalls hat es zu äußerst angestrengten Überlegungen getrieben. Wie kann es sein, fragte der Kirchenlehrer, dass der Geist sich Befehle gibt, die er dann nicht befolgt? Augustinus hat sich dabei nicht lange an kleinen Versäumnissen und gedanklichen Absenzen aufgehalten. Linksherum oder geradeaus? Was ist das für eine Frage? Der Kirchenmann ging direkt auf das Dilemma der gläubigen Existenz ein und fand es dort, wo es auf den Körper trifft. Anhand der sexuellen Begierde kommt er schließlich zu dem Ergebnis, dass der Geist zwei Arten des Willens aufzuweisen scheint: einen alten, fleischlichen (*voluntas carnalis*) und einen neuen, geistigen (*voluntas spiritualis*). Der Dualismus behagte Augustinus nicht und er grübelte weiter. »Aber es ist kein ganzer Wille, darum auch kein ganzer Befehl. Denn der Geist befiehlt nur insoweit, wie er will, und insoweit er es nicht will, geschieht auch nicht, was er befiehlt. Denn der Wille befiehlt, dass Wille sei, kein anderer als er selbst. Aber er befiehlt nicht voll und ganz, darum geschieht auch nicht, was er befiehlt. (...) Also sind es zwei Willen, denn der eine von ihnen ist nicht ganz, und was dem einen fehlt, das hat der andere.«[11] Die schwer zu ertragende Ambivalenz löst Augustinus zur Sünde hin auf. Das Gefangensein in der Sünde führt dazu, dass der Mensch das wahrhaft Gute nicht klar erkennt. Er bedarf letztlich Gottes Gnade, um das tun zu können, was er will.

Philosophiegeschichtlich ist Augustinus' Problem ein alter Hut. »Obwohl der Mensch häufig vom Schlechten erkennt, dass es schlecht ist«, sagt Sokrates in Platons *Protagoras*, »führt er es dennoch aus.« Im weiteren Verlauf des Dialogs versucht Sokrates, sich das so klar beschriebene Problem wieder vom Hals zu schaffen, indem er bestreitet, dass es die Sache überhaupt gibt. Sokrates wusste noch nicht, meint der Frankfurter Philosoph Martin Seel, »dass die philosophische Leugnung eines Problems die sicherste Methode ist, ihm zur Unsterblichkeit zu verhelfen.« Und so kam der Begriff »akrasia« in die Welt. Etymologisch leitet sich *akrasia* im Griechischen von dem Substantiv κράτος (*kratos,* »Stärke«) oder dem Infinitiv κρατεῖν (*kratein*) her, wobei das Präfix α den folgenden Teil negiert.

Der Mangel an geistiger Stärke und Standhaftigkeit scheint auf

Aristoteles einen starken Eindruck gemacht zu haben. Seine Überlegungen jedenfalls haben den Begriff der Akrasia am nachhaltigsten geprägt. Während jedoch Sokrates der Meinung war, dass nur Unwissenheit und Unbelehrbarkeit den Menschen davon abhalten können, das zu tun, was gut für ihn ist, bestreitet Aristoteles die hervorgehobene Bedeutung des Wissens um das wahrhaft Gute. Das Wissen, so der ausgesprochen lebenspraktisch veranlagte Denker Aristoteles, schützt nicht vor der Schwäche des Augenblicks. »Denn falls wir Wissen haben und dennoch nicht anwenden, sehen wir, dass das Haben etwas ganz anderes wird, sodass man in solchen Fällen auf gewisse Weise Wissen hat und auch nicht hat, zum Beispiel beim Schlafenden, Wahnsinnigen oder Betrunkenen. Gerade in einer solchen Verfassung sind aber diejenigen, die sich in Affekten befinden. Denn Zornesausbrüche, sexuelle Begierden und manches dieser Art verändern offensichtlich auch die körperliche Verfassung, und in einigen Menschen bewirken sie sogar Schübe von Wahn.«[12] Die Folgen dieser Unterscheidung sind beachtlich. Für den Zustand des Außer-sich-Seins können vor Gericht mildernde Umstände geltend gemacht werden, obwohl das Rätsel bleibt, dass einer nicht voll zurechnungsfähig sein soll, auch wenn er klare und richtige Dinge von sich gibt. Das gilt über juristische Sachverhalte hinaus. Echtes Wissen, folgert Aristoteles, bedarf einer Art Inkubationszeit. »Dass sie Sätze sagen, die aus Wissen hervorgehen, beweist gar nichts. Denn auch diejenigen, die sich in den Affekten befinden, sagen mathematische Beweise oder Verse des Empedokles auf. Und auch diejenigen, die etwas erst zu lernen beginnen, reihen Sätze aneinander, haben aber noch kein Wissen. Denn das Wissen muss mit dem Menschen verwachsen; das aber braucht Zeit. Man muss also annehmen, dass die Unbeherrschten in der Weise sprechen, wie es Schauspieler tun.«[13] Was wollen die alle von mir, fragt Klaus Maria Brandauer, als Mephisto durchs Berliner Olympiastadion der Nazis hetzend: Ich bin doch bloß Schauspieler. Das Wissen das man aufsagen kann, ist noch lange keines, über das man verfügt.

Aristoteles bietet seine ganze Argumentationskunst auf, um zu zeigen, dass Wissen allein nicht davor schützt, das als schädlich Erkannte zu lassen. Er destabilisiert, wenn man so will, den sokratischen Wissensbegriff und führt die Kategorie des Maßvollen ein. Maßvoll bedeutet gerade nicht die Orientierung an einer exakt messbaren Einheit, sondern redet einer flexiblen Beurteilung und der Relativität das Wort. Aristoteles verhilft den Umständen zu ihrem Recht. Weil das Glas halb leer ist, kann gern noch einmal nachgeschenkt werden. Und so wohnt auch dem Begriffspaar beherrscht/unbeherrscht eine Ambivalenz inne. Unter den Unbeherrschten sind, so Aristoteles, zum Beispiel diejenigen, die leicht außer sich geraten besser als diejenigen, die überlegt haben, aber nicht beim Ergebnis der Überlegungen bleiben. Das Schlechte, das im Affekt getan wird, ist eher verzeihbar als das vorsätzlich Schlechte. Die Vielfalt der lasterhaften Erscheinungen ist nicht schön, aber aushaltbar. Für Aristoteles gibt es keinen Grund, Laster kategorisch auszugrenzen. Wie die Tugend kein höchstes Gut, sondern eher eine mittlere Handlungsorientierung darstellt, so ist auch das Laster nicht das Schlechte an sich. Es soll nach Kräften vermieden werden, und selbst wenn man sich seinem Bann nicht hat entziehen können, bestehen zahlreiche Möglichkeiten der Lasterregulierung. Aristoteles sagt: Es liegt bei uns. Und so sind Nordic Walking und Gewichtskontrolle denn auch keine Erfindungen der Neuzeit. »Während die von Natur aus Hässlichen niemand tadelt«, so Aristoteles, »tadeln wir diejenigen, die hässlich sind aufgrund eines Mangels an Training und durch Nachlässigkeit. Ebenso verhält es sich bei Schwäche und Gebrechlichkeit. Niemand wird einem Menschen Vorwürfe machen, der von Geburt oder durch Krankheit oder durch einen Schlag blind ist – man wird vielmehr Mitleid mit ihm haben. Dagegen wird jeder den tadeln, dessen Blindheit die

Folge von Trunkenheit oder einer anderen Art von Unmäßigkeit ist.«[14] Laster und Schwäche erweisen sich so als soziale Kategorien, für die es keinen grundsätzlichen Definitionsbedarf gibt. Ermittelt werden sie vielmehr mit Hilfe des gesunden Menschenverstands. Aristoteles ist streng, aber nicht unnachgiebig.

Von diesem sehr ausgeruhten Umgang mit den paradoxen Erscheinungsformen der Willensschwäche ist es allerdings noch ein weiter Weg zum Lob derselben, das Martin Seel ausspricht.[15] Er führt zum Beispiel über Thomas von Aquin, für den willensschwache Handlungen aus einer Art Gleichgültigkeit oder Lässigkeit hervorgehen. *Incontinentia* ist so verstanden eine Unbeständigkeit, die den Handelnden nur vorübergehend aus dem Lot gebracht hat. Die ursprüngliche Intention wird nicht, wie bei Aristoteles, im Zustand der Bewusstlosigkeit, sondern eher beiläufig preisgegeben. Prokrastinierer, Unbeherrschte und Disziplinverächter trachten nicht danach, den ordnenden Rahmen zu verlassen, sondern nehmen es mit der ihnen verordneten Vernunft eher locker. Regelverletzung und Grenzüberschreitung sind kein starr ins Auge gefasstes Ziel ihres Tuns, sie können sich aber einstellen. Es war nicht so gewollt und ist doch so gekommen. Dass es ja so kommen musste, wissen immer nur die anderen. Die Willensschwachen drücken, wenn überhaupt, kurzes Bedauern bezüglich ihrer Verstöße aus. Die vor einigen Jahren als Kampf um Deutungshoheit entbrannte Diskussion zwischen Philosophen und Hirnforschern über Willensfreiheit und Determination führt hier nicht weiter. Phänomene der Willensschwäche lassen sich ja gerade auch dort beobachten, wo der Wille stark und gefestigt ist. Nachlässigkeit und Mangel an Selbstdisziplin gehen in den meisten Fällen denn auch nicht aus Charakterschwäche, sondern einem allzu großen Vertrauen in die eigenen Bewältigungsstrategien hervor. Das wird schon werden. Und die Entscheidung über linksherum oder geradeaus markiert in den großen Schaltplänen keine entscheidende Schnittstelle.

Im Rennen um die plausible Erklärung, warum man wider besseres Wissen dieses lässt, um jenes zu tun, greift Martin Seel zur Zigarette. »Es gehört zum Begriff des Handelns, wirksame Gründe zu haben, dieses und nicht jenes zu tun. Jemand tut absichtlich dieses, weil er glaubt, dass es auf die eine oder andere Weise angesagt ist. Der Willensschwache hat solche Gründe. Er greift zur Zigarette, weil das ihm, wie er glaubt, jetzt gut tun wird. Freilich hat er daneben andere Gründe. Er sollte nicht zur Zigarette greifen, weil es ihm, wie er ebenfalls glaubt, auf Dauer nicht bekommen und er es darum morgen bereuen wird. Er weiß auch, dass diese anderen Gründe die besseren sind.« Sei's drum, sagt er sich dann – oder christlich: Hol's der Teufel.

Zum Phänomen der Willensschwäche gehört folglich auch eine Ökonomie der Befindlichkeit. Ich weiß, dass ich jetzt besser nach Hause gehen sollte, weil morgen ein schwerer Arbeitstag bevorsteht. Ich gehe aber noch nicht, weil die Gesellschaft der Kollegin gerade so anregend ist. (Oder auch nur: Endlich mal wieder eine, die dir zuhört oder zumindest so tut.) Okay, vielleicht sollte ich bei der nächsten Runde ein Glas Wasser bestellen. Das hilft vielleicht sogar, das Gespräch mit der hübschen Kollegin zu verlängern. Das nächste Glas Wein könnte die momentane Unbeschwertheit in puren Blödsinn umschlagen lassen, den man den Rest des Abends mit einiger Gewissheit von sich geben wird. Oder sollte man nicht doch besser bald gehen? Der Letzte einer sich auflösenden Runde sieht nicht gerade vorteilhaft aus und er fühlt sich noch schlechter. Selbst im Moment des Sich-gehen-Lassens tritt so etwas wie Güterabwägung auf den Plan. Man würde ja auf der Stelle gehen, wenn es draußen nicht kalt und nass wäre. Die Anstrengung zusätzlicher Rationalisierungen nimmt man gern auf sich. Wenn es darum geht, ihr Aufschieben und Unterlassen zu verteidigen oder ihr Genussziel zu erreichen, werden Willensschwache erfindungsreich.

Akrasia ist weder philosophische Spezialität noch pathologischer Sonderfall. Die Entscheidung für das klar als unvernünftig Identifizierte erfolgt in solchen Fällen nicht in Leidenschaft und Rausch. Man tut es einfach, Schritt für Schritt, ruhig und gelassen. Selbst verkatert und einem gesteigerten Maß an Konzentrationsschwäche erinnert man sich am nächsten Tag noch gern an die charmante Unterhaltung vom Abend zuvor. Dem Trotzdem liegt kein Trotz zugrunde, sondern eine spontane Abwägung von Nutzen und Kosten. Es handelt sich meist nur um grobe Schätzungen, für eine genaue Rechnung bleibt im Alltag oft nicht die Zeit. Und man ist sich der jeweiligen Wertsphäre nicht wirklich sicher. »Es könnte sein«, schreibt Martin Seel, »dass unsere bisher besten Absichten trügerisch sind. Es könnte sein, dass sich gerade im Abfall von unseren besten Vorsätzen ein Durchbruch zu existentieller und ethischer Wahrheit meldet.«

Unschärfe und Ermessen nach Gefühl sind die schneidenden Waffen der Aufschieber und Vernachlässiger. Aus dem Durcheinander kann plötzlich ein Geistesblitz oder wenigstens etwas Abwechslung hervorgehen. Und so empfehlen Kathrin Passig und Sascha Lobo mit Blick auf den Markt der Arbeit und der Lebensstilvarianten, auf dem sich die Grenzen zwischen Selbstbestimmung, Zwang, Disziplin und Trödelei spürbar auflösen, öfter mal was Neues anzufangen. Wenn man nicht weiterkommt, so ihre Idee, hilft vielleicht liegenlassen. Es handelt sich dabei um ein Heureka-Prinzip jenseits der großen Entdeckungen. Um von hier nach da zu kommen, braucht man auch im schnöden Alltag bisweilen einen Mix aus Überraschung und Irritation. »Prokrastination war immer gut zu mir«, schreibt Kathrin Passig. »Mit dem Studium fing es an, denn kaum hörte man auf, mich wie zu Schulzeiten in enge, tägliche Hausaufgabendeadlines einzusperren, lag ich nur noch herum und las Krimis. Das brachte mir einen schönen Job in einer Krimibuchhandlung ein. Mein Freund P., den sein Studium so sehr langweilte, dass er überhaupt nicht mehr hinging, saß zu Hause herum und guckte Glücksrad, und weil man nicht den ganzen Tag Glücksrad gucken kann, programmierte er nebenbei eine eigene Glücksrad-Version. Schon bald wurde er in einem Multimediaunternehmen angestellt und hängte sein Studium an den Haken. (...) Während ich mich um die Krimibuchhandlung, die Verlage, die Multimedia-Handlangerdienste und mein Studium hätte kümmern sollen, verbrachte ich viel Zeit in einem SM-Chat. Daraus entstand ein Sachbuch über SM, und weil ich eigentlich das Buch hätte schreiben sollen, gelang es mir, mein Studium abzuschließen.«[16]

Es gibt, so legt Passig nahe, einen einträglichen Reigen des Aufschiebens. Das jahrelange Herumhängen in Internetforen kann sich irgendwann auszahlen. Muss es aber nicht. Die Launen des Prokrastinierens sind schwer zu durchschauen. »Das Einzige«, schreibt Passig verwundert, »was sich merkwürdigerweise nie für mich ausgezahlt hat, war eine ausgedehnte Tetrisperiode in meiner Zeit als studentische Hilfskraft.« Oder täuscht sich Passig hier? Tetris ist ja gewissermaßen eine Basisqualifikation für das Verhalten, etwas aus dem zu machen, was gerade herunterfällt. Es kommt wie es kommt, und man muss es in dem Ready-made seiner Biografie nach Möglichkeit so integrieren, dass man weiter darauf bauen kann. So, wie sie den Verlauf ihrer zufällig sich ergebenden Berufskarriere schildert, scheint sie ihr Leben bereits auf das Tetris-Spiel hin ausgerichtet zu haben.

Passig und Lobo favorisieren in ihrem schnell zum Bestseller avancierten Ratgeber für die Kunst des Aufschiebens eine Haltung des Abwartens, die das Gespür für den richtigen Augenblick nicht verliert. Prokrastinierer singen kein Loblied auf die Faulheit. Zum Faulsein sind sie zu ungeduldig. Außerdem tun sie viel zu viel. Das aber nur sehr ungeordnet. Was Passig und Lobo beschreiben, könnte man als kreative Hyperaktivität bezeichnen, die darauf setzt, dass irgendwann schon etwas Passendes dabei herausspringt. Fehler vermeiden ist ihre Sache nicht. Sie begegnen ihnen und sehen manchmal staunend dabei zu, was sich daraus ergibt.

Man muss hier nicht die philosophische Diskussion über die Notwendigkeit von Fehlern anschließen, um Willensschwäche als einen integralen Bestandteil emotionaler und sozialer Funktionstüchtigkeit zu erkennen. Gesunder Menschenverstand und Menschenkenntnis gehen überhaupt erst aus einem ständig in Bewegung gehaltenen Wechsel zwischen Fremd- und Selbstbeobachtung hervor. Das erklärt auch, warum die meisten Menschen nicht mit jemandem tauschen würden, der so etwas wie Willensschwäche an sich selbst noch nie erfahren hat. »Denn in der Möglichkeit der Willensschwäche«, so Martin Seel, »liegt ein wichtiges Stück Freiheit gegenüber uns selbst. Man denke nur an Figuren wie den Vulkanier Spock oder den Androiden Data aus *Star Trek*, denen die menschlichen Schwächen erst mühsam beigebracht werden müssen. Oder man denke an Ernst Lubitschs Film *Sein oder Nichtsein*, dieser wohl bedeutendsten je erdachten Apologie der Willensschwäche. Hier ist es der *running gag*, dass eine hohe Nazi-Charge gegenüber einem vermeintlich Gleichgesinnten in jovialer Laune bemerkt: »Da ist immer etwas faul mit jemandem, der nicht trinkt, der nicht raucht und keinen Bissen Fleisch isst.« Um als Antwort die Frage zu erhalten: »Meinen Sie den Führer?« Lubitsch schickt in seinem Film die mittelmäßige polnische Schauspielertruppe mit all ihren Reibereien, Eitelkeiten und Unfähigkeiten in einen ungleichen Kampf gegen die mächtigen Nazis. Wo die Schwächen der Akteure offen zutage liegen, ist Einfallsreichtum gefragt. Sein oder Nichtsein, um das es im Film auf existenzielle Weise geht, entscheidet sich nicht an Fragen der Tugendhaftigkeit. Die Schauspieler erweisen sich als Meister einer spontan über sich hinauswachsenden Verschlagenheit. Als es darauf ankommt, verfügen sie über jene Tugenden, die sie bislang knapp oder kläglich verfehlt haben.

Die Freiheit gegen sich selbst ist kein Kernbegriff eines emphatischen Konzepts. Man schreibt sie sich nicht auf wehende Fahnen oder in Grundgesetze. Das Lob der Laster und der Willensschwäche ist völlig unheroisch. Bisweilen beruft man sich auf derlei Dinge wie in einem Akt der Notwehr. Es hilft beim Tun und begründet das Lassen. Beim nächsten Mal stellt sich die Frage nach linksherum oder geradeaus wieder neu. Meist stellt sie sich gar nicht.

Durch den Konsum

»Warum habe ich nach jahrelangem Schulbesuch immer noch keine klare Vorstellung davon, wie die Perforation auf dem Antwortcoupon oder der Rolle Toilettenpapier zustande kommt?«

Nicholson Baker

In den funkelnden Hallen, in denen Gesichter vorüberziehen, deren marmorner Ausdruck mit wasserfester Paste fixiert erscheint, erreicht aus den Tiefen des Unbewussten die Stimme Gollums unser Ohr, jenes glitschigen Ekelwesens aus *Der Herr der Ringe*, das in seiner Gier nicht unterscheiden kann ob Es spricht oder Ich. Unser gemächliches Schlendern kann kaum verbergen, dass auch wir ihn wollen, den Schatz. Wir spüren, dass er da ist, plötzlich können wir ihn ganz nah vor uns sehen. Grell leuchtend thront er auf den Sockeln der Begehrlichkeit oder dezent wartend setzt er in der Halbdistanz auf den Moment, in dem er in seiner minimalistischen Schönheit wahrgenommen wird. Wir gehen noch einmal vorbei, nehmen Kontakt auf, als käme es darauf an, ihn sich noch vor der ersten Berührung einzuverleiben. Nur ein kurzer Augenblick noch, dann wird es geschehen. Kampflos wird man sich ergeben und ihn sanft über den Finger gleiten lassen. Der Ring hängt federleicht an der Kette und zieht doch mit unermesslichen Kräften daran. Gollum, der einmal Ringträger war, ist der süßlichen Allmacht des so unscheinbaren Geschmeides verfallen. Er hat sich völlig aufgegeben und täte alles dafür, wieder in seinen Besitz zu gelangen. Die Jahre der unerfüllten Gier haben den anderen, Sméagol, der er einmal gewesen ist, ausgelöscht. Was übrig blieb, ist ein zerstörtes Wesen, das dem Ring seither begierig zu folgen versucht, wo immer er auch hingetragen werden mag. Man soll sich nicht täuschen. Dieses jämmerliche Wesen ist willensstark, wenn es darum geht, den Ring in einem Augenblick der Unachtsamkeit an sich zu reißen. Wenn es für das Erreichen seines Ziels nötig ist, wird er töten. Wenn aber die Chance zum Zugriff verstrichen ist, ergibt er sich in Demut und Willfährigkeit. Nichts anderes erreicht mehr seine Sinne als die Aussicht darauf, den Ring wieder am Finger zu spüren.

Sein tapferer Gegenspieler ist Frodo, der Ringträger aus dem Auenland, ein Novize des Triebverzichts. Auch er weiß um die wundersamen Eigenschaften des Rings, der übermenschliche Kräfte verleiht oder einfach nur schön anzusehen ist. Frodo aber ist auserkoren, der zerstörerischen Verführung zu trotzen. Mit Gollum und Frodo, die einen großen Teil ihres abenteuerlichen Wegs als Feinde, aber auch als Gefährten gehen, die aufeinander angewiesen sind, hat J.R.R. Tolkien ein Figurenpaar geschaffen, das die Widersprüche moderner Gefühlslagen und Herausforderungen in sich vereint. Frodo und Gollum verkörpern die schwierige Existenz zwischen vielfältigen Verlockungen und dem Weg zum einfachen Glück. Wir möchten der tapfere Frodo sein, der wie Odysseus an den Mast gekettet scheint, doch in der Welt des Konsums ist uns Gollum immer auf der Spur. Er zischelt und flucht, er säuselt, schmeichelt und flüstert, er ist uns voraus und hinter uns her. Wir wollen ihn doch auch, den Schatz, dessen Bannspruch wie ein unsichtbarer Slogan über allen Warentempeln aufzuleuchten scheint: »Ein Ring sie zu knechten, sie alle zu finden. Ins Dunkle zu treiben, und ewig zu binden.«

Trotz aller den Kaufhandlungen innewohnenden subversiven und gegenläufigen Kräfte operieren die meisten Konsumkritiken und -theorien mit Stereotypen der Verführung, in der das Subjekt von der Vielfalt der Eindrücke zugleich angezogen, gefesselt und überwältigt wird. *Der Herr der Ringe* kann so als eine grandiose Erzählung über die Selbstbehauptungskämpfe des Ich gegen die dunklen Mächte gelesen werden. Wenn diese heute angreifen, schicken sie nicht mehr die abstoßenden Heere der Orks ins Feld.

Die Gefangennahme der Sinne vollzieht sich subtiler. Der harmlos anmutende Tausch von Geld gegen Ware wird seit jeher als Verschwörungstheorie beschrieben. Seitdem der Handel nicht mehr wundersamen Tauschritualen gleicht, sind ihnen zufolge fortwährend Agenten eines hermetischen Systems dabei, das Geschehen zu dirigieren und zu kontrollieren. Widerstand ist zwecklos, er wird nicht einmal erwogen. »Die Werbung sorgt dafür«, glaubt der französische Schriftsteller Frédéric Beigbeder, der mit *Neunundreißigneunzig* einen Roman über die Werbebranche geschrieben hat, in deren Diensten er selbst einmal stand, »dass wir unser Gefängnis lieben. Die einzige Hoffnung, die man uns lässt, ist die auf ein schöneres Auto.« Als Gefangene des Konsums träumen wir nicht einmal mehr von der Freiheit. Wir würden alles tun, um noch eine Weile im Bann des Warenzaubers bleiben zu dürfen.

Ein besonders markantes Beispiel für eine hermetische Theorie liefert der amerikanische Politikwissenschaftler Benjamin Barber in seinem Buch *Consumed!*, in dem er davon ausgeht, dass die Waren produzierende Wirtschaft alles daran setzt, die Konsumenten im Zustand infantiler Abhängigkeit zu halten. »Ich rede nicht im Passiv davon, dass ein Prozess der Infantilisierung im Gange ist. Ich behaupte vielmehr, dass viele unserer wichtigsten Wirtschafts-, Bildungs- und staatlichen Institutionen die Infantilisierung bewusst und absichtlich betreiben und wir deshalb den damit zusammenhängenden Praktiken der Privatisierung und des Branding ausgesetzt sind. Auf diese Weise wird nämlich ein System des Konsumkapitalismus aufrechterhalten, das nicht mehr von den herkömmlichen Marktkräften von Angebot und Nachfrage getragen wird.«[17]

Die Mechanismen des Zwangs sind so fein dosiert, dass sie als himmlische Freiheit wahrgenommen werden. Barber sieht ein »infantilistisches Ethos« am Werk, in dessen Namen das Einfache dem Komplexen und Spaß und Freizeit der Disziplin vorgezogen wird. Ist der Blick für die umfassende Verkindlichung einmal geschärft, lassen sich überall Indizien für eine totalitäre Degeneration finden. »Flughafenpolizisten teilen an den Kontrollstellen Lutscher aus, um zornige Fluggäste zu beschwichtigen; beim Fernsehen wird die Nachrichtenredaktion von führenden Leuten aus der Unterhaltungsbranche übernommen, in der Popkultur schwätzt man à la *Vanity Fair* von enfantrepreneurs, Kinderunternehmern, und das *New York Times Magazine* schwärmt davon, ›was Kids an Mode wollen, direkt aus dem Maul des Stutenfohlens‹, um sich anschließend für Stringtangas bei Siebenjährigen zu erwärmen; die Professionalisierung des Sports an den Highschools, die aus dem Basketballfeld der Teenager eine Rekrutierungsbasis für die NBA und aus dem Körper der Basketballspieler wandelnde Reklametafeln macht; erwachsene Literaturleser, die sich auf *Harry Potter* und *Der Herr der Ringe* stürzen (wenn sie das Lesen nicht gänzlich aufgeben); Fast-Food-Ketten in aller Welt, die (unter anderem) die Abneigung ruheloser Kinder gegen die Esszimmersitten der Erwachsenen ausbeuten; Spiele für männliche Teenager wie *World of Warcraft*, *Grand Theft Auto* und *Narc* und Comicbuchfilme wie *Terminator*, *Spider-Man*, *Catwoman* und *Shrek*, die den Unterhaltungsmarkt dominieren; neue pädagogische Fernsehprogramme wie Teletubby und Videos wie Baby Einstein (...).«

Das alles und noch viel mehr sieht Barber im Einsatz eines undurchschaubaren Konsumkapitalismus, der Wert darauf legt, den früh erlernten Verbrauch lebenslänglich abzuschöpfen. Hoffnung besteht nach dieser Diagnose kaum. »Einst verband sich der Kapitalismus mit Tugenden, die zugleich wenigstens ein bisschen zu Demokratie, Verantwortung und bürgerlichem Engagement beitrugen. Heute ist er verbündet mit Lastern, die zwar dem Konsumismus dienen, aber Demokratie, Verantwortung und bürgerliches Engagement untergraben. Die Frage ist also, ob nicht nur die Demokratie, sondern auch der Kapitalismus selbst das infantilistische Ethos, von dem er abhängig geworden ist, überleben kann. (...) Eines ist klar: Entweder wird der Kapitalismus das infantilistische Ethos durch ein demokratisches Ethos ersetzen und seine Fähigkeit wiedergewinnen, Gleichheit ebenso zu fördern wie Profit, Vielfalt ebenso wie Konsum, oder die Infantilisierung wird nicht nur die Demokratie, sondern auch den Kapitalismus selbst zugrunde richten.« Es ist nicht sehr wahrscheinlich, dass die Erschütterung der Finanzmärkte im Herbst 2008 bereits das von Barber ins Auge gefasste Ende darstellt. Seine grundsätzlichen Überlegungen dürfte er jedoch bestätigt sehen.

Glaubt man solchen Theorien, dann wäre Konsum eine Veranstaltung, die unter das Betäubungsmittelgesetz fallen müsste. Benjamin Barber hält es kaum für möglich, dass man souverän mit den vielfältigen Facetten der Regression umgehen kann. Gewiss mutet es wundersam an, wenn Kuscheltiere im Dutzend aus Autofenstern zurückschauen, obwohl in dem Gefährt seit geraumer Zeit keine Kinder mehr transportiert worden sind. Die Generation Nike ist inzwischen ins Rentenalter vorgerückt, und es ist kein Einzelfall mehr, dass sich Computer-Nerds in die Gemeinschaft von Fantasy-Spielern zurückziehen, in der nur noch das Problem regelmäßiger Nahrungsaufnahme an eine Echtzeit-Existenz erinnert. Dass sich aber hinter literarischen Hervorbringungen wie *Harry Potter* oder *Der Herr der Ringe* grandiose Epen verbergen, an die sich wissenschaftliche Studien anknüpfen lassen, sollte dem Politologen nicht verborgen geblieben sein. Doch Barber bleibt wie viele Kulturkritiker bei der Idee vom mehrfach fluchtgesicherten Käfig des Konsums. Im Kaufhaus gelingt es keinem noch so wendigen Schiff, die Klippen zwischen Skylla und Charibdis zu passieren. Nach Ladenschluss bleibt ein beschädigtes Subjekt am Mast zurück. Ein bisschen Freude kommt allenfalls dann noch auf, wenn die Marx-Brothers über Nacht eingeschlossen werden. Zur antikapitalistischen Akrobatik von Beppo und Harpo würde es wohl auch Benjamin Barber noch einmal in den Mundwinkeln zucken.

Aber ist es nicht vielmehr so, dass in den Weltmeeren des Konsums immer hart am Wind gesegelt wird? Die Kaufhäuser selbst pflegen den odysseeischen Mythos. Noch der aufgeklärteste Käufer droht an jeder Ecke dem Angebotsfuror zu erliegen. Solange der Hafen Ithakas nicht erreicht ist, geht es immer um die Besänftigung von Schuld. Der vollzogene Kaufakt verspricht Absolution und wird mitunter als schnöder Ablass enttarnt. Handel mit Waren ist so gesehen ein unentwegtes Navigieren durch die Weltmeere der Neurosen.

Diese zu entdecken und zu stimulieren, war die große Kunst der »geheimen Verführer«, die der amerikanische Soziologe Vance Packard 1957 in seiner gleichnamigen Studie vorgestellt hat und die heute zu den Klassikern der Konsumbeobachtung zählt. Indem Packard die Methoden und Tricks der Motivationsforschung untersuchte, die sich in den Dienst der amerikanischen Warenerzeuger gestellt hatten, glaubte er, die Konsumenten besser gegen die Verführungskräfte wappnen zu können. Gegen die subtilen Methoden der Verkaufsstrategen, die ein umfassendes Überwachungssystem des Unbewussten organisiert hatten, setzte er die wachsame Gegenbeobachtung. Es lässt sich beschreiben, was sie tun und wie sie es tun. Der Kapitalismus war für Packard nicht das Problem, allenfalls stellte er eine Herausforderung dar. Packard verstand sein Buch nicht einmal als Konsumkritik. Er wollte ein Aufklärungsbuch über die noch junge Branche der Motivationsforschung geschrieben haben, die vor dem Nazi-Regime geflohene österreichische Emigranten mit der Freudschen Psychoanalyse im Gepäck, entwickelt hatten. Allen voran ein Mann mit dem klingenden Namen Ernest Dichter.

An Packards Klassiker, der in keinem Zitatapparat heutiger Konsumkritik fehlen darf, fällt eine Milde der Beschreibung auf, die weit davon entfernt ist, den Konsumterror mit theoretischen

Waffen zu bekämpfen. Der Text ist nicht zuletzt unterhaltsame Literatur, die Pannen, Kuriositäten und Fehlannahmen der tief in die Konsumentenseele blickenden Marketer zum Vorschein bringt. Die allwissende Forschung muss immer wieder feststellen, dass das erforschte Subjekt macht, was es will. Der Konsument wehrt sich dabei weniger gegen die Durchleuchtung, als dass er den erwarteten Ergebnissen und Annahmen beharrlich nicht entspricht. Derlei Unberechenbarkeit hat seit jeher auch den totalitären Systemen zu schaffen gemacht. Wenn der Konsumismus, wie viele Kulturtheorien nachzuweisen versuchen, ein solches ist, hat er hier seinen fast irreparablen Systemfehler. Die Widerstandsfähigkeit gegen den Konsumismus erwächst aus der strukturellen Offenheit des Systems. In diesem Sinn hat auch der Medienwissenschaftler und Philosoph Norbert Bolz sein »konsumistisches Manifest« verfasst. Erfolgreiche konsumistische Systeme, so Bolz, sind der beste Abwehrschirm gegen politische Totalitarismen und religiösen Fundamentalismus. Wohlstand für alle wappnet gegen düstere Partikularismen. »Auf dem Markt«, schreibt Bolz, »reflektieren Konkurrenten auf ihre Tauschchancen (...) Der Tausch mit den Feinden emanzipiert die Menschen aus den traditionalen Strukturformen sozialer Beziehungen. Man könnte also von einer Menschwerdung des Menschen auf dem Markt sprechen. Und eben das ist Zivilisation: Der Feind wird zum Konkurrenten, und die Brüderlichkeit löst sich in Kundschaftsverhältnisse auf.«[18]

Ein Phänomen, das die Konsumforscher der frühen Jahre ratlos machte, waren Packard zufolge die so genannten Impulskäufe. »Einer jener Motivationsanalytiker, die gern wissen wollten, warum in Selbstbedienungsläden die Impulskäufe so stark anstiegen, war James Vicary. Er vermutete, dass beim Einkaufen in Selbstbedienungsläden in den Frauen psychologisch etwas Besonderes vorgehen müsse. Vielleicht, so meinte er, unterliegen sie erhöhter innerer Spannung, wenn sie sich so vielen Möglichkeiten gegenüber sehen, so dass sie sich zum raschen Einkaufen gedrängt fühlen.«[19] Das Gegenteil war aber der Fall. Mit Hilfe von Beobachtungskameras bekam Vicary heraus, dass die Lidschlaghäufigkeit sank, wenn die Hausfrauen die Läden durchstreiften. Denkt man sich das Kaufhaus als einen gesellschaftlichen Ort unterschiedlich ausgesteuerter Erregungszustände, so stellte Vicary fest, dass es sich um eine Art Ruheraum handelt. Die beobachteten Hausfrauen gerieten in eine Art Trance und griffen deshalb zu Dingen, von denen sie die wenigsten brauchten.

Die Verkaufspsychologie, das ist die frühe Lehre aus Packards Branchenreport, muss auf Kontingenz gefasst sein. Die Forscher werden immer wieder von neuen Entwicklungen überrascht, erst recht, wenn ein Wandel gesellschaftlicher Konventionen heraufzieht. Manche Psychologen behaupten, so Packard, das Frauenauge werde am raschesten von rot verpackten, das Männerauge von blau verpackten Waren angezogen. Ein Verpackungsgestalter behauptete Packard zufolge, »die Mehrzahl der einkaufenden Frauen lasse die Brille zu Hause oder werde sie, solange es irgendwie vermeidbar sei, niemals in der Öffentlichkeit tragen. Um erfolgreich zu sein, müsse sich daher eine Verpackung vom verschwommenen Wirrwarr abheben.« Packard konnte in den späten Fünfzigern allerdings nicht ahnen, dass das Tragen von Brillen nicht auf Dauer mit menschlicher Eitelkeit kollidierte, sondern zunehmend zu modischen Distinktionsgewinnen verhalf. Der permanenten Verwandlung der Annahmen ist es zu verdanken, dass die Branche der Markt- und Trendforscher trotz aller konjunkturellen Schwankungen keineswegs gefährdet ist.

Eine wichtige Übung besteht heute darin, das weithin in Konsumkritik geschulte Publikum nicht gleich mit den billigsten Tricks der Verführung zu unterfordern. Niemand will mehr nur konsumieren. Man möchte vom und beim Konsum auch intelligent unterhalten werden. Zum Kauf einer Ware hat der ausgebildete Konsument als Anhang längst den Wirtschaftsteil seiner

Zeitung parat. Man trinkt Bionade nicht nur, um sich zu erfrischen, sondern auch, um an der wechselvollen Geschichte vom Auf und Ab eines vergleichsweise jungen Unternehmens zu partizipieren. Daraus ist ein subtiles Spiel vielfältiger Marktkomplikationen entstanden. Konsumterror und Konsumkritik sind derart ineinander verschränkt, dass sie längst neue Modelle auf den Plan gerufen haben, die Konsum zuallererst als ästhetisches Phänomen behandeln. Mode ist in diesem Spiel nicht mehr bloß die Variation von Wiederholungen bereits dagewesener Gestaltungsformen. Die Retrotrends folgen vielmehr einem ausgeklügelten Distinktionsspiel der Popkultur, in dem Dinge gehen oder nicht gehen. Trends können ökonomisch erfolgreich und etabliert, dabei aber äußerst uncool sein. Streetcredibility folgt Maßstäben, die als geschlossener Kreislauf jenseits der üblichen Markt- und Markengesetze verlaufen. Bestimmte Marken können erst reüssieren, nachdem sie durch das Drachenblut der Konsumkritik gegangen sind. Naomi Kleins Schlagwort »No Logo!«, das einen radikalen Konsumverzicht mit ökologischer und sozialer Produktionskontrolle kurzschließt, war letztlich eine äußerst erfolgreiche Selbstbehauptung auf dem Markt der öffentlichen Aufmerksamkeit und des Rederechts.

Der in postbildungsbürgerlichen Kreisen beliebte Versandhandel Manufactum, der den Slogan »Es gibt sie noch, die guten Dinge« führt, lebt zu nicht geringen Teilen von dem Ruf, Produkte jenseits jeglicher Marktoptimierung zu vertreiben. Traditionell gefertigte Waren werden hier mit der Patina des Altmodischen veredelt und wiederbelebt. Es gibt sie noch, die guten Dinge, aber sie sind das Ergebnis eines entdeckerischen Kapitalismus, der in der Lage ist, seine Archive zu durchforsten. Dieselben Mechanismen geschickter Kombinatorik greifen auch auf den Märkten des Trash. In bestimmten Partykreisen waren vor einiger Zeit synthetische Mixgetränke wieder aufgetaucht, der fast schon vergessene Fruchtsirup Tritop wurde vorübergehend zum Kultgetränk. Ein beträchtliches Segment des Wirtschaftslebens ließe sich in diesem Sinn als ästhetischer Konsum beschreiben, der die vielfältigen Wahlmöglichkeiten mit Verzicht, Enthaltsamkeit und Konsumunterbrechung kombiniert. Die Wünsche, die vorm Kaufakt stimuliert werden sollen, sind komplexer Natur. »Jedes Kind«, schreibt Norbert Bolz, »kennt ja die Geschichte von dem, der drei Wünsche frei hatte. In der Geschichte geht es im Kern um den Wunsch, bessere Wünsche zu wünschen. Und die Werbung erzählt solche Geschichten, die den Wunsch nach besseren Wünschen wecken, für Erwachsene. Und für die vielen, denen die Werbewelt selbst schon lebbare Wirklichkeit geworden ist, gilt dann: Das Beste am Leben sind die Geschichten über das Beste am Leben.«

In seiner beiläufigen Art des Warenzeigens hat sich das Berliner Kaufhaus Quartier 206 weitgehend vom Produktarrangement herkömmlicher Kaufhäuser gelöst. Folien und Verpackungen sind beseitigt, Kleidung wird hier im gebrauchsfertigen Zustand feilgeboten. Es fehlt nicht viel, dass die Ware in den Besitz des Betrachters übergehen kann. Die Kostüme, Anzüge und Accessoires werden nicht im Sinne eines buchstäblichen *pret-à-porter* ausgestellt, sie erwecken vielmehr den Anschein, als gehörten sie einem bereits. Das Gesehene nicht schon zu besitzen, ist für kurze Momente der einzige Makel der Szene. Das Augenmerk liegt nicht auf dem schönen Schein des kürzlich erst in die Welt gekommenen Produkts, sondern in der Behaglichkeit des Verbrauchs. Der Konsument durchstreift das Quartier 206, das im Stil eines salonartigen Wohnensembles eingerichtet ist, als Passant, der er stilvollendet erst dann ist, wenn das schicke rautierte Tütchen an seinem Arm baumelt.

In der Welt des Quartier 206 ist man nicht primär Kunde, sondern Teilhaber an einem sozialen Ritual. Man ist Bewohner eines konsumistischen Viertels, hier zu kaufen verheißt Zugehörigkeit. Die Waren hingegen affizieren, indem sie eine Situation anspielen, in der der Kaufvorgang schon stattgefunden haben könnte. Das Quartier 206 verlegt die Kaufhandlung ins Futur II: Es wird gekauft worden sein. Nichts erinnert mehr an das Gedränge und das Greifen am Wühltisch nach dem günstigen Hemd. Vom viel zitierten Kaufrausch kann nicht die Rede sein. Alles Rauschhafte scheint durch ein behutsam ausgesteuertes Raumklima abgekühlt. Zu diesem Gefühl tragen nicht zuletzt die Ankleidekabinen bei durch ihre großzügige Gestaltung. Jede Assoziation muffiger Verschwitztheit, die einen in den gewöhnlichen Kabinen auf den körperlichen Makel zurückverweisen und das Anprobieren der dritten und vierten Hose zu einer Qual machen, wird vermieden. Eleganz kommt hier zu sich, indem sie vom trügerischen Objektfunkeln der neuesten Kollektion entfernt. Die Raffinesse der Szene entsteht gerade dadurch, dass die naheliegende Umgarnung des Kunden ausgelassen wird.

Die Erzeugung eines konsumistischen Kontrollverlustes gehört nur noch bedingt zu den bevorzugten Strategien langfristiger Kundenbindung. Bedenkt man den unermüdlichen Aufwand, der zur Erweckung der Kundenaufmerksamkeit betrieben wird, so dürfte Marketingstrategen nichts langweiliger sein als ein leicht auszurechnender Kunde. Alle Kunst der Produktoptimierung zielte wohl ins Leere, wenn der Kunde als bloße Beute am Verkaufsstand herumlungerte. Das lustbetonte Spiel der Verführung hat nur Aussicht auf Dauer, wenn es wechselseitig und mit gleich bleibender Inbrunst verfolgt werden kann. Nichts wäre im Augenblick der sorgsam aufgebauten inneren Spannung schlimmer als die Entdeckung, für einen willfährigen Alleskäufer gehalten zu werden. Das Umschleichen der Ware erfolgt nach ebenso komplizierten wie rätselhaften Mustern der Anziehung, Abstoßung und Wiederannäherung. Die geheimen Mechanismen der Verführung mögen unendlich oft zum Ziel führen, sie können aber auch unwiderrufliches Scheitern bergen. So spontan der Kaufentschluss bisweilen sein mag, so plötzlich kann sich auch die Konsumverweigerung einstellen. Letzteres gilt vor allem für das Nischensegment des Luxuskonsums. Die Billiganbieter setzten unterdessen auf den Impuls, sich nichts entgehen zu lassen. »Ich bin doch nicht blöd.«

Alle Untersuchungen über Kaufrausch und -zwänge stellen Überlegungen über den Aufbau innerer Spannungen beim Einkauf an, die wieder abfallen, solange man nicht kauft. Doch ohne die Mechanismen innerer Spannung kommen selbst aufgeklärter und intelligenter Konsum nicht aus. In der Werbung hat die Beschwörung des Konsumenten als vernunftbegabtes Wesen ihren angestammten Platz. Wer will schon gern ein dummer Kunde sein, ferngesteuert und leicht verführbar? Und so gibt es ein breites Angebot für kühle Rechner und haushaltsbewusste Marktbeobachter. Im Supermarkt der Wahlmöglichkeiten scheint unter Strafe zu stehen, dass man es sich mit seinen Gewohnheiten bequem macht und den jederzeit gebotenen Wechsel zum nächsten Produkt unterlässt. Nichts kommt mehr nur aus der Steckdose. Alles muss dem eigenen Benutzerprofil, das gegebenenfalls noch zu ermitteln ist, angepasst werden. Der mit Rationalität gedopte Kunde erlebt keine Rauschzustände, sondern leidet an Kontrollzwängen. Unter Anleitung der Stiftung Warentest ist ein Konsumententypus konstruiert worden, der als innengeleiteter Charakter im Sinne des amerikanischen Soziologen David Riesman seine Bedürfnisse beherrscht und kalkuliert zu Markte trägt.

Seit der Sozialstaat an seine Grenzen gestoßen und der Konsum zur Bürgerpflicht erhoben worden ist, hat die Irritationsdichte erheblich zugenommen. Überall werden Konjunkturprogramme gestrickt und wieder aufgeribbelt. In seiner letalen Phase erweist sich der Kapitalismus als Patient, dem dringend geholfen werden muss. Das einfache Modell, demzufolge schwache Subjekte in den Bann des schönen Scheins gezogen werden, beschreibt die wirtschaftliche Realität kaum angemessen. Die gesellschaftliche Erwartung, dass konsumiert wird, kreuzt sich mit mannigfaltigen Anforderungen an das Wie des Konsums. Wer nicht als willfähriger Allesverbraucher dastehen will, ist aufgefordert, über den passenden Strommix Bescheid zu wissen, sollte wöchentlich den Handytarif wechseln und sorgsam den Kauf von Flaschengetränken kalkulieren. Ökologische Interventionen sind mittlerweile die perfidesten Marktregulatoren, was dem flächendeckenden Erfolg der Konsumkritik zu keinem Zeitpunkt geschadet hat. Aus dem Subjekt der Begierde, das es zu verführen galt, ist ein Getriebener der Produktaufklärung geworden, den Preisagenturen, Ebay-Versteigerungen im Internet und Stiftung Warentest mit nie nachlassendem Bescheidwissertum zu Leibe rücken. Neben den Konsumzwang ist eine Verpflichtung aufs Schnäppchen getreten, die den streunenden Verbraucher mit vernünftigen Argumenten verfolgt.

Wo einfacher Konsum war, regiert nun ein nie nachlassender Zwang des Sich-Kümmerns, als käme es darauf an, den Kapitalismus nicht einfach sich selbst zu überlassen. So naiv möchte nach dem Zusammenbruch der Finanzmärkte niemand mehr sein, selbst wenn nur die Portokasse auf dem Spiel steht. Das Schnäppchen, das immer auch eine Lebenschance unterprivilegierter Schichten war, ist als Smart-Shopping zur zwanghaften Mittelstandsoption geworden. Der obszönste Ausdruck einer solchen Haltung bestand zuletzt in der Wahrnehmung von Dumpingangeboten für den Einkaufsflug nach Mailand für 9,99 Euro. Wo eine Städtereise zum Preis eines Doppelwhoppers mit Pommes zu haben ist, wird der mit theoretischer Inbrunst bekämpfte Konsum zum albernen Einkauf nach dem Prinzip des Losverfahrens. Die Aussichten, ein Ticket zu ergattern, sind gering, die tatsächlichen Begleiterscheinungen eines solchen Fluges eher unkomfortabel. Der ganze Triumph besteht bereits in der geglückten Buchung. Die konsumistische Befriedigung erwächst nicht mehr aus dem Verbrauch der Ware, sondern aus der Konsumption des Preises. Das Schnäppchen, das im Kern noch zum Ideal eines vernunftorientierten Konsums gehört, ist Konsumismus als Perversion. Nach einem Moment der Erregung erfolgt der Spannungsabfall bereits an der Kasse. Aber genau in diesem Moment tritt die enorme Lernfähigkeit des Konsumismus zutage. Das Schnäppchen erscheint als eine Art hämischer Parodie auf die zu keinem Zeitpunkt plausible Unterscheidung zwischen innengeleitetem und regressivem Konsum.

Die größte Gefahr für den Konsum ist die Konsumermüdung, die sich selbst den feinsten Methoden der Marktbeobachtung entzieht. Die Zähigkeit des Kunden, den man allzu oft in der Opferrolle wähnt, besteht in seiner Unzuverlässigkeit. Trotz aller rationalen Gebote scheint dem Kaufvorgang etwas innezuwohnen, das für permanente Kurzschlüsse und Überraschungen sorgt. In der Praxis funktioniert Konsum denn auch als äußerst variantenreicher Kompromiss zwischen Wahl, Korrektur und Entschluss.

Bleibt mit oder gegen Autoren wie Benjamin Barber also nur Resignation? Wenn das Pathos des Konsumverzichts keine Lösung ist, dann hilft wohl nur der Eintritt ins Spiel der Verführung. Mit Tokio Hotel könnte man also singen: »Durch den Konsum, hinter die Zeit.« Wer nicht im Regen stehen bleiben will, soll das wohl heißen, muss die Intensitätsgrade des Regens kennen lernen. Wer sie aber kennt, der weiß, dass es darauf ankommt, sich nicht gleich von den ersten Tropfen erschüttern zu lassen.

Über die Verhältnisse

»Wer viel Geld hat, kann spielen.
Wer wenig Geld hat, darf nicht spielen.
Wer kein Geld hat, muss spielen.«

André Kostolany

Wenn am Ende des Geldes immer noch sehr viel Monat übrig ist, dann gewinnt das Grübeln darüber an Raum, was man regelmäßig oder so nebenbei alles ausgibt. Fast immer ist es mehr als gedacht. Hier noch eine Handygebühr, da noch das Premiere-Abo. Was man halt alles so braucht oder sich leistet. Der Wirtschaftsbürger will versorgt und vernetzt sein, aber sobald das Hauhaltsbuch aufgeklappt wird, werden die darin verzeichneten Dinge wundersam wie die dunklen Märchen der Gebrüder Grimm. Angesichts der eigenen Lage kann es einem mitunter gruselig werden. Und hinzu gesellen sich noch die Kosten, die man beinahe schon vergessen hatte. Sie kommen plötzlich und ungelegen zum Vorschein und sind klebrig wie Baumharz. Der Leasing-Vertrag fürs Auto wurde erst vor einigen Monaten abgeschlossen. Da kommt man jetzt, wo es eng wird, gar nicht so schnell raus. Zunächst hat man es nicht recht bemerkt, aber dann kommt es ganz dicke. Das eigene Leben, das so luftig und leicht anmutete, gerät nun fest in den Griff der Einzugsermächtigungen. Das meiste Geld, wusste schon Wilhelm Busch, wird man beim Bezahlen los.

Wenn dieser Zustand sich nicht bereinigen lässt, trifft man irgendwann auf jemanden wie Frau Westhoff. Sie ist Privatkundenberaterin bei einer Sparkasse und spricht ganz leise und förmlich, wenn sie einem etwas angespannt wirkenden Kunden gegenübersitzt. »Eine erneute Erhöhung der Kreditlinie ist leider nicht möglich«, sagt sie dann. Der Privatkunde hat seine Argumente (vorübergehender Engpass, außergewöhnliche Zahlung, aber erst in einem halben Jahr) bereits hergesagt. Er muss sich eingestehen, dass er nicht allzu überzeugend gewirkt hat. Dabei geht es ihm nicht nur um das leidige Geld. Das bisherige Leben und die Möglichkeit, es ohne allzu gravierende Kurskorrekturen noch eine Weile fortsetzen zu können, stehen zur Disposition. In nur wenigen Sekunden ist seine schöne Strategie zur Erhöhung seines Dispositionskredits zusammengebrochen. Frau Westhoff bringt seiner Gewissheit, bald schon wieder auf die Füße zu kommen, nicht das nötige Vertrauen entgegen. Schon möglich, dass er ihr rhetorisch überlegen ist. In dieser Situation gibt es jedoch eine Faktenlage, in der das nicht zählt. Sie könne da leider gar nichts machen. Die Vorschriften. Frau Westhoff weicht seinem Blick aus und stiert noch einmal suchend auf das Ausgabentableau auf dem Computerbildschirm. »Sehen Sie«, sagt sie dann ganz sachlich: »Sie geben jeden Monat 200 Euro mehr aus, als Sie derzeit verdienen.« Die Bank müsse ihre Kunden schließlich vor Überschuldung schützen. In früheren Zeiten war man diesbezüglich möglicherweise etwas großzügiger. Aber heute? »Sie müssen auch mich verstehen.«

Jetzt ist Fantasie gefragt. Will man dem bisher geführten Leben keine ruppige Vollbremsung zumuten, bedarf es Verhandlungsgeschick, irgendeinen letzten Hoffnungsschimmer. »1000 Euro. Wenn es nicht anders geht, nur für kurze Zeit«, sagt man dann, vor allem darum bemüht, unangenehmen Schweißausbruch zu vermeiden. In solchen Momenten ist selbst dem galantesten Charmeur guter Rat teuer. Frau Westhoff kennt alle Varianten hartnäckigen Insistierens. Da bleibt sie ganz kühl. Sie kann aus Erfahrung mit einiger Sicherheit vorausahnen, wer in solchen Situationen zu Ausrastern neigt oder bedröppelt von dannen schleicht. Letzteres kommt häufiger vor. »Ob Sie nicht doch eine Ausnahme machen könne? Bei einem so treuen Kunden?« Kaum ausgesprochen, weiß der Bittsteller um die Aussichtslosigkeit seiner Lage. Alles, was er vorzutragen hat, klingt bereits zu sehr nach Defensive. Frau Westhoff will sehen, was sie tun kann. Aber es geht jetzt nur noch um einen würdevollen Abgang. Der Filialleiter schaut aus einem Glaskasten herüber, wendet dann aber den Blick ab und schüttelt den Kopf. So sieht die nonverbale Variante einer Demütigung im Geschäftsalltag aus. Die Bank, mit der man reden kann, wohnt hier nicht mehr. Die meisten Banken haben mit undurchsichtigen Immobiliengeschäften erheblich zur Finanzkrise beigetragen und den Ruf zerstört, den sie ihren Kunden noch immer vorzumachen versuchen. Die Banken und Kunden sind gleichermaßen vom Sparkapitalismus zum Kapitalismus auf Pump übergegangen. So jedenfalls sieht es der Soziologe Ralf Dahrendorf. Frau Westhoff sagt zu alldem nichts, und es wäre ein taktischer Fehler, ihr jetzt mit dem angeschlagenen Image der Banken zu kommen. Was sie noch anzubieten hat, ist eine neuerliche Umschuldung der bisher aufgelaufenen Überziehungssumme. Dann komme er wenigstens von den hohen Dispo-Zinsen herunter. Kreditkarten müssen natürlich abgegeben werden. »Und am besten lassen Sie sich einmal einen Termin bei einer Schuldnerberatung geben.«

Der nächste Schritt im wuchernden Dilemma hat lange vor der großen Wirtschaftskrise die Formate der alltäglichen Fernsehunterhaltung erreicht. Peter Zwegat kennt sich aus mit Leuten, die unsanft aus ihrem Ausgaben-Delirium erwachen. Er ist der Schuldnerberater des Fernsehsenders RTL, der mit seiner Doku-Soap »Raus aus den Schulden« auf das Unterhaltungspotenzial von Menschen setzt, die den Überblick über ihre Konten verloren haben und nun mit den Folgen ihres mangelhaften Krisenmanagements konfrontiert werden. Eine Zeit lang verlief das Leben nach dem Motto »Geld ist nicht alles«. Man hatte sich gut darin eingerichtet, alles ging leicht und war in Bewegung. Geld spielte keine Rolle, man hatte Kredit. Aber plötzlich macht sich auf penetrante Weise der Alltag bemerkbar. Mal hat der Mann die Frau mit den Kindern sitzen lassen, mal ist der Traum vom eigenen kleinen Geschäft durch unzuverlässige Partner zum finanziellen Albtraum geworden. Oder es war das Kleingedruckte eines fast schon vergessenen Kaufvertrages, das nun ganz dick aufgetragen wird. Es gab ein Leben jenseits des Geldes, aber nun wird alles in lästigen kleinen Zahlen verbucht.

Vom sicheren Fernsehsessel aus kann das Publikum dabei zusehen, wie Leute aus der Nachbarschaft am Rande des Abgrunds navigieren. Naivität oder Pech, das unzureichende Gefühl für den richtigen Augenblick oder Schicksal? Nach dem Einsetzen der Krise ist schwer zu entscheiden, warum das Leben aus den Fugen geraten ist. Statt exzessiver Verschwendung waren es doch eher nur beiläufige Ausgaben, die das Fass zum Überlaufen gebracht haben. Manchmal geht einfach alles schief, und auf dramatische Weise wird der Zusammenhang von Schuld und Schulden evident. Haben die Betroffenen das nahende Desaster denn nicht vorhersehen können? Welche Mechanismen machen einen bloß so blind für das drohende Unheil? Wie konnte es nur so weit kommen?

Die Neigung, den Kopf vor den sich auftürmenden Lebenskosten in den Sand zu stecken, ist keine Erfindung der jüngsten Zeit. Die Folgen zu langsamer Reaktionen auf die Eruptionen, die den eigenen Lebensentwurf zu erschüttern vermögen, haben eine lange Geschichte. Einer ihrer Protagonisten ist Oblomow. Der Held von Iwan Gontscharows gleichnamigem Romanklassiker aus dem Jahr 1859 ist der Prototyp einer Haltung, der alles gleichgültig zu sein scheint. Er ist der paradigmatische Held eines untätigen Lebens. Alles geht ihm zu schnell, nichts hat er im Griff, und er trachtet auch nicht danach, seinem Leben eine Wendung zu geben. Dass es vergeht, ist allein schon eine Genugtuung. Es käme ihm unsinnig vor, den Lauf der Dinge durch eigenes Zutun zu beeinflussen. Oblomow ist kein Anarchist, der dem Geschehen interessiert oder lustvoll zusieht, als ginge es um jemand anderen. Er leidet durchaus an seiner Existenz, aber fast allem sieht er sich unweigerlich ausgeliefert. Das Naheliegende erscheint ihm nicht möglich, und das Leichte erweist sich meist als zu schwer oder müßig, es auf den Weg zu bringen. Jeder Zugang zu lebenspraktischen Fragen ist dem Gutsherrn Oblomow verschlossen. Der bloße Gedanke an die Überwindung seiner Trägheit entzieht ihm seine Kräfte, und seine Tage verbringt er schlafend oder sinnierend auf dem Diwan. Bisweilen fasst er Beschlüsse, oder ist wenigstens guter Dinge, Wegweisendes ins Auge zu fassen. Doch dann vergehen wieder die Tage, ohne dass eine Entscheidung getroffen wird. Immer wieder gibt es Gründe für einen Aufschub. Trägheit und Untätigkeit bestimmen auch seine äußere Erscheinung. Trotz eines regen Bedürfnisses nach Wohlgefallen lässt Oblomow sich gehen. Obwohl ihn Krankheiten und Gerstenkörner plagen, scheint ihm jeder Sinn für die Sorge um sich zu fehlen. Nicht einmal seine Dienerschaft hält er dazu an, sich wenigstens um das Nötigste zu kümmern. Oblomow vermag nicht einmal zu sagen, worin das Nötigste besteht.

So besorgniserregend sein Zustand auch sein mag, mangelt es Oblomow doch nicht an Gesellschaft oder gar Freundschaft. Er empfängt Besucher, und obwohl er regelmäßig Angebote auf gesellige Zusammenkünfte ausschlägt oder verstreichen lässt, werden stets neue Einladungen an ihn herangetragen. Man schätzt ihn als Sonderling und Kauz und verspricht sich ein wenig skurrile Unterhaltung. Oblomow, so viel ist sicher, gehört dazu. Und so sehr ihm das Leben entgleitet, hat er das Streben nach prinzipieller Ordnung nicht völlig aufgegeben. Immer wieder aber verwirft er Überlegungen, wie die Angelegenheiten auf dem Gut der Familie zu regeln seien, aus dem er seinen Unterhalt bezieht. Dabei ist es weder Prunksucht noch Verschwendungslust, die es Oblomow unmöglich machen, seiner finanziellen Angelegenheiten Herr zu werden. Das Leben über den Verhältnissen hat ihn im Griff, weil es nichts gibt, zu dem er sich ins Verhältnis setzt. Oblomow ergibt sich einem Geschehen, dessen Plan er zu keinem Zeitpunkt durchblickt hatte.

Gontscharows Roman war als zeitgenössische Parodie auf eine dem Untergang geweihte parasitäre Klasse der russischen Gesellschaft gedeutet worden. Dabei war es keineswegs ein Leben in Saus und Braus, das das Leben des Romanhelden zu einer sprichwörtlichen Oblomowerei machte. Existenzsorgen, die er gegenüber seinem Freund Stolz äußert, kann er nicht mit selbstverantwortlichem Handeln begegnen. So gesehen ist Oblomow ein klinischer Fall. Über die zeithistorische Lesart hinaus dient er in der psychologischen Literatur inzwischen denn auch zur Beschreibung der Persönlichkeitsstruktur eines Neurotikers, der durch Apathie, Faulheit und Willensschwäche geprägt ist. Oblomow versagt weder in moralischer noch in intellektueller Hinsicht. Er ist nicht bösartig noch berechnend. Nichts bereitet ihm Vergnügen. So sehr er sich auch um die Reglung seiner Angelegenheiten und Finanzen bemüht, entziehen die Dinge sich doch immer wieder seiner Aufmerksamkeit. Das Geld wird arglos ausgegeben, verloren oder einfach liegen gelassen. Den Rest besorgt sein aufmüpfiger Diener Sachar, der ihn bestiehlt, ohne dass Oblomow jemals misstrauisch würde. Zum Ergreifen von Konsequenzen fehlen ihm sowohl der Sinn für Verdächtigungen als auch Entschlusskraft. Oblomow erweist sich als ganz und gar unfähig, auf die Verhältnisse zu reagieren. Den Untergang seiner Klasse, den die zeitgenössische Rezeption im Auge hatte, hat der oblomowsche Charaktertyp in den heutigen Konsumwelten jedoch unbeschadet überlebt.

Das inzwischen auch vom Fernsehen wahrgenommene Interesse an Menschen in Zahlungsschwierigkeiten deutet ferner darauf hin, dass es immer mehr Leuten schwer fällt, sich mit und in den Verhältnissen zurechtzufinden. Der Normalfall ist auf dem Rückzug. Peter Zwegats Fallbeispiele mobilisieren nicht nur Abgrenzungsenergien, sondern auch Ängste. Dem Unverständnis darüber, wie jemand sich arglos in eine aussichtslose finanzielle Lage hat bringen können, folgt das bange Gefühl eigener Absturzgefährdungen. Die Frage, wie es nur so weit kommen konnte, ist stets eine rhetorische. Es gibt im Grunde kein gegenwärtiges Bewusstsein vom Leben über den Verhältnissen. Man ergründet es immer erst nach Eintreten des Ernstfalls. Der persönliche Geldstil wird zum entscheidenden Indikator der Lebensführung, aber zugleich ist unter den Bedingungen rasch wechselnder Einkommensverhältnisse der Sinn für das richtige Maß verloren gegangen. Hohe Kante oder knietief im Dispo? Aktie, Sparbuch oder Konsumkredit? Sag mir, wie Du es hältst mit dem Geld und ich sag Dir, wer Du bist. Es gibt keinen arglosen Umgang mit dem Konto, und mit dem gesteigerten Gebrauch der Geheimnummer setzt eine rasende Deflation der Gewissheiten ein. Beim Blick auf den Kontoauszug kann dem Ich ganz anders werden. Das gute Gefühl, genau zu wissen, wo man steht, ist flüchtig, und auf der sozialen Stufenleiter herrscht reger Betrieb in beide Richtungen.

In den Sozialwissenschaften ist immer weniger vom nivellierten Mittelstand die Rede, womit der Soziologe Helmut Schelsky in den Anfangsjahren der Bundesrepublik die lange Phase des Aufstiegs und der sicheren sozialen Lagen charakterisierte. Stattdessen hat sich nunmehr die Annahme durchgesetzt, dass es fast jeden treffen kann. Zwar erhält der einzelne durch die Dynamik globalisierter Märkte endlos viele Chancen, aber nicht alle bekommen eine Lizenz zum Mitspielen bis zum Schluss. Das Backen kleinerer Brötchen, der enger geschnallte Gürtel sind als Spruchweisheiten weiter in Gebrauch, aber sie stellen kaum noch eine soziale Option dar. Die Bedingungen des Weitermachens sind für die Zeit nach dem Absturz bis auf weiteres ungeklärt. War das Leben über den Verhältnissen eine Metapher zur Beschreibung einer unvorsichtigen Haushaltsführung, so sind die Verhältnisse inzwischen selbst unklar geworden.

In der Redewendung vom Leben über den Verhältnissen klingt

eine Kritik an der Hybris an, mit der man sich über die ökonomischen Notwendigkeiten hinweggesetzt hat. Es gilt als unverantwortlich und dumm, über einen längeren Zeitraum mehr auszugeben als man hat. Der *homo oeconomicus* meidet den Zustand der Entfesselung. Kein Pump, keine Sorgen. Doch obwohl die Folgen von Zuwiderhandlungen relativ leicht einzuschätzen sind, scheint es immer wieder zahlreiche Gründe dafür zu geben, die eher lockeren Formen des Wirtschaftens für eine Art Weisheit der Vielen zu halten. Machen es nicht alle so? Statistisch betrachtet hat die Zahl überschuldeter privater Haushalte in den letzten Jahren kontinuierlich zugenommen. »Exakte Angaben, wie viele Haushalte überschuldet sind«, schreibt Jürgen Angele vom Statistischen Bundesamt auf der Internetseite www.destatis.de, »gibt es nicht. Je nach Definition, aber auch nach Interessenlage, schwanken die Expertisen zur Zahl der absoluten oder relativ überschuldeten Haushalte zwischen knapp unter drei Millionen bis weit über drei Millionen.«

Genauere Angaben liefern die Gerichte, die sich mit den so genannten Privatinsolvenzen zu befassen haben. »Legt man die Expertise zugrunde«, so Jürgen Angele, »die mit knapp unter drei Millionen die niedrigste Zahl an überschuldeten Haushalten ermittelt hat, so würde sich – bei einer durchschnittlichen Schuldenlast von 22 000 Euro – das gesamte Schuldenvolumen überschuldeter Haushalte (ohne Selbstständige und Hypothekenschuldner) auf schätzungsweise 65 bis 70 Milliarden Euro belaufen. Erkenntnisse aus den finanziellen Ergebnissen der Insolvenzverfahren führen zu dem Schluss, dass der größte Teil dieser Forderungen uneinbringbar ist.«

Weg ist weg, nichts mehr zu holen. Woher aber kommt der Drang nach mehr, der den sorgsam abwägenden Umgang mit dem Verfügbaren so leichtfertig verwirft? Der Wissenschaftsjournalist Stefan Klein verweist auf die neurologischen Hintergründe bei den Kapriolen des Bewusstseins. »Tief im Gehirn«, schreibt

Klein in seinem Bestseller *Die Glücksformel*, »arbeitet ... ein Detektor für Neues und Besseres, ohne den wir unfähig wären zu lernen.« Es geht dabei weniger um Sinn als vielmehr um ein permanentes Ausprobieren und Neusortieren. »Weil dieser Mechanismus viel älter und mächtiger als die menschliche Vernunft ist, kann er uns tückischerweise auch wider alle Vernunft handeln lassen. (...) Wir sind programmiert, immer das Beste zu wollen, was es gibt. Doch wenn wir es haben, gewöhnen wir uns schnell daran. Trotzdem erstreben wir es fast um jeden Preis. (...) Der Londoner Hirnforscher Raymond Dolan hat einige der Schaltkreise entdeckt, die dafür verantwortlich sind. Er amüsierte Versuchspersonen mit einer Art Pokerspiel, während er ihre Köpfe im Positronen-Emissionstomographen durchleuchtete. Machten die Probanden unerwarteten Gewinn, zeigte sich eine Region im Vorderhirn aktiv. (...) Für die Gehirne machte es dabei nicht den geringsten Unterschied, ob echtes Geld oder wertloses Spielgeld zu gewinnen war. Auch bei Videospielen, wo es nur galt, einen Punktestand zu steigern, sprang das Erwartungssystem an. Offenbar fragt der Mechanismus nicht danach, wie nützlich es ist, etwas zu bekommen – wo immer es etwas zu holen gibt, will er es einfach nur haben. Der Ansturm auch wohlhabender Zeitgenossen beim Schlussverkauf und die horrenden Auflagen von Schnäppchenführern mögen darin ihre Erklärung finden.«[20] Trotz der fürsorglichen Belagerung, mit der man danach trachtet, das sinn- und zielorientierte Handeln des Menschen zu hegen und zu pflegen, ist der *homo oeconomicus* eine eher unwahrscheinliche Erscheinung. Neurologisch gesehen gibt es keine Vernunft, die sein Tun steuert. Der ständige Drang zu optimieren, folgt vielmehr den Regeln eines immanenten Spiels. Im Gehirn gibt es keine Instanz, die sich mit dem Erreichten zufrieden gibt.

Für den Psychoanalytiker Wolfgang Schmidbauer ist der Drang, stets mehr auszugeben als man hat, Ausdruck einer umfassenden Regression. »Der Glaube, man könnte über seine Verhältnisse leben und keinen Preis dafür zahlen«, schreibt Schmidbauer in seinem konsumkritischen Bestseller *Jetzt haben, später zahlen*, »ist die zentrale Illusion der Konsumwelten.« In ihnen herrscht die Dynamik permanenter Steigerungsprozesse. »Die Stereoanlagen müssen perfekter, die Fernreisen weiter, die Fernsehprogramme tabubrechender werden. Es darf in diesen Konsumfortschritten keine Pausen geben.« Und auf perfide Weise, so Schmidbauer, werde die Regression mit scheinbaren Konfliktlösungen kombiniert. Wir erliegen den Tücken des Konsums nicht zuletzt dort, wo wir glauben, uns gut auf seine hinterhältigen Mechanismen eingestellt zu haben. »Es gibt eine breite Palette von Produkten«, schreibt Schmidbauer, »die gleichzeitig an die Gier und an die Disziplin appellieren, zum Beispiel die kalorien- und alkoholreduzierten Leichtgetränke, die gesunden Zigaretten, die Du darfst-Diätprodukte, die umweltfreundlichen Konsumartikel, die energiesparenden Elektrogeräte, die biologisch-abbaubaren Chemikalien.«[21] Der Markt nimmt den Wirtschaftsbürger in die Doppelzange von Vernunft und Verführung.

Sind mit dem *homo oeconomicus* überhaupt gute Geschäfte zu machen? Für den unternehmerischen Menschen ist wirtschaftliches Handeln stets ein riskantes Jonglieren mit vielen Bällen auf hohem Drahtseil. Um dabei zu reüssieren, so legen es die meisten Selbstbeschreibungen erfolgreichen Unternehmertums nahe, bedarf es einer besonderen Magie. Zum Unternehmer muss man geboren sein, und es braucht mehr als nur gute Kenntnisse in Warenkunde und Buchführung. Ein Unternehmen hätte wohl nur geringe Marktchancen, ginge es nicht auch gewagte Investitionen ein. Während Risikobereitschaft im sozialen Umfeld stets als ambivalente Haltung eingestuft wird, ist sie im Bereich der Wirtschaft überwiegend positiv besetzt. Nur wer etwas wagt, erhält sich die Möglichkeit, seiner Zeit ein wenig voraus zu sein. Mit dem Typus des hasardierenden Unternehmers hat sich längst auch die Werbebranche angefreundet. So zeigte vor einiger Zeit ein TV-Spot für eine Sektmarke zwei Geschäftsleute, die sich in einer Art Aussichtsturm zuprosteten. Sie hatten einen Geschäftsabschluss zu feiern und fragten sich am Ende selig erschöpft: »Haben wir überhaupt eine Chance?« Die Antwort ließ nicht lange auf sich warten. Die Geschäftsleute gaben sie sich ironisch lächelnd gleich selbst: »Eigentlich nicht.« Sie schienen keineswegs unter den schlechten Aussichten zu leiden. Die Champagnerlaune rührte vielmehr aus dem belebenden Gefühl, etwas gegen alle Prognosen zu wagen. Wer sich ausschließlich am Erwartbaren orientiert, soll das wohl bedeuten, hat am Ende nicht viel zu erwarten. Man darf allerdings vermuten, dass solch ein Werbeclip in Zeiten erschütterter Börsen eher geringe Realisierungschancen hat. Die Werbebranche registriert derlei Stimmungsschwankungen kaum langsamer als die Börse.

Dass der Kapitalismus selbst in Zeiten schwerer Krisen nicht einfach aufhört, hat nicht zuletzt psychologische Ursachen. Unterstützt wird die individuelle Risikobereitschaft durch eine Disposition, die selbst bei allgemein schlechter Einschätzung der Lage die jeweils eigenen Chancen gut bewertet. Wir sind bereit, auch dann noch an uns zu glauben, wenn andere die Hoffnung bereits fahren gelassen haben und die objektiven Rahmenbedingungen alles andere als günstig stehen. Dennoch gibt es Gründe, vom Vorhaben nicht einfach abzulassen. Ohne Zuversicht kein zukunftsorientiertes Handeln. Das gilt gerade dann, wenn man auf die Unterstützung Dritter angewiesen ist. Jede Kreditvergabe basiert auf der wechselseitigen Annahme, dass später schon wieder hereinkomme, was leider gerade fehlt. Die Vertragspartner vertrauen auf das Gelingen in der Zukunft. Das ist keineswegs nur bei wirtschaftlichen Aktivitäten der Fall. Ohne die Fähigkeit zu vertrauen, verließen wir am Morgen wohl nicht einmal das Bett. Selbstvertrauen ist so gesehen eine psychische Ressource, die sich über die skeptischen wie vernünftigen Einwände hinwegsetzt. Wir glauben fest daran, dass die Kreditkarte des Lebens noch belastet werden kann, wenn der Automat bereits so unmissverständlich wie bedrohlich signalisiert: Heute leider keine Auszahlung mehr möglich.

Und so sind wir stets versucht, bei den täglichen Geldtransfers nicht zuletzt auch die Fantasie ins Spiel zu bringen. Gerade dann, wenn es am Geld mangelt. »Die gleiche Ausgabe«, schreibt der französische Soziologe Jean-Claude Kaufmann, »die einem wohlhabenden Haushalt als banal erscheint, von schwacher identitärer Kraft (zum Beispiel ein Staubsauger oder eine Theaterkarte), bedeutet für denjenigen, der nicht an Extras gewöhnt ist, einen Bruch mit dem Alltäglichen. Sie wird daher tendenziell sehr viel mehr in der Fantasie bearbeitet, von Träumen und Plänen vorbereitet, die ihr Erfindungspotenzial bis zum Äußersten kultivieren.«[22] So schildert Kaufmann seine Interviewpartnerin Martine als eine gute Fee, die anders als Gontscharows Held Oblomow viel Mühe darauf verwendet, das traute Heim ihrer Familie in Schuss zu halten. »Aber vor allem zaubert sie jeden Tag. Sie ist eine richtige Künstlerin des Wunderbaren, verwandelt das scheinbar Gewöhnliche in das, was sie himmlische Momente oder anderes kleines Glück nennt.« Sie ist nach Kräften bemüht, die ökonomische Dimension außer Kraft zu setzen. »Das erste Geheimnis ihres Zauberstabes sind die Träume, deren Kraft sich anlässlich von ungewohnten Käufen entfaltet. Zum Beispiel die Eismaschine.« In Martines Fall führen die unstillbaren Konsumwünsche keineswegs in den Abgrund. Die wunderbare Eismaschine verhalf der kleinen Familie gar zu einem Stück neuer Identität, die freudig mit anderen zu den entsprechenden Familienfesten inszeniert und erweitert wurde. Doch auch Martine muss am Ende als Beispiel für die besondere Störanfälligkeit konsumistischer Befriedigung herhalten. »Leider machen auch die besten Feen manchmal Fehler«, schreibt Kaufmann. »Martine träumte manchmal zu sehr. Besonders war sie für einen mental katastrophalen Misserfolg verantwortlich, indem sie ihre kleine Familiengruppe in einen völlig unerreichbaren Traum hineingezogen hatte: den Kauf eines Wohnmobils. Zwei Jahre lang hatte sie die Begeisterung angefacht, dann erst erkundigte sie sich ernsthaft nach dem Preis.«

Einen verlässlichen Schutz vor einem Leben über den Verhältnissen gibt es nicht. Es kann ein wenig helfen, auf seine Flughöhe zu achten. »Der Absturz ist um so schrecklicher«, so Jean-Claude Kaufmann, »je höher der Traum angesiedelt ist, an den man schließlich glaubt. Man muss auch in der Lage sein, Traum und Realität miteinander zu verbinden, die von der Gesellschaft bereitgestellten Informationen zu beachten und nachzudenken.«

Aber kann man nicht doch etwas tun? Eine ganz andere Verbindung von Traum und Realität betreiben zum Beispiel der Schriftsteller Ingo Niermann und seine Partner, die auf ihre Weise das Leben über den Verhältnissen und unter den Möglichkeiten ausloten. Man kann ihr Projekt als ein raffiniertes Schelmenstück bezeichnen oder als Versuch zu einem experimentellen Unternehmertum betrachten. In Sachsen-Anhalt, in Streetz, einem Dorf der Gemeinde Dessau-Rosslau, soll eine Pyramide als riesige Grabstätte entstehen. Nicht gleich ganz groß und auf einmal, sondern Grab für Grab oder auch nur Gedenkstein für Gedenkstein. Ein Monument mit Wachstumspotenzial. Jeder soll mitmachen dürfen bei der künftigen Weihestätte der Egalität. Die Pyramide »steht Angehörigen aller Nationalitäten und Religionen als ebenso monumentale wie preiswerte Grabstätte zur Verfügung«, heißt es auf der Internetseite thegreatpyramid.org. »Wer nicht sein Urnengrab dort finden kann oder will, kann einen Erinnerungsstein für sich setzen lassen. Jedem steht es frei, seinen Stein zu gestalten, sei es mit Farben, Bildern oder als Relief. Stein um Stein wächst die Große Pyramide und kann das größte Bauwerk der menschlichen Kultur werden.«

Kein Kaufzwang, keine Mitgliedschaft bei einer Sekte. Man soll nichts müssen. Ingo Niermann sieht auch nicht aus wie einer, der windige Haustürgeschäfte fürs Internetzeitalter anbietet. Wenn man ihn fragt, wie alles begann, wirkt er ein wenig verlegen, als gehe es um Ausführungen zu seiner Diplomarbeit. Das Vorhaben ist aber etwas größer dimensioniert. Die Idee war ihm in China gekommen. Bei einem viermonatigen Aufenthalt in Peking habe er nach vielen Reisen erstmals das Gefühl gehabt, Zeuge einer die gesamte Welt prägenden Umwälzung zu sein. In seinem Buch *Umbauland*[23] hat er später eine Sammlung von Reformexperimenten vorgestellt, Versuchen, die gesellschaftliche Lethargie zu durchbrechen: »Zehn deutsche Visionen«. Die Pyramide, die in einem Fachblatt für Friedhofskultur als »Las Vegas des Todes« bezeichnet wurde, war eines der Projekte von *Umbauland*, mit denen der geistige Reformstau behoben werden sollte.

Niermann ist weder nekrophil noch ein Anhänger von Sepulkralkultur. Schon eher faszinieren ihn logistische Herausforderungen und intellektuelle Akrobatik. Es ist an alles gedacht: Die Pyramide wird eine permanente Baustelle sein, ein unabschließbares Projekt, dessen Gestalt sich durch ständige Überformung verändert. Dessau-Rosslau erwies sich deshalb als besonders geeignet, weil es große bebaubare Flächen hat, dazu gute Verkehrsanbindungen und mit der Elbe über eine transportfähige Wasserstraße verfügt. »Für den Beton«, sagt Niermann und kokettiert dann doch ein wenig mit der Gizeh-Vorstellung.

Das Niermannsche Umbauprojekt existiert längst nicht mehr nur in Buchform und im Internet. Es gibt kulturelle Realitätsverstärker. Der Star-Architekt Rem Koolhaas hat den Jury-Vorsitz für einen Architektenentwurf übernommen, zu dessen Teilnehmern unter anderen der chinesische Documenta-Künstler Ai Weiwei und das Atelier Bow Wow (Tokio) gehören. Die Bundeskulturstiftung in Halle ist sachlicher vorgegangen. Sie hat das Projekt mit rund 90 000 Euro im Rahmen des Projekts »Arbeit in Zukunft« gefördert. Was genau, das weiß sie selbst nicht. Anfangs war die Rede von einer Simulation, aber das gefiel dem eigens gegründeten Förderverein um Niermann nicht. »Simulation legt nahe, wir würden nur so tun als ob. Wir wollen die Pyramide aber wirklich.« Später hat man sich mit der Bundeskulturstiftung auf den Begriff Intervention geeinigt.

Zweifel am Realitätsgehalt der Intervention gibt es dennoch. In der Gemeinde Dessau-Rosslau herrscht inzwischen gespannte Unruhe. Nicht wenige fühlen sich auf den Arm genommen. Sie fürchten, dass sich ein paar Internet-Spinner einen groben Scherz erlauben. Niermann ahnt, dass er damit wohl leben muss, aber es sei ihm bitterer Ernst, beteuert er und vergleicht das Vorhaben mit Roosevelts New Deal, in dem nicht zuletzt gigantische Bauwerke im Dienst einer politischen oder kulturellen Vision gefördert wurden. Andererseits gibt es gerade in Ostdeutschland eine Reihe von Bauvorhaben, die als wirtschaftliches Großprojekt begannen und als grober Unfug endeten.

Ob er keine Angst habe, dass ihm da etwas über den Kopf wachse? Niermann überlegt. »Alles, was ich mache, mache ich als Schriftsteller«, sagt er. Er habe sich schon mehrfach gefragt, wann für ihn eine Grenze überschritten sei. Das Schöne an dem Projekt sei aber, dass es andere übernehmen können. »Ich habe keine Angst vor Ideenklau. Wenn irgendwer anders die Pyramide baut, würde ich mich darüber freuen.«

Niermanns Umbauvisionen bewegen sich im Rahmen einer künstlerischen wie ökonomischen Tradition. In Zedlers *Universal Lexicon Aller Wissenschaften und Künste* von 1741 werden »Projectenmacher« aufgeführt, »welche den Leuten dieses oder jenes Project, davon sie sich vor die Erfinder ausgeben, entdecken, und sie zu deren Ausführung unter scheinbahren Vorstellungen eines daraus zu erwartenden grossen Gewinstes anermuntern.« Und der Nationalökonom Werner Sombart sah in ihnen »Romantiker der Tat, die unruhigen und fein organisierten Gehirne, Bankrotteurs mit einem möglichst düstern Hute auf dem Kopfe, Bohemiens, die aus der Bourgeoisie entwischt sind, ... schmutzige Abenteurer, die im Kot auf der Straße oder in der vergoldeten Haut eines großen Finanziers enden.« Für den Literaturwissenschaftler Georg Stanitzek ist der Projectenmacher eine Figur der bürgerlichen Aufklärung, der von ihr schlussendlich aber abgewehrt wird. Er verkörpere eine »unmögliche« moderne Kategorie.

Inzwischen wird mancherorts kräftig in Möglichkeitssinn investiert. Zustande kommt die Pyramide außerdem nur, wenn die Gemeinde Dessau-Rosslau sie auch will. Der Förderverein will kein Investor sein, sondern versteht sich eher als ein intellektueller Motor. Und den Suhrkamp-Autor Niermann interessiert die Zukunft des Intellektuellen. »Ich will nicht nur die Welt beobachten, ich mache Experimente.« Und die beschäftigen ihn auch dann, wenn sie schief gehen. In seinem Band *Minusvisionen*[24] hat er Gespräche mit jungen Unternehmern, Lebenskünstlern und Hasardeuren protokolliert, die mit seltsamen Projekten reüssierten und bisweilen Pleite gingen. Herausgekommen ist dabei eine kleine Wirtschaftsgeschichte der Neunzigerjahre zwischen Soll und Sollen, die von einer ganz anderen Ökonomie der Verschwendung erzählt.

Auch dafür gibt es Vorbilder. Eine vergleichbare Sammlung von skurrilen Bankrotteuren hat der Berliner Journalist Helmut Höge bereits 1997 in seiner *Berliner Ökonomie. Prols und Contras*[25] vorgestellt. Großstadtromantiker Höge war damals noch davon beseelt, mit einer Art investigativem Potlatsch einen Gegenentwurf zum allzu glatten Funktionieren der Berliner Republik aufzubieten, deren Selbstbenennung ihm schon damals als Zumutung erschien. Im ökonomischen Scheitern sah er hingegen eine Art subversiven Gegenzauber. Die sich in Niermanns und Höges Protokollen abzeichnende Kultur des experimentellen Scheiterns jedenfalls leidet nicht mehr an dem Druck, der auf einem Leben über den Verhältnissen lastet. Nach einer sauber hingelegten Pleite probiert man sich gleich wieder an neuen Ideen aus. Ihr Lebensmotto lautet lakonisch: »Geht doch«. Andererseits sollte gerade hier der Aufdruck auf der Gebrauchsanweisung Beachtung finden: »Probieren Sie es bitte nicht zu Hause aus.« Für den massenhaften Gebrauch jedenfalls scheint das experimentelle Unternehmertum noch nicht ganz reif.

Die Kunst der Verspätung

»Er bereut kein Hindernis, nichts, das ihn aufgehalten hat.
Hätte er gewusst, dass er achtzig wird, er hätte
mit allem noch länger gewartet.«

Elias Canetti

Wer zu spät kommt, das wissen wir seit Michael Gorbatschow und dem unaufhaltsamen Ende der DDR, der hat mit Strafe zu rechnen. Dabei hat Gorbatschow den berühmten Satz so wohl nie gesagt. Die zeitliche Dimension des Zitats, das Endgültigkeit heraufbeschwörende »zu spät«, fehlte im russischen Original völlig. Gorbatschow hatte sich sehr viel zurückhaltender ausgedrückt. Anlässlich des 40. Jahrestags der DDR soll er unter Ohrenzeugen vielmehr gesagt haben: Schwierigkeiten lauern auf den, der sich dem Leben nicht stellt. Nichts Dramatisches also. Schwierigkeiten lauern. Das tun sie doch eigentlich immer. Was danach jedoch aus dem Satz wurde, kann als Lehrstück für das Wechselverhältnis von Mythos und Mythisierung gelten. Was immer Übersetzerkongresse dem gesprochenen Wort noch abringen mögen: Der Satz »Wer zu spät kommt, den bestraft das Leben« ging in die Geschichte ein und verwies darauf, dass es mitunter mehr als nur eine kleine Untugend ist, nicht rechtzeitig da zu sein.

In der zum Sprichwort verdichteten Version sind zwei auffällige Veränderungen am ursprünglich Gesagten vorgenommen worden. Die Schwierigkeiten, die Gorbatschow wohl aus diplomatischen Gründen nicht näher definieren mochte, sind zur Strafe zugespitzt worden. Und das philosophisch anmutende Diktum, dem zufolge man sich dem Leben zu stellen habe, wird zur Kennzeichnung einer Verfehlung des Pünktlichkeitsgebots.

Während in der ursprünglichen Version Schwierigkeiten auf das handelnde Subjekt zukommen, wird das Leben in der Sprichwortfassung paradoxerweise selbst zum Akteur. Die Lebenszeit, die so oder so vergeht, wird zur strafenden Instanz. Die Strafe droht nicht, sie ist so sicher wie das Amen in der Kirche. Dem übermächtigen Akteur – der ablaufenden Zeit – kann man nicht ausweichen.

Lässt man den politischen Kontext, in dem Gorbatschow seine berühmten Sätze gesagt hat, einmal außer acht, dann fällt die allgemeine Verpflichtung zur Pünktlichkeit auf, die wie eine nicht zu hinterfragende Autorität in Erscheinung tritt. Sie ist eine Voraussetzung für den funktionierenden Alltag. Wer zu spät kommt, den erwartet nicht irgendeine Strafe. Er wird vielmehr mit einer nicht näher bestimmten Instanz konfrontiert. Das Leben wird durch seine Unbestimmtheit zur unabwendbaren Bedrohung. Es gibt niemanden, der das Strafmaß aufheben oder verändern könnte. Es gibt nicht einmal jemanden, der es ausspricht. Die Strafe steht im Raum, und sie ist umso schlimmer, weil sie von niemandem verhängt worden ist. Der Gorbatschow zugeschriebene Satz beansprucht Absolutheit und suggeriert Unerbittlichkeit. Einspruch wird nicht abgelehnt, er ist gar nicht erst vorgesehen. Das Leben verzeiht nichts. Die Strafe für das Zuspätkommen ist die Höchststrafe, weil sie kontingent ist. Wenn Gnade gewährt wird, dann allenfalls durch zufällige Ignoranz.

Die paradoxe Rolle des Lebens als handelndem Subjekt verweist auf den metaphorischen Charakter des Satzes und enttarnt ihn als Rhetorik. Nichts kann schlimmer sein, so die naheliegende Dechiffrierung der Redefigur, als dass sich das Leben gegen einen richtet. Die radikale Verkürzung macht sie erst zu dem Merksatz, der seither in aller Munde ist. Die Schuld muss groß sein, wenn die Strafe derart unfassbar erscheint. Die stark aufgeladene Bedeutung des Verhaltens zur und in der Zeit deutet auf eine anthropologische Dimension hin. Es gibt Situationen, in denen das Gefühl für den richtigen Augenblick wichtiger sein kann als das rechtzeitige Erscheinen zu einer Verabredung. Und so wurde in den Urszenen der Menschheit das Zuspätkommen nicht vom Leben, sondern mit dem Tod bestraft. Überleben konnte nur, wer den lauernden Gefahren zu trotzen wusste oder schnell genug vor ihnen davonlaufen konnte. Tagträumen war lebensgefährlich. Zum Verhaltensrepertoire gehörte Spurenlesen ebenso wie die Kunst der Verstellung. Es war nicht Pünktlichkeit, sondern Wachsamkeit gefragt. Jenseits der Messbarkeit der Zeit kam es darauf an, da zu sein. So gesehen kann in modernen Kontexten fehlende Wachsamkeit als eine Art zivilisatorisches Defizit aufgefasst werden. Anwesenheit bedeutet nicht zwangsläufig Gegenwärtigkeit. Das moderne Subjekt übt sich in Multitasking und leidet doch an der Zerstreutheit. Das Gebot der Pünktlichkeit hält so gesehen eine unterschwellige Verbindung zu den existenziellen Gefahren, die es zu meistern gilt, auch wenn sie sich im urbanen Raum deutlich verringert haben und bisweilen schwerer auszumachen sind. Die Feindschaftsverhältnisse sind unscharf geworden. Man übt sich in Schlagfertigkeit, gibt sich alert und legt Wert darauf, zur richtigen Zeit an Ort und Stelle zu sein. Um Leben und Tod geht es dabei meist nicht. Die Verpflichtung auf Pünktlichkeit ist eine ins allgemeine Kulturgut eingesickerte Verhaltensnorm eines vormals akuten Überlebenswillens. Man hält sich dran, doch wenn man dagegen verstößt, meldet sich allenfalls ein schlechtes Gewissen.

Hinreichend ausgearbeitet findet sich das Gefühl undefinierter Bedrohung und eine atmosphärisch stets anwesende Schuld, die aus dem individuellen Umgang mit der Zeit herrührt, in den Texten Franz Kafkas. Die strafende Instanz lauert überall, ohne je in Erscheinung zu treten. Das Ausbleiben der Strafe ist eines der markantesten Merkmale der Literatur Kafkas. Die Macht des Schlosses und die disziplinierende Gewalt des Urteils erscheinen so monströs, weil auf den Vollzug meist verzichtet wird. Der Prozess endet nicht. In diesem Sinn sind viele von Kafkas Protagonisten Zuspätkommer. Der Druck der Zeit lastet auf ihnen wie eine nicht abzuschüttelnde Bürde. Ihr Überlebenswille ist durchaus ausgeprägt, aber sie reagieren fast immer unangemessen auf ihre Umwelt. Wo sie es leicht nehmen könnten, erleben sie ihre Situation als Drama, und wo es eng wird, verlieren sie sich in Weitschweifigkeit. Vielleicht sind sie, wie Günther Anders es formuliert hat, Menschen ohne Welt. Ihre Schwierigkeiten mit der Zeit jedenfalls treten immer wieder deutlich zutage. Trotz aller Zurückhaltung und Vornehmheit fehlt ihren Kommunikationsformen jegliches Maß. Für die Verspätung der kafkaschen Helden gibt es daher oft keine Möglichkeit der Entschuldigung. Ihr Zuspätkommen ist existenzieller Natur. Selbst wenn das Versäumnis folgenlos bleibt, ist danach nichts mehr wie es vorher war. Der beiläufige Verstoß gegen eine gesellschaftliche Konvention mag ins Leere gehen. Zurück bleibt jedoch die Ahnung einer unauflösbaren Fatalität. Kafkas Figuren scheitern nicht an der Realität. Es ist das Scheitern selbst, das ihnen oft nicht möglich ist, und ihnen fehlt jegliche Aussicht auf die zweite Chance. Sisyphos rollt hier nichts mehr. Kafkas Figuren wird bisweilen ganz und gar die Möglichkeit vorenthalten, sich ihres Schicksals anzunehmen.

Während Gregor Samsa am Morgen aus dem Bett gar nicht erst hochkommt, also streng genommen nicht einmal zu spät kommt, verspürt der Held der Parabel »Gibs auf« das Verrinnen der Zeit auf der Straße. »Es war sehr früh am Morgen, die Straßen rein und leer, ich ging zum Bahnhof.« Die leere Straße deutet jene umfassende Instanzlosigkeit an, die im Gorbatschow-Sprichwort das Leben einnimmt. Alles ist möglich, aber nichts an diesem Zustand kann als individuelle Freiheit begriffen werden. Die Zeiterfahrung des Chronos, das gleichmäßige Vergehen von Zeit, könnte Halt geben, aber gerade sie droht zu entgleiten. »Als ich eine Turmuhr mit meiner Uhr verglich, sah ich, dass es schon viel später war, als ich geglaubt hatte, ich musste mich sehr beeilen, der Schrecken und diese Entdeckung ließ mich im Weg unsicher werden, ich kannte mich in dieser Stadt noch nicht sehr gut aus, glücklicherweise war ein Schutzmann in der Nähe, ich lief zu ihm und fragte atemlos nach dem Weg.«

Kafkas Held zweifelt keine Sekunde daran, dass die Turmuhr die richtige Zeit anzeigt und seine individuelle Zeitmessung fehlgeschlagen ist. Er ist zu spät, so hat es die unerschütterliche Autorität, die Turmuhr, angezeigt. Es scheint müßig, danach zu fragen, warum er seiner Uhr nicht traut. Sein Zeitgefühl ist fundamental durcheinandergeraten. Neben der zeitlichen ist auch die räumliche Orientierung verloren gegangen und er bedarf der Hilfe anderer, wissend, dass diese kaum noch zu haben ist. Gibs auf, gibs auf, sagt der Schutzmann am Ende und wendet sich ab wie einer, der mit seinem Lachen allein sein will. Auch in Kafkas Parabel gibt es keine andere Strafe als die der Zurückweisung an das Leben selbst. Gibs auf heißt, es gibt keine Teleologie, nichts ist zu erwarten. Dass gelacht wird, bietet keine Entlastung. Selbst der Sinn fürs Dramatische scheint für immer verloren. Dass sich einer an die Alltagstugenden zu halten versucht, ist bereits ein Ausdruck von Lächerlichkeit.

Kafkas Parabel ist eine tiefschwarze Variation über das Zuspätkommen. Rechtzeitig da zu sein, verheißt nur noch bedingt Anerkennung. Pünktlichkeit mag als Tugend gelten, aber sie fällt nicht weiter ins Gewicht. Sie ist schmückende Geste wie der angemessene Gruß zur Tageszeit. Wer pünktlich ist, hat keinen Startvorteil außer dem, den negativen Konnotationen der Unpünktlichkeit zu entgehen. Bloß pünktlich zu sein, kann gar den Ruf einer gewissen Biederkeit und Einfallslosigkeit einbringen. Fünf Minuten vor der Zeit ist uncool. Trotz alledem scheinen die Folgen der kleinen Verstöße gegen die zeitliche Ordnung weiterhin eine wichtige Rolle im Unbewussten zu spielen. Seit der Kindheit gilt unhinterfragt, danach zu streben oder sich zumindest nach Kräften dran zu halten. Wer pünktlich ist, will nicht auffallen. Seit der Kindheit weiß man aber auch, dass auf die strafende Instanz kein Verlass ist. Nichts bringt das kindliche Ordnungsschema stärker durcheinander als das Ausbleiben der Strafe. Nichts trägt stärker zur Ausbildung des Selbstbewusstseins bei als das Lernen aus den Verstößen gegen die übergeordneten Regeln. Jenseits des kafkaschen Laboratoriums, in dem die Straferwartung übermächtig ist, tun sich neue Handlungsoptionen auf. Und mit der Folgenlosigkeit des Verstoßes kann bereits das Kind die Wonnen der Unpünktlichkeit erfahren. Das vorsichtige Schleichen über den leeren Schulflur mag noch geprägt sein von der Angst, für seine Verspätung zur Rechenschaft gezogen zu werden. Man muss durch die leere Passage, die kurz zuvor noch mit Stimmen und Rufen angefüllt war. In der Stille schlummert aber auch ein Geheimnis. Etwas ist anders. Zum ersten Mal hat man den Flur als nicht bevölkerten Ort erlebt. Der Raum ist größer und er klingt anders. Bald spricht man im Geiste zu sich selbst. Dreimal, viermal sagt man die Ausrede für die Verspätung vor sich hin. Ist sie gut ausgedacht? Wirkt sie plausibel? Gibt man sich selbst die Schuld oder anderen? Von der Akzeptanz der Ausrede hängt ab, ob der Lehrer einen schnell auf den Platz durchrutschen lässt, damit der Unterricht nicht weiter gestört wird. Ist die Ausrede leicht zu durchschauen, wächst die Gefahr, dass am verspäteten Schüler ein Exempel statuiert wird. Der zeitliche Verzug spielt plötzlich keine Rolle mehr, nun gilt es, die Verspätung als ungeheuerlichen Verstoß zu deklarieren.

Beim Huschen über den Flur steigen jedoch nicht nur Angstgefühle auf. Die Einsamkeit in den sonst belebten Gängen kann auch als Erlebnis entdeckt werden. Den Klang des Halls hat der Schüler so nie zuvor gehört. Bevor er sich den Folgen seiner Verspätung stellt, lauscht er noch einmal vorsichtig an der Tür. Wo sind sie gerade im Text? Wer spricht? Führt der Streber Thomas schon wieder das Wort? Wird der dösige Bert gerade wieder einmal vorgeführt? Was sagt die schlaue Sabine? Auf den leeren Fluren wird der zu spät Gekommene zum Beobachter einer Szene, der er doch selbst angehört. Zuspätkommen schafft Distanz, es ermöglicht Selbstreflexion und trägt zur Ironiefähigkeit bei. »Pünktlichkeit ist eine Zier«, reimen Schüler mit sprachlicher und habitueller Provokationslust: »Doch weiter kommt man ohne ihr«. Der Reim in Kombination mit dem grammatikalischen Fehler karikiert die Schülerrolle und ist doch Ausdruck eines eben erst erwachten Rollenbewusstseins. Nach der Wahrnehmung des stillen Raums und der inneren Sammlung vor dem Betreten des Klassenzimmers wächst das Gespür für die Inszenierung des Moments. Es mag auch für künftige Schülergenerationen etwas Beklemmendes haben, sich und anderen die Verspätung einzugestehen. Noch in den rabaukenhaftesten Schuldesastern, die im urbanen Raum längst als Krise wahrgenommen werden, wird vor der Klasse Pünktlichkeit verhandelt. Wo alle Formen des Anstands bereits weitgehend preisgegeben sind, beansprucht der Lehrer zumindest ein gewisses Maß an Pünktlichkeit. Es ist ein zentraler Bestandteil sozialer Initiation, sich in ein neues Verhältnis zur Zeit zu setzen.

Etikette und Takt sind angesichts des wirkungsmächtigen Gebots eher schwache Begründungen für die Einhaltungspflicht zeitlicher Verabredungen. Zuspätkommen, das Entgleiten der Zeit, ist gesellschaftlich weitgehend geduldet. Es ist sogar bemerkenswert, wie über die Störung eines gesellschaftlichen Rituals, sei es in der Kirche, sei es zu einer Businesspräsentation, über den zu spät Kommenden hinweggesehen wird. Man rümpft die Nase, aber lässt sich nichts anmerken. Meist wird nicht einmal ein Wort darüber verloren. Der Zuspätkommer erfährt die demonstrative Toleranz einer Gemeinschaft, obwohl sie sich erkennbar gestört fühlt. Andererseits läuft die Klage über die Verspätung sogar Gefahr, als kleinlich und spießig abgetan zu werden. Wer zu spät kommt, kommt bisweilen in den Genuss, als jemand mit Lebensstil angesehen zu werden, der sein Zeitmanagement souverän gegen die Interessen der anderen zu behaupten weiß. Das Gebot der Pünktlichkeit ist nicht aufgehoben, aber es kann gedehnt werden. Je kunstvoller dies geschieht, umso größer die Anerkennung. Wer zu spät kommt, mag Probleme mit dem Zeitmanagement haben. Er weiß diese jedoch in seinen Selbstentwurf einzuarbeiten.

Es gehört zweifellos zu den sozialen Distinktionsspielen, andere auf sich warten zu lassen. Es unterstreicht die eigene Bedeutung und fungiert als Testfall sozialer Elastizität. Je mehr Zeit zu einer gesellschaftlich knappen Ressource geworden ist, umso stärker ist Pünktlichkeit als Ausdruck bloßer Höflichkeit vernachlässigt worden. Man tut, was man kann, und kommt gegebenenfalls zwanzig Minuten später.

Die Bandbreite des Zuspätkommens ist nicht zu unterschätzen. Wer zu spät kommt, benötigt Charme, die Wartezeit kann durch eine besonders galante Entschuldigung wieder wettgemacht werden. Während Pünktlichkeit die Peinlichkeiten heraufbeschwörende gleichzeitige Ankunft bedeutet – wer spricht zuerst? Welche Richtung schlägt man ein? – ermöglicht die Verspätung eine stilvolle Ausarbeitung der Begegnung. Man hat sich vorher zurechtgelegt, wie man die Verspätung zur Gesprächseröffnung nutzt. Während auf Seiten des Wartenden Nachsicht ebenso möglich ist wie Sarkasmus oder Ironie, wirft der Zuspätkommer eine gehörige Portion seiner Selbst in die Waagschale. Wer zu spät kommt, macht den Anfang.

Stellt das Wechselspiel zwischen Pünktlichkeit und Zuspätkommen in den privaten Beziehungen eher ein Übungsfeld für den Umgang mit Konventionen dar, so bedeutet es in einem erweiterten Sinn eine enorme gesellschaftliche Verpflichtung. Der lockere Umgang mit dem individuellen Zeitmaß kaschiert die apodiktische soziale Verpflichtung zur Pünktlichkeit. Es genügt nicht, bloß auf dem Laufenden zu sein. In den Schaltzentralen der Macht und des Handels kommt es nunmehr darauf an, seiner Zeit voraus zu sein. Man ist *spindoctor*, betreibt Agenda-Setting und ist fokussiert auf das Kommende. Längst hat man sich dem Diktat untergeordnet, nichts verpassen zu dürfen. Wer hier bestehen will, den bringt die bloße Fähigkeit zur Pünktlichkeit nicht weiter. Er wird vielmehr lernen müssen, spielerisch mit dem seit früher Kindheit als Laster eingestuften Zeitmanagement umzugehen. An die Stelle der Einhaltung des Gebots, rechtzeitig da zu sein, tritt eine Kunst der Pünktlichkeit, die mehr als nur die zeitliche Dimension umfasst.

Wer nicht genießt, ist ungenießbar

»Too much of a good thing can be great.«

Mae West

In einer Szene des amerikanischen Spielfilms *Sideways* geht der Weinkenner und Genießer Miles aus lauter Liebeskummer von einem Moment zum anderen dazu über, sich sinnlos zu betrinken. Er tut es nicht stilvoll, Glas für Glas oder wenigstens in kleinen Schlucken. Vielmehr setzt er eine Flasche an, lässt deren Inhalt hastig durch seine Kehle rinnen und setzt nicht ab, ehe diese geleert ist. Trinken mag man den Vorgang kaum nennen. Es geht Miles offensichtlich darum, die Wirkung des Alkohols so schnell wie möglich zu spüren. Das Vorhaben gelingt. Irgendwann rennt er im Vollrausch einen kleinen Weinberg hinunter und bleibt, endlich unten angekommen, reglos liegen.

Die Szene verfehlt im Film ihre groteske Wirkung nicht. Zwar hat der Regisseur Alexander Payne mit *Sideways* ausdrücklich einen Film über die Kunst des Genießens gemacht, in dem er den Zuschauer mitnimmt auf eine ausgedehnte Verkostungsreise. An seinem nicht ganz so edlen Schöngeist Miles führt er vor, dass dieser Weg eben auch über holprige Pfade führt. *Sideways* lotet die dunklen Seiten wohliger Geschmacksempfindungen aus. Genuss ist nicht einfach, und Genießer sind keine Engel. Um seine kleine Reise überhaupt antreten zu können, vergeht Miles sich am Ersparten seiner betagten Mutter. Genuss, soll das wohl bedeuten, setzt sich nicht nur aus Schmecken und Fühlen sowie dem Wissen über deren vielfältige Abstufungen zusammen. Für das Erreichen der Sinnesfreuden muss man allerhand tun und ist dabei nicht vor menschlichen Niederungen gefeit.

Dem steht auch im Film eine Vorstellung von vollendetem Genuss gegenüber, der sich selten einstellt und zu dem ein ganzes Arsenal ausgesuchter Zutaten und komplexer Handlungsabläufe gehört. Man braucht einen Sinn für Proportion und Harmonie, aber auch eine Ahnung davon, was es bedeutet, wenn es an all dem mangelt. Ehe sich genüssliches Behagen einstellen kann, muss vieles zusammenkommen. Und wenn es schließlich erreicht ist, kann man sich seiner Dauer nicht gewiss sein. Wahrer Genuss ist eine vergängliche Wahrnehmung, für die es auch der Ausdauer und der Fähigkeit zur Entsagung bedarf.

Miles kennt sich aus. Er weiß alles über Wein, und er erhält genügend Gelegenheit, es mitzuteilen. Alexander Paynes Film ist ein Roadmovie für Weintrinker. Unterwegs zum guten Geschmack kann allerhand passieren, und trotz bester Absichten schaffen es die Akteure nicht, immer auf den Pfaden der Tugend zu bleiben. Die Freunde Miles und Jack unternehmen eine gemeinsame Reise durch die Berge Kaliforniens, bevor Jack heiraten und in die Firma seines Schwiegervaters einsteigen soll. Der Lehrer und Weinliebhaber Miles hat eigens eine Route ausgearbeitet, auf der es ihm darum geht, von Weinberg zu Weinberg zu gelangen und die Kunst der örtlichen Winzer mit all ihren feinen Unterschieden kennen zu lernen. Für ihn ist es seine ganz persönliche Bildungsreise mit pädagogischem Ehrgeiz. In endlosen Gesprächen weist er seinen Freund in die Schule des Weintrinkens ein, insbesondere in die Wonnen des Pinot Noir. Zwar ist Jack, der nur darauf aus ist, vor seiner Hochzeit noch einmal richtig einen drauf zu machen, allenfalls mäßig interessiert. Aber er hört seinem Freund willig dabei zu, wie dieser mit unerschöpflicher sprachlicher Benennungsfreude den Geschmacksnoten in den verschiedenen Regionen des Gaumens nachspürt und sich an der Poesie des Abgangs und dem Farbenspiel des nie gleichen Rebsaftes ergötzt. Ihren zum Teil sehr liebenswerten Schwächen, das ist die schöne und mitunter auch bittere Pointe des Films, erliegen sie beide. Von der reinen Lehre des Genießens weichen die beiden Hallodri schon zu Beginn ihrer so ungleichen Vorhaben ab. Über seine sexuellen Abenteuer scheint Jack sogar seine bevorstehende Hochzeit aus den Augen zu verlieren. So gesehen handelt *Sideways* von Willensschwäche und der mal heilsamen, mal verführerischen Rolle, die der Genuss dabei spielen kann. Auf dem Weg zum Hochgenuss besteht Absturzgefahr. Zuviel des Guten, weiß der Volksmund, ist meist unbekömmlich. Ein Glas feinsten Weins am Tag kann man genießen. Beim Konsum von vier Gläsern bewegt man sich im Grenzbereich des Alkoholismus. Und was, so fragt der verunsicherte Konsument, ist mit Nummer zwei und drei?

Wer kokettiert nicht gern mit der Übertretung des gebotenen Maßes? Man könne eine Speise nur dann richtig kennen lernen, heißt es bereits bei Walter Benjamin, wenn man nicht immer Maß mit ihr hält. Leicht ließen sich weitere Aphorismen und Sprichwörter ergänzen. Manchmal können wir vom Guten trotz aller Vorsätze und berechtigten Warnungen nicht lassen. Was in solchen Momenten als Ordnungsruf ertönt, ist die Idee vom sparsam dosierten Genuss, der doch zugleich als langweilige Konformität verhallt. Kein Mensch tut gern tun, was er tun darf, hat Wolf Biermann in seinem berühmten frühen Lied gereimt: »denn was verboten ist, das macht gerade scharf«. In diesem Zusammenhang bedeutet es wohl, dass Regelverstöße vitalitätssteigernd sind.

Das hektische Hinunterstürzen eines guten Weins ist dagegen ein Frevel. Niemand weiß das besser als Miles, der daheim die Flasche eines kostbaren Tropfens aufbewahrt und sehnsuchtsvoll dem Tag entgegensieht, an dem er diese feierlich öffnen wird. Kein Anlass war ihm bislang würdig genug, und eine Spur von Spannung erwächst während des Films aus der Frage, ob Miles den Tropfen am Ende gemeinsam mit der Reisebekanntschaft Maya trinken wird, die allerdings auch der Anlass seines schweren Liebeskummers war. Ist es überhaupt möglich, das zarte Reizen der Geschmacksnerven mit einem geglückten Augenblick des Lebens zu synchronisieren? Und ist es nicht oft das allzu starke Wollen, vor dem sich die Augenblicke des Gelingens so rar machen?

Das Streben nach Genuss ist in mancherlei Hinsicht mit dem Lebensgefühl verwandt, aus dem heraus wir diesen oder jenen gefassten Vorsatz noch einmal aufschieben oder verwerfen. Wir trauen unseren Sinnen das meiste zu, ohne uns ihrer je richtig sicher zu sein. Man kann sich ja täuschen, und selbst der beste Tropfen will manchmal nicht schmecken, weil sich die entsprechende Stimmung nicht einstellt. Dennoch steht der Genuss hoch im Kurs. Während Wankelmut, Grübeln, Zaudern oder mangelnde Standhaftigkeit eine eher schlechte Presse haben, gilt die gezielte Reizung der Geschmacksnerven als Lebenskunst. Der Eindruck einer Charakterschwäche lässt sich mit demonstrativer Genussbereitschaft und dem Nachweis von Genussbegabung sogar beheben. Wer den Umgang mit den Geschmäckern beherrscht, dem billigt man Lebensklugheit zu. Guten Appetit wünscht man einander, aber guter Geschmack ist insgeheim eine Norm, die nicht nur im gastronomischen Sektor nach Kräften veredelt wird. Wenn im Folgenden vom Genießen die Rede ist, so wird es darauf ankommen, die Ambivalenz dieser Sinneswahrnehmung herauszuarbeiten und ihre Nähe zur Unlust zu bestimmen.

In dieser Ambivalenz schlummern destruktive Kräfte wie kulturelles Kapital. Miles scheidet mit seinem Trinkanfall keineswegs aus dem Club genießender Weintrinker aus. Er hat allenfalls ein grobes Foul begangen. Auf rabiate Weise hat er bewusst alle Regeln verletzt, die wahren Weingenuss erst abrunden. Er weiß, dass er nicht nur sich, sondern auch dem so sorgsam gereiften Getränk Gewalt angetan hat. Das ist ein schwerer Verstoß gegen die genießerische Etikette. Miles hat dem edlen Tropfen, gewissermaßen direkt vor den Augen des kalifornischen Erzeugers, jede Chance zum Atmen genommen, auf dass dieser sein vielfältiges Aroma zu entfalten vermag. Wider besseres Wissen hat er alle Schritte eines bewussten Schmeckens missachtet, als geschehe es im Dienst einer schonungslosen Selbstbestrafung, die darin besteht, sich jegliches Wohlgefühl vorzuenthalten. Der Seelenkampf der Filmfigur ist ein Indiz dafür, dass die Kunst des Genießens eine äußerst komplexe Form der Sinneswahrnehmung ist, in deren filigranes Geflecht sich starker wie schwacher Wille gleichermaßen fallen lassen, aber auch verfangen können. Willensschwäche und Genuss stehen in keiner festen Beziehung zueinander, aber sie tauchen häufig, und sei es auch nur zur Tarnung, als Pärchen auf oder wechseln einander ab.

Das Gebot und die Fähigkeit zum Genuss können vor hastiger Gier bewahren. Im Verlauf anhaltenden Genusses kann jedoch jedes Bemühen um das richtige Maß verloren gehen. Noch eins hiervon, noch eins davon. Ohne weiteres ist man in Momenten des Überschwangs zur bedingungslosen Hingabe an süße und lockende Versprechungen bereit. Wie ein Löffel Vanilleeis beim Auftreffen auf der Zunge, schmilzt der Genießende dahin, von welcher Sinnesfreude auch immer er gerade berührt worden sein mag. Es ist also geboten, ein paar Unterscheidungen zu treffen.

Leichte Genüsse

Es gibt keine auf den ersten Blick erkennbare Hierarchie der Genüsse, noch sind die Möglichkeiten begrenzt, über die vertrauten hinaus – seien es feines oder üppiges Essen oder das Empfinden einer schmeichelnden Hand auf der Haut – neue zu entdecken. Genusstradition und Kombinierlust stehen unverbrüchlich nebeneinander. Man kann Gefallen an der italienischen Renaissancemalerei finden oder man wird gewahr, dass man sich prächtig vorm Fernseher entspannt, wenn dort gerade junge Nachwuchssänger gecastet werden. Was manche verabscheuen, kann zur

Quelle des Genusses von anderen werden. Das endlose Spiel der Distinktionen eröffnet ein weites Feld für leichte Genüsse. Vanille und George Clooney, Madelaine-Buiscuits und Nackenmassage, alles kann zum Genuss werden. Man bezieht sich auf andere oder genießt für sich allein. Ein Großteil des Wohlbefindens erwächst aus der Verfeinerung von Gewohnheiten oder tradierten Genussvorstellungen. Das mag einer der Gründe dafür sein, warum Luxushotels so blumig damit werben, in ihrem Wellnessbereich zu später Stunde Schaumweinprodukte zu kredenzen. In allerhand Abwandlungen ist zum handelsüblichen Genussangebot avanciert, was man für einen Ausdruck der Dekadenz früherer Tage hält. Ein Großteil der Champagnerproduktion oder andere Veredelungsindustrien scheint sich genau diesem Umstand zu verdanken. Für andere verbietet es sich hingegen, auf derlei klischeehafte Genussangebote einzugehen. Für sie kann es bereits ein Hochgenuss darstellen, heißes Wasser in die Badewanne nachlaufen zu lassen und dabei Brian Wilsons »Petsounds« zu hören. Das alles zählt zu den leichten Genüssen, weil sie vielfältig kombinierbar und ohne großen Aufwand oder den Einsatz beträchtlicher Geldmittel zu haben sind. Man folgt den Moden oder bloß dem körperlichen Befinden.

Den leichten Genüssen gibt man sich in der Regel nicht bedingungslos hin. Schon möglich, dass man dem Werben des Eismanns an der Ecke im Sommer erliegt. Doch selbst wenn man es mit dem Hang zu einer gewissen Zwanghaftigkeit tut, ist es eher unwahrscheinlich, dass die drei Kugeln mit Sahne zu den Dingen gezählt werden, gegen die man sich schon ein halbes Leben über vergeblich zu wehren versucht hat. Leichte Genüsse sind das, was man sich arglos gestattet. Eine zeitlang giert man danach, aber es ist nicht unwahrscheinlich, dass man es auch wieder aus den Augen verliert.

Man kann nicht alle leichten Genüsse zum Kult seiner eigenen Lebensführung erheben.

Verborgene Genüsse

Dass manche Genüsse schwer zugänglich sind, ist nicht immer nur eine Frage des Geldes. Dabei schadet es einem Genießerleben nicht, welches zu haben. Insbesondere im Kunstbereich hält sich hartnäckig jene Spezies von Sammlern, die Wert auf stille Werkbetrachtung ausschließlich im Privaten legt. Aus ihrem Kreis rekrutieren sich geheimnisvolle Auftraggeber, die zu spektakulärem Kunstraub anstiften, ohne dass die Erhabenheit des darauf folgenden Kunstgenusses je mit anderen geteilt werden könnte. Restlos überzeugt von ihrem kriminellen Geschick, würden diese Kunstfreunde es einem kaum verzeihen, wenn man sie eines ästhetischen Egoismus bezichtigen würde. Man darf vermuten, dass sie zur Abrundung ihrer Sinnesfreuden ihr kaum legales Tun, wenn dies nicht gar zur Steigerung ihres Vergnügens beiträgt, permanent ausblenden müssen.

Die verborgenen Genüsse, von denen hier die Rede ist, kosten nicht viel, sind aber nicht leicht zugänglich. Man meidet sie oft sogar, weil man auf dem Weg zu ihnen ausschließlich Verdruss vermutet. Obwohl ich der sportlichen Bewegung nie abgeneigt war, habe ich mir erst sehr spät das ausdauernde Laufen beigebracht. Einem Verantwortungsgefühl dem eigenen Körper gegenüber folgend, geschah dies zunächst keineswegs heiter. Männer über 40, die, erschrocken über das eigene Aussehen und Alter, die Laufschuhe schnüren, wirken zunächst vor allem peinlich. Sie wissen das und verhängen sich zu Tarnungszwecken mit reichlich Textilien oder erscheinen in einem Outfit, als gelte es, den nächsten Iron Man zu gewinnen. Die sich umgehend einstellenden Schamgefühle sind in der entsprechenden Literatur hinreichend beschrieben (siehe auch das Kapitel: Öffentlich gewogen). Es wäre ferner vermessen, dem Nichtläufer dauernd von sensationellen Glücksgefühlen vorzuschwärmen, die sich beim monotonen Pflastertreten einstellen. Die Endorphine rasen nicht gleich los, wenn die Gelsohle quietscht. Und doch ist ja etwas dran an der Verheißung, dass Laufen, Joggen, Power-Walking etc. gute Gefühle freisetzt. Ich jedenfalls genieße es im hier beschriebenen Sinn, morgens vor der Arbeit eine Runde durch die Kleingartenkolonie in der Nachbarschaft zu drehen.

Der Genuss ist nicht nach Belieben abrufbar. Es quält mich jedes Mal, mich aus dem Bett zu pellen. Beim ersten Auftreten halte ich es für unvorstellbar, dass über diesen leichten Schmerz in der Ferse, der sich auf dem Weg zum Bad unweigerlich einstellt, ohne weiteres hinweggegangen werden kann. Nach den ersten Schritten auf der Straße melden sich die Knie oder wahlweise Verhärtungen in den Waden. Muss man ein Masochist sein, um aus derlei Empfindungen Genuss zu ziehen? Der Genießer schweigt – und leidet. Was ich beim Laufen genieße, ist der *flow*, der Moment, wenn die körperliche Anstrengung in eine Art geistigen Schwebezustand übergeht. Das Bewusstsein macht sich die biochemischen Prozesse zueigen und ruft eine schwebende Hirnaktivität hervor. Man macht sich beim Laufen so seine Gedanken. Unkontrolliert, aber nicht zügellos. Das Laufen versorgt mich mit assoziativer Energie, die ich, so bilde ich mir jedenfalls ein, eine Zeit lang auch speichern kann. Nach dem Laufen läuft manches besser.

Zu den verborgenen Genüssen wird man auch Tätigkeiten zählen können, für die keine große körperliche Verausgabung erforderlich ist. Es gibt Menschen, die ihr Gefühl des *flows* über das Hemdenbügeln oder Rasenmähen beziehen. Eine besondere Kraft mag aus dem Meistern der schwierigen Stellen an Kragen und Ärmeln erwachsen. Es gibt Rasenmäherfreuden, die aus besonders langen Bahnen resultieren. Manch einer mäht in Linien, andere in Mustern. Eine ganz neue Form der Begeisterung kann sich einstellen, wenn es mit einem traktorartigen Gefährt verrichtet werden kann. Genüsse, insbesondere von Männern, sind vielfältig kombinierbar und nicht selten mit der Benutzung technischen Geräts verbunden. Der Rat, der hieraus folgt, zielt auf Experimentierfreude und Geduld. Nicht jede Tätigkeit gibt ihre geheimen Genussquellen unmittelbar und sofort frei. Sind sie aber einmal aufgespürt, ist eine gewisse Haltbarkeit garantiert.

Sich selbst belohnen

Natürlich wissen wir mit René Zellweger, dass *Schokolade zum Frühstück* alles andere als die Wirkung attraktionssteigernder Pillen hat. Aber des Abends geschieht es fast regelmäßig, dass wir uns wie Zellweger im gleichnamigen Film für das geduldige Ertragen der Fährnisse des Lebens mit ein paar besonders hübsch verzierten Schokowaren belohnen und deren Glückshormone zu ihrer biochemischen Bestimmung verhelfen. Das, sagen wir uns dann leise oder demonstrativ laut vor, haben wir uns verdient. Wer hat sich nicht schon einmal in dieser oder jener Situation der Melodie von »Sweets for my sweet« ergeben und den in leuchtendem Rot aufblinkenden Schriftzug Reue willentlich übersehen – ganz gleichgültig, ob die Süße tatsächlich anwesend oder bloß ein Alter Ego ist.

Hinreichend wissenschaftlich abgesicherte Gründe für derlei Zuwiderhandlungen liegen zweifellos vor. Wir könnten auch anders. Aber wenn wir zur Schokolade greifen, lässt sich das ernährungswissenschaftlich plausibel machen. Es gibt allerhand Formelkram für die geheimen Gelüste. Eine belebende Wirkung schreibt man der Kombination aus Koffein und Theobromin zu, das wie Koffein zu den Alkaloiden gehört. Wer sich an die oben geschilderten Wonnen des Joggens nicht herantraut, kann die Erzeugung körpereigener Endorphine auch durch die Zufuhr von Schokolade erzielen. Das Verlangen nach Süßem ist also keineswegs bloße Einbildung. Die Freude am Genuss folgt, wie andere Erregungszustände auch, biochemischen Gesetzmäßigkeiten. Belohnungen, Anreize, Lernen und Entscheidungsfindungen werden in bestimmten Hirnregionen (ventrales Striatum, orbitofrontaler Kortex, Amygdala) verarbeitet. Diese werden über das dopaminerge, mesolimbisch-mesokortikale System beeinflusst, das seinerseits an verschiedenen Erkrankungen wie Parkinson, Schizophrenie oder Sucht beteiligt ist. Beim Belohnungssystem, schreibt der Wissenschaftsjournalist und Autor Stephan Klein, »handelt es sich um ein Geflecht miteinander verknüpfter Zentren ziemlich genau in der Mitte des Gehirns. Dort setzen alle Drogen an – und manipulieren damit unsere Mechanismen für Genuss und Lust.«[26]

Wir sind also nur sehr bedingt Herr im Haus unseres eigenen Bewusstseins. Der erste Akt einer beginnenden Abhängigkeit, so Klein, spielt sich in den Schaltkreisen für Genuss ab. »Er beruht darauf, dass Tag für Tag in unserem Kopf Opioide hergestellt werden, die den Wirkstoffen von Opium und Heroin gleichen. Diese Substanzen entstehen im Zwischenhirn und regen das Belohnungssystem an. Dann empfinden wir Wohlbehagen. So gibt das Gehirn ein Signal dafür, dass die Reize der Außenwelt für den Organismus erwünscht sind – sei es gutes Essen, die Gegenwart uns nahestehender Menschen oder auch Sex.«

Folgt das Bedürfnis nach Süßem einem primären Belohnungsreiz, so gehören die Freude an Musik oder schnellen Autos eher einem sekundären Belohnungssystem an, zu dem auch Geselligkeit und soziale Kooperation zählen. Das Gefühl, bei anderen gut anzukommen, bringt das Dopamin im Gehirn in Schwung. Das Bedürfnis nach Zuneigung oder Lob gehört folglich ebenfalls zu den festen Bestandteilen des Belohnungssystems. Wenn dies nicht ausreichend durch andere stimuliert wird, verstehen wir uns prächtig darauf, uns selbst aus der Unterversorgung zu befreien.

Von dieser Art der Selbstbelohnung sprechen wir meist auf ironische Weise: Man gönnt sich ja sonst nichts. Wir wissen um die gesundheitlichen Folgen des regelmäßigen Selbstbetrugs, den Rest besorgt ein tief verankerter Respekt vor den Fallen des Narzissmus, der bei der Selbstbelohnung eine zentrale Rolle spielt. Beim Naschen ist man schnell mit sich selbst im Gespräch, und die Gefahren, sich mit fatalen Folgen ins eigene Spiegelbild zu verlieben, sind im Medienzeitalter nicht geringer geworden. In diesem Sinn mobilisiert der Berliner Philosoph Wilhelm Schmid gegen die zerstörerischen und belastenden Vorstellungen von der Selbstliebe einen Begriff von Selbstfreundschaft. Wie mit anderen, muss man auch mit sich selbst klar kommen. »Selbstfreundschaft heißt auch, mit den eigenen Launen sich zu befreunden (...) Ein Hin- und Herfluten des Selbst kann daraus hervorgehen, das sich mal von diesem Gedanken, mal von jenem Gefühl bestimmen lässt, wenn dies ein verabredetes Element der Gemeinsamkeit ist. Zugleich erscheint es klug, nicht allzu viel davon nach außen dringen zu lassen, um die Launen nicht in der Spiegelung durch andere, die mit ihrem raschen Wechsel nicht leben wollen, noch zu verstärken. Sich mit sich selbst zu befreunden erfordert, die widerstreitenden Teile in ein gedeihliches Verhältnis zueinander zu setzen, sie im Idealfall zur spannungsvollen Harmonie zusammenzuspannen. Immer geht es dabei, wie in der Freundschaft, um Wechselseitigkeit statt Einseitigkeit, wechselseitiges Wohlwollen statt Übelwollen und Offensichtlichkeit des Wohlwollens anstelle seiner Verborgenheit in einem inneren Schweigen.«[27]

Wer es auf diese Weise schafft, so legt Schmid nahe, sich mit sich selbst zu befreunden, hat gute Chancen, den narzisstischen Tücken zu entkommen. Man kann sich den Techniken der Selbstbelohnung dann gelegentlich bedienen, ohne ihnen dauerhaft zu erliegen. Die gute Nachricht, die diese Freundschaft mit sich selbst verheißt, besteht in der Aussicht, mit den überall lauernden Reizen ohne die freudlosen Strategien der Askese fertig zu werden.

Genuss als Gebot

Dass die sofortige Befriedigung von Bedürfnissen in den immer stärker frequentierten Benimmseminaren nicht an erster Stelle gelehrt wird, lässt vermuten, dass Triebaufschub als wesentliche Voraussetzung zur Einhaltung der Umgangsformen noch immer Anerkennung findet. Darüber hinaus vermehren die zahlreichen Gourmetmagazine die Illusion, dass sich der gute Geschmack und das richtige Schmecken mit einiger Disziplin und den passenden Zeitschriftenabonnements auch erlernen lassen. Mit gehobenem Geschmackskonsum ist nicht zuletzt die Hoffnung verbunden, dass die drohenden Durchbrüche bloßer Gier eingehegt werden können. Die jeweiligen Systeme des Genusses stehen in dem Ruf, ein Bollwerk zu bilden gegen die Anfälle von Zügellosigkeit, in denen das Animalische sein Recht verlangt. Wer genießen kann, der scheint gewappnet gegen den schleichenden Übergang von der Hingabe zur Selbstaufgabe. Auf natürliche Weise bekommt man dabei Unterstützung vom eigenen Körper. Es scheint eine Art anthropologischer Mechanismus wirksam zu sein, den Aurel Kolnai als Abwehrreaktion identifiziert. »Ein Ekelgefühl hält einen davor zurück, in einem Genusse zu ertrinken. Man kann nicht einfach sagen, dass dieser Genuss es zu sein aufhöre; er wird nur schal, wüst, gerät in einen irgendwie fühlbaren Gegensatz zum Lebenswillen der Persönlichkeit.«[28] Wenn es einem zu viel wird, rebellieren die Sinnesorgane als eine Art natürlicher Schutz gegen die Entstehung von Sucht.

Jenseits der körperlichen Energien wird dem Genuss jedoch die Prägekraft einer kulturellen Norm zugeschrieben. Die gelassene Entgegennahme wohliger Empfindungen gilt als Begabung, die nicht allein mit Tugenden wie Fleiß und Strebsamkeit zu erzielen sind. Unruhige Geister und Zappelphilippe aller Art sind unfähig, sich den Segnungen der Entspannung hinzugeben. Zwar ist Müßiggang noch immer aller Laster Anfang, aber ohne jede

Einschränkung steigert die Fähigkeit zum Genuss das gesellschaftliche Ansehen. Wahrer Genuss ist selten, und er fällt einem nicht zu. Er verlangt nach Formgefühl und Stilbewusstsein ebenso wie nach der Bereitschaft, sich einer rituellen Ordnung zu fügen. Spontanes Zugreifen aufgrund plötzlich sich anbahnender Gelegenheiten ist dem wahren Genießer fremd. Wer sich nach geschmacklicher Vielfalt verzehrt, kann es nicht ertragen, sich gierig im schnöden Verbrauchen zu verlieren. Die stoffliche Aufnahme ist denn auch nur der materielle Teil eines Vorganges, der sich erst mit Hilfe der Einbildungskraft vollendet. Man gibt sich den schönen Dingen nicht nur hin, sondern erfährt sie in einem System von Proportion, Etikette und Anmut. Bevor den empfindlichen Rezeptoren der Zunge etwas zugeführt werden kann, geht meist eine aufwändige Planung voraus. Schon das Einhalten eines komplexen Regelsatzes scheint dem hastigen Durcheinander eines Saufgelages entgegenzustehen. Als gesellschaftlicher Idealtypus ist der wahre Genießer gewappnet gegen alle Varianten des Zuviel.

Auf einem gehobenen Level der Freude am Genuss und ab einem bestimmten ökonomischen Einsatz, den man dafür zu leisten bereit ist, kommt es nicht nur auf den feinen Tropfen und den Moment an, in dem er die Kehle benetzt. Es bedarf darüber hinaus auch des passenden Gefäßes. Bordeauxglas oder Burgunderkelch wollen fingerabdruckfrei zum Mund geführt werden. Kein Anfassen im oberen Drittel des Glases, lautet ferner eine eiserne Vorschrift. Diese Art der Gesetzestreue weist den Genießer vollends als maßvolle Erscheinung aus. Er liebt es, eben dies zu sein und als eine solche erkannt zu werden. Die Beschreibung des Augenblicks, in dem genossen wird, ist meist nicht ohne jene Klischees zu haben, an denen sich die Werbung so schamlos wie raffiniert bedient. Genuss schmeckt mild und süßlich, selbst wenn mit Cayennepfeffer gewürzt worden ist. Vielfach ist von wahrem Genuss die Rede, und tatsächlich gibt es für den Moment des Genießens keinen Ersatz, obwohl der Markt der Surrogate blüht. Die minutiöse Berücksichtigung aller Genussparameter muss nicht zum erwünschten Ergebnis führen. Zwar müssen Rituale bisweilen sehr genau eingehalten werden, aber wenn man Genuss schlussendlich erfährt, erlebt man ihn als Geschenk. Weil das Genießen Teil eines komplexen kulturellen Geschmackssystems ist, lässt es sich nicht in die Verkehrsform von Tauschbeziehungen übersetzen. Es gibt Genüsse, für die man nichts bezahlen muss, die aber trotzdem einen Preis haben können. Oft wird man erst sehr viel später zur Kasse gebeten.

Trotz der Unmöglichkeit, Genuss zu erzwingen, dominiert er inzwischen als permanentes Gebot. Durchschaubar und aufdringlich in den Versprechungen der Werbung, unterschwellig, aber deswegen nicht weniger apodiktisch, in den Aufrufen eines letztlich esoterischen Weltbilds. Wer nicht genießt, ist ungenießbar, heißt es zum Beispiel in einem Lied von Konstantin Wecker, in dem dieser mit reichlich Pathos die Verschwendung zur poetischen Norm erhebt. Als gefallener Engel hat der Sänger später den Überdruss an übermäßigem Kokaingebrauch am eigenen Leib zu spüren bekommen und in einem öffentlichen Bekenntnis der eindimensionalen und zerstörerischen Genusssucht abgeschworen. Als Apostel praller Lebenslust propagieren seinesgleichen ein vertracktes Genussgebot, das selten hält, was es verspricht. Und so gilt als eiserne Regel jeglichen Genusses, keine Verpflichtungserklärungen zu unterschreiben.

So schützen wir uns vielleicht auch im Sinne des französischen Soziologen Jean-Claude Kaufmann vor jener Identitätspolitik, in deren Namen Genüsse in hohem Maße angepriesen werden. Für Kaufmann ist es gerade der Schutz vor den auf den Einzelnen einprasselnden Genussangeboten, der als Wohlgefühl erfahren werden kann. So genannte Umhüllungen stellen für ihn eine moderne Variante des Rückzugs in die kleinen Welten dar, wo das Ich sich sammeln kann und »wo alle Erschöpfung, es selbst sein zu müssen, für einen Augenblick in Vergessenheit zu geraten scheint. (...) Tausenderlei Instrumente können benutzt werden, um die Weisheit dieses momentanen Wohlgefühls zu schaffen, innig verbunden mit der Vorstellung von einer Totalität außerhalb der bewegten Welt und der Zeit. Ein Fest voller Musik, ein plötzliches ästhetisches Gefühl, ein duftendes warmes Bad, das Abtauchen in die Welt eines Romans. Das Ideal aber ist, dass die Instrumente als solches nicht mehr benötigt werden: Die reinste harmonische Weisheit ist die einer leeren Hülle.«[29]

Das ist schön gesprochen, aber schwer zu erreichen. Das Wissen über die Mechanismen des Wohlgefühls bereitet noch keinen Weg, es auch tatsächlich zu erlangen. Vielleicht schützt es aber vor den verhängnisvollen Versuchen, es allzu angestrengt zu erzwingen. Freunde des Zen und andere Esoterikschulen raten hierbei gern zu Gelassenheit, die aber bereits wieder philosophische Schwerstarbeit impliziert. An die Seite der in diesem Buch aufgebotenen entlastenden Aspekte von Laster und Willensschwäche tritt im nächsten Kapitel die kleine, freche Schwester der Gelassenheit.

Lässigkeit

»Wie etwas sei leicht,
weiß der es erfunden und der es erreicht.«

Johann Wolfgang von Goethe

Es war ein leichtes Wippen im Spielbein erkennbar, ein rhythmisches Tippen der Fußspitze auf der Oberfläche des Balls. Das Spiel stockte, war aber keineswegs unterbrochen. Johnnys momentanes Verharren ließ eine Beweglichkeit in den Hüften erahnen, die jederzeit ein plötzliches Vorstoßen nach links, rechts oder durch die Mitte zu ermöglichen schien. Dabei hielt er seinen Körper ein wenig in Rückenlage, so dass man eine Vorwärtsbewegung, eine rasante Richtungsänderung, auf den ersten Blick für unwahrscheinlich hielt. Und doch stand seine schlaksige Figur unter einer Körperspannung, von der in jedem Moment etwas Ungewöhnliches auszugehen vermochte.

Johnny war ein eleganter, groß gewachsener Junge, der den Ball mit Leichtigkeit zu führen wusste. Während andere schnaufend und dampfend hinter dem dauernd verspringenden Sportgerät her waren, blieb der Ball bei ihm am Fuß, als gehorchte er einem unausgesprochenen Befehl. Johnny war der beste Spieler seiner Mannschaft, aber der Trainer und die Betreuer rügten ihn bisweilen wegen seiner übertriebenen Lässigkeit. Trotz seiner für die Mannschaft unverzichtbaren Leistungen erweckte er den Eindruck, als sei er nicht ganz bei der Sache. Weil ihm das meiste zufiel, musste er nur wenig für den Erfolg tun. Gegen die Unterstellung, dass er sich dementsprechend verhielt, hatte er sich nie sonderlich gewehrt. Er galt als trainingsfaul und wollte, wenn überhaupt, nur Übungen am Ball mitmachen. Auf dem Platz schien er, dabei durchaus eine Sonderrolle beanspruchend, immer ein wenig unkonzentriert, irgendwie abwesend. Dennoch war man nie vor Überraschungen gefeit. Ehe man es recht begriffen hatte, spielte er plötzlich einen unerwarteten Pass durch die Gasse, der andere in eine gute Torschussposition versetzte. Während des Spiels machte er viele Pausen, lief weniger als die anderen, war aber plötzlich zur Stelle, wenn sich etwas Entscheidendes anbahnte. Er war nicht nur Spielmacher, sondern auch ein erfolgreicher Torschütze. Die gegnerischen Mannschaften waren sich der Gefahren, die von ihm ausgingen, durchaus bewusst. In der Fußballwelt seiner Region war er ein Star.

Johnny war außerordentlich gutaussehend. Groß, dunkle Locken, schon im Frühsommer mit leicht gebräunter Haut, ein Mädchentyp. Sein Spitzname erinnerte an die jugendliche Unbeschwertheit der Fünfzigerjahre, an deren Ende er geboren wurde. Tatsächlich hieß er wohl Josef oder Johannes. Johnny klang nach dem Lebensgefühl amerikanischer Filme, nach ein bisschen Italo-Leichtigkeit wohl auch. Eine zu seinem Namen passende Lässigkeit legte er auch jenseits des Fußballplatzes an den Tag. Unrhythmisch gehend, fast schlurfend, betonte er seine Schlaksigkeit noch. Er sprach langsam, beinahe stockend, so als würde ihm seine Zunge nicht ganz gehorchen. Er lispelte, aber wohl mehr als Folge einer eingeübten Trägheit. Es war, als würde er eine Pose des Rückzugs in sich selbst aufführen. Wer ihn das erste Mal sprechen hörte, konnte denken, er leide an einem Sprachfehler. Dabei war er überdurchschnittlich intelligent, wenngleich die Lehrer in der Schule ihm Ähnliches attestierten wie der Trainer. Zu faul, zu nachlässig, zu unkonzentriert. Er könne mehr erreichen, wenn er nur wolle. Trotz seiner diversen Spleens war er auf dem Platz nicht nur auffällig, sondern auch dominierend. Er dirigierte das Spiel und gab, wenn nötig, zackige Anweisungen an seine Mitspieler. Nach dem Spiel war er dann wieder wortkarg und zog sich auf infantile Ausdrucksformen zurück. Die Blöße, die er sich so gab, schien eine besondere Schutzfunktion zu haben. Dabei war er sehr beliebt, und er wusste und mochte das.

Zwanglosigkeit, Natürlichkeit, Entspanntheit und Ruhe sind Synonyme für Lässigkeit, geben die Ambivalenz des Begriffs aber nur ungenau wieder. Wer etwas lässig verrichtet, trägt einen gewissen Unernst zur Schau, obwohl er im Begriff ist, etwas Bemerkenswertes anzustreben. Lässige Herangehensweise impliziert ein Gelingen. In der Regel ist von Lässigkeit erst nach einer geglückten Handlung die Rede. Wie es vonstatten ging, erfüllt die anderen mit Unbehagen, aber es ist ja gut gegangen. Wäre es misslungen, hätte man wohl Vokabeln wie Versagen, Scheitern oder Ungeschick verwendet. Man hätte seine Fahrlässigkeit angesprochen. Die allgemeine Bewunderung für Lässigkeit hält sich aber in Grenzen. Wo Lässigkeit als solche benannt wird, werden Zweifel an sie geknüpft. Sie birgt die Gefahr des Misslingens, die demonstrative Lockerheit des Akteurs scheint ein Wagnis geradezu herausfordern zu wollen. Das konnte ja nicht gutgehen. Ist jedoch offen von Lässigkeit die Rede, schwingt meistens auch ein Ton von Bewunderung mit und man darf von einer gelungenen Aktion ausgehen. Gewiss, ein wenig Glück war mit im Spiel. Was anderen schwer fällt, ist dem Lässigen mit beeindruckender Leichtigkeit von der Hand gegangen. Zwar fehlt dem Lässigen zum Vorbild die Tugendhaftigkeit. Seines umsichtigen, vorausschauenden Einsatzes für die Gemeinschaft kann man nie ganz gewiss sein. Er scheint von einer Art radikalem Egoismus beseelt. Aber man schätzt seinen Mut und achtet seine Kunstfertigkeit.

Etymologisch stammt das Adjektiv lässig, das mit den Wortbedeutungen des Lassens verwandt ist, vom mittelhochdeutschen »lezzic« ab und ist eine Bildung zum heute veralteten »laß«, das matt, müde und schlaff bedeutet. Die heute in der Wortbedeutung anklingende Verstellungsleistung, eine Art Pose, mit der man über seinen eigentlichen Zustand alerter Anspannung hinwegtäuscht, ist eine vergleichsweise junge Bedeutung.

Lässigkeit ist nicht zuletzt eine ästhetische Kategorie. Wenn im Fußball von Spielkunst, technischer Brillanz und spielerischer Eleganz die Rede ist, wird immer auch Lässigkeit mitgedacht. Die sportliche Anstrengung vollzieht sich beinahe schwebend. Der Lässige steht im Verdacht, nach dem Applaus der anderen zu schielen. Die bloße Orientierung auf den Zweck und zählbaren Erfolg ist seine Sache nicht. Er ist immer auf einen Mehrwert aus, und er scheint sogar bereit zu sein, das Erreichte dafür aufs Spiel zu setzen. Lässiges Handeln findet stets vor Publikum statt und ist begleitet von einer erwarteten positiven Bewertung des Tuns. Beim Fußball spielt der Lässige für die Galerie. Er weiß, dass er beobachtet wird und richtet seine Bewegungen danach aus. Könnte dieser oder jener nicht noch besser sein, wenn er sich die Lust auf die Vorführung seiner artistischen Leichtigkeit verkneifen würde? Bringt er das Ziel mit seinem ausgeprägten Präsentationssinn nicht gar in Gefahr? Der Ball ist rund und ein Spiel dauert neunzig Minuten. Danach zählt man aber eben nicht nur die Tore. Im kollektiven Gedächtnis werden immer auch Haltungsnoten verbucht.

Franz Beckenbauer war eine Ikone der Lässigkeit. Er spielte derart elegant, dass man meinte, an ihm eine gewisse Sportfremdheit ausmachen zu können. Von der Art, sich zu bewegen, war er alles andere als ein typischer Fußballer. Auf dem Platz wirkte er wie einer, der sich das Trikot nicht schmutzig macht. Der Eindruck seiner Lässigkeit wurde paradoxerweise in jenem legendären WM-Viertelfinale von 1970 in Mexiko im Spiel gegen England gesteigert, als er nach einer Verletzung mit eng am Körper bandagiertem Arm weiterspielen musste. Noch mehr als sonst wurde man dabei auf seine besondere Fähigkeit zur Körperkontrolle aufmerksam. Obwohl er Schmerzen zu haben schien, sah er noch immer elegant und stilbewusst aus. Beckenbauer spielte weiter wie eine Spielfigur, die auf Schienen bewegt wird. Die heldenhaften Attribute wie Mut, kämpferischer Einsatz und das Aushalten von Schmerz wurden durch seine grazile Haltung auf dem Platz einmal mehr ästhetisiert. Den Beinamen Kaiser erhielt er wegen seiner Ausstrahlung von Unberührbarkeit. Beckenbauer war ein Gesalbter des Fußballs. Tatsächlich war er in seinen besten Jahren ein bemerkenswert vielseitiger Athlet. In einzelnen Disziplinen der Leichtathletik erzielte er ausgezeichnete Werte. Dennoch wirkte er nie wie einer, der sich etwas hart abarbeiten musste. Das brachte ihm Kritik, manchmal sogar Ablehnung ein. Anhaltende Anerkennung erwarb er jedoch nicht zuletzt dadurch, dass er sich zu einem unverwechselbaren Sportler entwickelte, der schon an der Silhouette seiner Bewegungen zu erkennen war.

Das zu erreichen, ist kein leichtes Programm. Bloße Nachahmung wäre äußerst riskant. Das Sportsystem geht mit Epigonen wenig zimperlich um. Matthias Hergeth, der als Spieler des VFL Bochum und für Bayer Uerdingen jahrelang als Beckenbauer-Nachfolger gehandelt worden war, bekam das in aller Deutlichkeit zu spüren. Wegen seiner an Beckenbauer erinnernden Spielweise bekam er den Beinamen »Bruder Leichtfuß«. Er hatte am Ende nicht das Durchsetzungsvermögen des großen Idols. Dabei spielt es keine Rolle, ob er die Nachahmung selbst betrieben oder gar forciert hatte. Echte oder bloß betonte Lässigkeit kann sich langfristig nur der leisten, der auch tatsächlich und anhaltend Erfolg und Aufmerksamkeit daraus abzuleiten vermag.

Dass insbesondere der Sport vielfältige Formen der Lässigkeit ausgebildet hat, hängt mit den fließenden Übergängen von Bewegung und Ästhetik zusammen. Man muss nichts von Sport verstehen, um die Ausübung der einen oder anderen Sportart schön zu finden. Das hat letztlich auch im Sport verschiedene Spielarten der Lässigkeit hervorgebracht. David Beckham spielte in seinen besten Jahren ebenfalls lässig, war aber nachhaltig durch englische Tugenden geprägt, denen man alles andere zuschreibt als die Hervorbringung lässiger Charaktere. Beckham erwarb sich die Attribute eines Präzisionsfußballers mit ausgefeilter Schusstechnik, er ist so gesehen eine Handwerkernatur. Weil er sich ebenso souverän wie auf dem Platz in der Welt der Mode und des Pop zu bewegen wusste, wurde im Zusammenspiel mit dem sportlichen Erfolg alles zu einer Frage der Präsentation. Äußerliche Wandlungsfähigkeit, die das Charakteristikum eines Models ist, widerspricht im Grunde den Prinzipien des Sports, denen es auf die Ausbildung verlässlicher Eigenschaften ankommt. Beckhams Lässigkeit, die schließlich in der seltsamen Typusbezeichnung des Metrosexuellen aufging, vermochte denn auch nie zu verbergen, dass sie aus britischem Fleiß hervorgegangen war. David Beckham blieb sich trotz seiner Eskapaden als *rolemodel* stets der Tatsache bewusst, dass der englische Fußball aufgrund seiner eher proletarischen Grundierung ästhetische Girlanden im Spiel wenig zu schätzen weiß. Der Beckham auf dem Platz und der Beckham in den Medien blieben immer zwei sehr unterschiedliche Typen. In der Werbebranche werden Fußballspieler bevorzugt in der Haltung derer gezeigt, die nur spielen wollen. Die Haltung der Lässigkeit signalisiert stärker als alles andere Unbekümmertheit und Draufgängertum, hält aber auch Wege zu Kreativität und Innovation offen. Lässigkeit ist die Haltung derer, die nichts zu verlieren und das meiste noch vor sich haben.

Nahezu perfekt verkörpert wurde sie vom jungen Cassius Clay, der boxerisches Talent mit jugendlicher Schönheit und einer herausfordernden Intelligenz vereinte. Seine Schnelligkeit und sein Bewegungsdrang im Ring, sein Tänzeln und seine herunterhängenden Arme, die ihn als einen Boxer ohne Deckung erscheinen ließen, machten ihn zu einer Ikone nicht nur schwarzer Rebellion, sondern des jugendlichen Aufbegehrens einer ganzen Generation. Während James Dean in Filmen wie *Jenseits von Eden* und *Denn sie wissen nicht, was sie tun* eher einen Getriebenen ohne innere Gewissheit darstellte, einen, der an ödipalen Konflikten verzweifelte, wurde Cassius Clay spätestens als Muhammed Ali zum Gestalter seines sportlichen Weges, seines gesellschaftlichen Außenseitertums und seiner entfesselten Energien. So sehr seine Begabungen in alle Richtungen zu streuen schienen und er im Nebenbei seiner kuriosen Stegreifgedichte eine frühe Version des Rap vorwegnahm, war er im Ring doch voll konzentriert. In den Verstellungsübungen seiner Lässigkeit vermochte er seine Kräfte zu bündeln. Das Ziel, den Gegner entscheidend zu treffen, verlor er trotz seines Schabernacks nie aus den Augen. Vielmehr dienten seine Kapriolen genau diesem Ziel.

In ihrem berühmten Essay *Über Boxen* spricht die amerikanische Schriftstellerin Joyce Carol Oates wiederholt über den Boxstil Muhammed Alis.[30] Dessen besondere Beziehung zum Publikum ist ihr dabei nicht entgangen. In der mitunter an Autismus erinnernden Abwesenheit schlummert ein bemerkenswertes Wahrnehmungsvermögen. »... es gab zumindest einen Boxer, der eine außerordentliche und beunruhigende Wahrnehmungsfähigkeit besaß, mit der er nicht allein jeden gegnerischen Zug voraussah, sondern die leisesten Stimmungsumschwünge des Publikums spürte, für die er sich persönlich verantwortlich fühlte – die Rede ist natürlich von Cassius Clay alias Muhammed Ali.« Für Joyce Carol Oates ist Boxen das tragische Theater Amerikas und Muhammed Ali war dessen komplettester Akteur. Wo es buchstäblich darum geht, die eigene Haut zu retten, ist im Grunde kein Platz für selbstverliebte Tändeleien. Joyce Carol Oates ahnt jedoch, was hinter Alis demonstrativem Unernst steckt. »Die süße Kunst zu verletzen ist ein Hohelied auf den männlichen Körper, auch wenn es die manchmal tragischen, manchmal nur schmerzlichen Grenzen des Körperlichen dramatisch aufzeigt. Obwohl männliche Zuschauer sich mit Boxen identifizieren, verhält sich kein Boxer, sobald er im Ring ist, je wie ein normaler Mann, und keine Kombination von Schlägen ist natürlich. Alles ist Stil.« Niemand anderes als Muhammed Ali hat stärker auf diese Paradoxie aufmerksam gemacht. Obwohl Boxen unmittelbare und direkte Körperlichkeit ist, kann Joyce Carol Oates in ihrem Essay vor allem die ästhetische Dimension beleuchten. Für sie ist Boxen eine Art Schöpfungsakt. »Die Welt ist im Zorn – aus Hass und Hunger – entstanden und nicht durch Liebe«, schreibt Oates. »Davon handelt Boxen unter anderem. Es ist so simpel, dass man es leicht übersieht.« Muhammed Ali hat dieses Spiel perfektioniert. Mit seiner Art zu kämpfen hat er eine Vielzahl von Fährten ausgelegt. Seine einzigartige Leichtigkeit faszinierte auch den Schriftsteller Norman Mailer, der über Muhammed Ali auf dem Höhepunkt dessen Karriere sagte: »Er schien von der Voraussetzung auszugehen, dass es obszön sei, getroffen zu werden.«[31] Alis Lässigkeit war durchdrungen von diesem Bewusstsein der Unerreichbarkeit.

Realistisches Einschätzungsvermögen ist die Sache des Lässigen nicht. Er fühlt sich unangreifbar, aber er muss lernen, das Kopfschütteln der anderen über seine Posen in seine Inszenierung zu integrieren. Allein der Erfolg schützt ihn davor, der permanent lauernden Lächerlichkeit preisgegeben zu werden. Lässigkeit, die allzu leicht als schmückendes Beiwerk enttarnt wird, kann rasch die gewünschte Anerkennung verfehlen. Lässigkeit wird überhaupt nur als solche wahrgenommen, weil sie eine Verbindung zum Genialischen zu unterhalten scheint. Man traut dem Lässigen viel zu und neidet ihm seine scheinbare Schwerelosigkeit. Während andere sich abrackern, fällt ihm der Erfolg mühelos zu. Lässigkeit veredelt bloßes Gelingen mit einer Geste der Erhabenheit. Man kann sich bemühen, lässig zu erscheinen. Man kann Lässigkeit, ein sportlich, elegantes Auftreten auch trainieren, aber man kann sie letztlich nicht einfach erwerben. Im positiven wie im negativen Sinn ist Lässigkeit eine Zuschreibung von anderen.

Will man sich Lässigkeit gezielt aneignen, ohne über Begabung und die daraus hervorgehende Aura zu verfügen, bleiben die äußeren Zeichen. In der Mode ist Lässigkeit eines der am häufigsten gehandelten Attribute. Zwar attestiert man sich mit entsprechender Kleidung noch immer Haltung, Formbewusstsein, Stil und gesellschaftliche Zugehörigkeit. Zu bestimmten Anlässen ist weiterhin ein vorgeschriebener Dresscode unumgänglich. Den klassischen Zeichen der Mode wird jedoch mit jeder neuen, abweichenden Kreation widersprochen. Mode muss nicht in Bewegung bleiben, sie ist Bewegung. Lässigkeit ist dabei eine zentrale Form.

Zu einem markanten Zeichen der Lässigkeit wurde nach dem Krieg die Vespa, der Motorroller des italienischen Herstellers Piaggio. Das erste Modell war bereits 1946 auf den Markt gekommen und hieß Paperino. Die Vespa war ursprünglich aus dem Flugzeugbau hervorgegangen. Corradino D'Ascanio, der eigentlich Hubschrauber bauen wollte, erfand das Konzept kurz nach Kriegsende im Auftrag von Enrico Piaggio, der als ehemaliger Konstrukteur von Kriegsflugzeugen nun ein ziviles Produktionsfeld erschließen musste. Das Gefährt sollte einfach, sparsam und leicht zu fahren sein und darüber hinaus in den alten Produktionsanlagen von Piaggio gefertigt werden können. Weil Corradino nie zuvor Motorräder konstruiert hatte, ging er völlig unvoreingenommen an die Sache heran. So gesehen war bereits die Entwicklung ein lässiger Prozess. Das Design antwortete auf eine allgemeine Stimmungslage. Corradino wählte einen ungewöhnlichen Direktantrieb und brachte den Motor verdeckt an, so dass er nicht zu sehen war und man sich an ihm nicht schmutzig machen konnte.

Diese völlig neue Formgebung, die die Zweckhaftigkeit üblicher Motorräder beinahe zum Verschwinden brachte, diente sich dem Bedürfnis nach demonstrativer Lässigkeit geradezu an. Der mechanische Antrieb zum Zweck der Fortbewegung kam scheinbar aus dem Nichts. Vespa fahren kam einer Art göttlichem Gleiten gleich. Man war dem Krieg noch einmal entkommen und genoss das ungeschützte Fahren unter freiem Himmel. Mit der

Vespa überwand man keine großen Distanzen, der kurze Weg war das Ziel. Die Vespa war alles andere als ein Ausdruck von Stärke, ihre bescheidene Motorkraft beinahe eine Abrüstungsinitiative. Mit der Vespa rückte ein unausgesprochenes Nichtwollen in den Blick. Im Cruisen verweigerte man sich dem schnellstmöglichen Zurücklegen des Wegs von A nach B. Auf dem Roller entzog sich Audrey Hepburn mit Gregory Peck in dem Film *Roman Holiday* den Zwängen ihrer Rolle als Kronprinzessin eines exotischen Lands. Im Fahrtwind fühlte eine ganze Generation ihre wieder gewonnene Unbeschwertheit.

Lässigkeit ist eine Geste und Variante der Coolness, die besonders in Jugendkulturen seit Beginn des 20. Jahrhunderts einen erstrebenswerten Zustand darstellt. Man ist bemüht, kühl zu bleiben, gelassen, nonchalant, souverän, kontrolliert. So verstanden ist Coolness die antizipierte Unabhängigkeit derer, die gesellschaftlich auf der Schwelle stehen. Man gehört noch nicht dazu, sei es durch Ausschluss oder durch Selbstausgrenzung. Wie auch immer, die anderen sollen schon einmal wissen, dass sie einem nichts anhaben können. Allerdings zielt Coolness keineswegs auf einen statischen Zustand, etwas, in das man sich dauerhaft einzurichten erhofft. Coolness ist nicht auf materialistische Werte ausgerichtet, sondern vom Augenblick beherrscht. Man sehnt sich nach Abkühlung. Wer nicht heiß gewesen ist, kann nicht cool werden.

Coolness und Lässigkeit gehören zum ABC der reduzierten Gefühle und kennzeichnen nicht zuletzt einen allgemeinen Umgang mit emotionaler Verletzlichkeit. Man vergewissert sich seiner Schwächen und experimentiert mit den Möglichkeiten einer Umwandlung in Stärke. In dem Filmklassiker *Der eiskalte Engel* von Jean-Pierre Melville spielt Alain Delon den Killer Costello, der unbewegt und apathisch, also cool, seine Auftragsmorde ausführt. Für Melville war Delons Coolness, mit der dieser zu einer Stilikone moderner Ausdrucksformen wurde, jedoch nicht weniger als das Bild einer schizoiden Persönlichkeitsstörung. Der ausdruckslose, gefühlskalte Costello bringt sich am Ende in eine Situation, in der er, lebensmüde, sich von der Polizei erschießen lässt. Delons Coolness markierte trotz ihrer enormen ästhetischen Attraktivität einen radikalen, ausweglosen Endpunkt einer Gefühlslage der Indifferenz. Man ist mit Jean-Luc Godards Klassiker der Nouvelle Vague »außer Atem« und hat wenig Aussicht, ruhig Blut zu bewahren.

Dass diese Art von Coolness keineswegs nur flüchtige Mode ist, hat vor einigen Jahren der Literaturwissenschaftler Helmut Lethen in seinem Klassiker über die *Verhaltenslehren der Kälte* gezeigt.[32] Darin beschreibt er, wie nach dem Ersten Weltkrieg Schriftsteller wie Gottfried Benn, Bertold Brecht, Ernst Jünger und andere das Aushaltenkönnen im Eis einer modernen Welt ohne wärmenden Gott pathetisch glorifizierten. Das Pathos der Kälte im 19. Jahrhundert ist, so Lethen, eine Reaktion auf mehrere zusammentreffende Unheilserzählungen. Die Erfahrung einer transzendentalen Obdachlosigkeit trifft auf die Eiseskälte der Rationalität und die Dynamisierung ökonomischer Prozesse. Das Ausharren in der Kälte ist Lethen zufolge eine intellektuelle Abwehrstrategie, zu der selbst so zweckmäßig erscheinende Dinge wie der geradlinige und kühle Rohrstuhl im Bauhaus-Design gerechnet werden können. Die Form, die der Funktion folgt, war zu keinem Moment frei von den Zeichen ihrer Zeit.

Im Unterschied zur Coolness ist Lässigkeit weniger entschieden. Sie tritt vielmehr als mittlere Haltung zwischen Anspannung und Schwäche in Erscheinung, die nach Wegen sucht und danach trachtet, sich Rückwege offen zu halten. Während der Lässige nicht an eine Niederlage glaubt, ist der Coole zur Selbstaufgabe bereit. In ihrem pathologischen Kern ist Coolness Selbstzerstörung. In Bezug auf den Umgang mit schwachem Willen ist das Phänomen der Lässigkeit wegen seiner Kippstellung von besonderer Bedeutung. Mit der Lässigkeit werden Schwächen an-

und ausgespielt. Als ästhetisches Phänomen ist sie mehr Gestaltungsmerkmal denn Makel, auffällige Marotte oder schlechte Angewohnheit.

Die ausführliche Behandlung der Lässigkeit und ihre Abgrenzung von der Coolness ist in Bezug auf die Willensschwäche denn auch keine Abschweifung oder narzisstische Stilübung. Lässigkeit nimmt eine ambivalente Stellung zwischen dem Tun und Lassen ein, die individuelles und gesellschaftliches Handeln bestimmt. Sie hat ein Ziel vor Augen, agiert aber aus einem »noch nicht« heraus. Sie geht aufs Ganze, kommt aber in der Pose juvenilen Unernstes daher. Die vielfältigen Formen ihres herausfordernden Charakters machen die Lässigkeit zu einer gesellschaftlichen Ressource, die bislang kaum zur Kenntnis genommen worden ist. Das mag damit zu tun haben, dass die Gefahr der Überheblichkeit immer mitschwingt. Im Nachhinein scheint die lässige Herangehensweise, ein mutiges Probehandeln, aber meist so einleuchtend, dass es verwundert, warum man nicht schon früher darauf gekommen ist (siehe auch das Beispiel über experimentelles Unternehmertum im Kapitel *Über die Verhältnisse*). Lässigkeit ist so gesehen eine notwendige Voraussetzung für eine Politik der zweiten Chance sowie der Begabung, immer wieder neu anzufangen.

Das philosophische Feld einer solchen Lässigkeit hat indes der Frankfurter Philosoph Martin Seel in einer »kleinen Phänomenologie des Lassens« erschlossen.[33] Ausgehend von Nietzsches bemerkenswertem Satz aus der *Fröhlichen Wissenschaft:* »Indem wir thun, lassen wir«, unternimmt Seel den Versuch, das Lassen nicht als Sonderfall des menschlichen Handelns, sondern als eine elementare Qualität zu beschreiben. »Die Fähigkeit, Alternativen bewusst auszuschlagen oder stillschweigend außen vor zu lassen«, schreibt Seel, »ist eine wesentliche Bedingung der Freiheit des Handelns. Alles, was wir aus freien Stücken tun, könnten wir auch bleiben lassen – aber wir lassen alles andere bleiben, weil wir gerade diesen Kurs einschlagen wollen. Der Freie lässt viele seiner Möglichkeiten absichtlich aus. Auf der Landkarte unserer Handlungen sind zahlreiche Linien sichtbar, die wir im Handeln nicht gezogen haben.« Seel unterscheidet in seiner Phänomenologie die Energien freisetzenden Kräfte des Auslassens von den Bindekräften, die Unterlassungen implizieren. »Unterlassungen sind Handlungen«, so Seel, »die uns – in Lob und Tadel, durch Belohnung oder Strafe – zugerechnet werden können.« Während Tun und Lassen dem Sprachgebrauch nach der Freiheit des Einzelnen zugehört, haben Unterlassungen auch eine juristische Bedeutung erlangt.

Wenn man das Lassen nicht vom Tun, sondern das Tun vom Lassen her denkt, öffnet man sich den Ambivalenzen von Verhaltensweisen, die auch im Umgang mit unseren Schwächen von Interesse sind. Es gibt keinen Baukasten von Regeln, den man nur einzusetzen braucht, um gesund, behütet und erfolgreich durchs Leben zu kommen. Wer das ABC des Tuns nach Kräften beherrscht, verliert das Gespür für die Notwendigkeit des Lassens. In diesem Sinne tragen die Freuden der Passivität zur Erholung von den Wonnen einer aktiveren Verausgabung bei. Zustände wie das Dösen, Phantasieren, Sich-ausschlafen, Faulenzen oder sonstiges Sich-treiben-lassen sind Verhaltensweisen, die meist den schlechten Angewohnheiten zugerechnet werden und die als Willensschwäche in bestimmten Situationen mit viel Aufwand bekämpft werden. Man sollte jedoch seine Aufmerksamkeit darauf lenken, dass nur selten von einem einseitigen Leiden an solcher Passivität die Rede sein kann. »Das Erreichen und Erhalten dieser Zustände«, schreibt Seel, »verlangt seinerseits bestimmte und manchmal durchaus komplexe Tätigkeiten.« Man muss sich die Kunst, sich gehen zu lassen, sehr bewusst aneignen. Ähnliches meint auch der schöne Spruch: Hätte ich die Kraft, nichts zu tun, täte ich nichts. Er trägt dem Umstand Rechnung, dass ein und dieselbe Tätigkeit völlig gegensätzlich bewertet werden kann. Für den einen ist Joggen der Inbegriff eines aktiven Lebens und der

Selbstsorge, für den anderen, so Seel, »ist es ein Wahrzeichen eines passiven Seins«.

Unterschiedliche Lesarten gibt es auch für das Bleibenlassen und das Einlassen. Die Entscheidung, etwas nicht zu tun, ermöglicht das Ergreifen von Alternativen. Sie können insbesondere dann Bedeutung erlangen, wenn man bereits heillos in Kämpfe um die Gestaltung der richtigen Lebensweise verstrickt ist. Wo Gewichtskontrolle, die Selbstverpflichtung zu regelmäßiger Bewegung und die Achtsamkeit vor gefährlichen, wenn auch genüsslichen Körpergiften einen in Beschlag nimmt, kann das Bleibenlassen einen unschätzbaren Zugewinn an Freiheit offenbaren. »Ich verzichte auf das Streben nach idealer Fitness«, so Seel, »auf die Kontrolle über das Leben meiner Geliebten, auf den Kampf gegen die Mühlen der Bürokratie, auf meine Reputation als politisch korrekter Bürger, auf das Stillhalten gegenüber einer repressiven Macht. Dieser Verzicht ist mit dem Ergreifen von Möglichkeiten verbunden, die ich bisher nicht entfalten konnte.« Gerade ein *Michael Kohlhaas*, der beharrlich und unerbittlich auf seine ihm verwehrten Rechte pocht, macht sich zu einem unfreien Menschen, nachdem über das erlittene Unrecht des Einzelfalls hinaus das heilige Prinzip in den Mittelpunkt rückt. Andererseits sind Enthaltung und Bleibenlassen kein Vorschlag für praktische Lebensführung. Dort, wo man es unterlässt, sein Leben zu führen wie Herman Melvilles *Bartleby* in der gleichnamigen Erzählung, der mit der Haltung des »lieber nicht« Abstand zum Leben hält, bleiben trotz der vornehmen Enthaltsamkeit am Ende keine Freiräume übrig. Für Martin Seel ist die Grundbedeutung alles Lassens ein Sich-einlassen-auf. »Wer sich auf etwas einlässt, lässt etwas zu; er lässt zu, nicht mit Bestimmtheit zu wissen, was ihm im Verlauf seines Handelns geschehen wird.« Nur wer sich einlässt, hält sich offen für überraschende Reaktionen im Moment schwindender Alternativen.

Exkurs: Wenn das Laster zur Sucht wird

»Der Gegensatz zu Spiel ist nicht Ernst,
sondern Wirklichkeit«

Sigmund Freud

»Die Finger gleiten leichthändig über die Tastatur, die 16-stellige Nummer deiner Kreditkarte kennst du längst auswendig. Ein Bildschirm-Popup auf der Homepage des Wettanbieters bestätigt den Zahlungseingang, und blitzschnell ist die Wette abgeschickt. 300 Euro auf die Mavericks. Ein Zehn-Punkte-Vorsprung und du bist einen Teil Deiner Sorgen erst einmal los. Die Mavericks fangen gut an. Es ist weit nach Mitternacht, du bist live dabei, alles nach Plan. Und selbst wenn es schief geht, kannst du mit einer Scorer-Wette nach der Halbzeit vielleicht noch einmal etwas absichern. 100 Euro darauf, dass Dirk Nowitzki über zwanzig Punkte macht. Die schafft er selbst, wenn das Spiel eng wird.

Langsam wird es auch für dich brenzlig. Es ist der 25., ein wenig kannst du die Karte noch belasten. Es ist immer grauenhaft, dieses Gefühl, wenn die elektronische Falle plötzlich zuschnappt. Keine Auszahlung mehr möglich, sagt der Automat und versetzt dir damit einen Stich ins Herz. Wie früher vor der Disco, in die man nicht hineingelassen wurde, obwohl man sich so viel Gedanken über das passende Outfit gemacht hatte. Aber etwas Bares ist noch da, und Peter schuldet dir noch einen Fuffie, dem musst du dann halt etwas Druck machen. Aber wozu über Außenstände grübeln? Die Mavericks schaffen es bestimmt.

Mann, was mache ich hier eigentlich? Rede mit mir selbst und starre in die Glotze. Gut, dass Siggi das jetzt nicht sieht. Sie liegt mir immer in den Ohren, ich müsse dringend etwas unternehmen. Dauernd kurz vor der Pleite, und alles drehe sich nur um

Punkte, Quoten usw. Ich hätte mich vollkommen verändert, sagt sie. Und irgendwann, meint sie, verliere ich wegen der Zockerei noch den Job.«

Es fällt nicht schwer, aus den Aussagen des Werner B. klassische Merkmale des Suchtverhaltens herauszulesen. Was er sagt, fügt sich nahtlos in die Liste der Anzeichen für pathologisches Spielen ein. Er reflektiert über Hinweise auf eine Persönlichkeitsveränderung, und das permanente Navigieren am finanziellen Abgrund dominiert seinen Alltag. Die Sorge seiner Freundin hört er, aber sie erreicht ihn nicht mehr. Das Leben des Werner B. ist durch sein Spielen determiniert.

»Wenn die Mavericks punkten, lasse ich die Puppen tanzen. Wie damals, als ich in einer Nacht im Casino zwölf Riesen gemacht habe. Ganz einfach war das. Es ist jedes Mal erhebend, wenn sich das Gefühl einstellt, einfach nicht verlieren zu können. Was du in solchen Momenten auch tust: Es läuft für dich. Jetzt marschieren die Mavericks. Es sieht so aus, als bekäme ich für diesen Monat den Kopf noch einmal aus der Schlinge. Schade, dass ich die Scorer-Wette doch nicht mehr abgeschickt habe. Jetzt hat der Nowitzki schon kurz nach der Halbzeit 18 Punkte, ein Dreier, und ich hätte Siggi anrufen können, ob sie Lust auf einen Kurzurlaub in Venedig hat.«

Die Vorstellung, dass mit einem Schlag, einer gelungenen Wette, alle finanziellen Sorgen behoben werden können, hält den Spieler bei der Stange. Dieses eine Mal noch. Was ist schon der Verlust eines überschaubaren Betrags gegen die Möglichkeit, sich am eigenen Schopf aus dem Sumpf zu ziehen? Wenn es gut geht, lässt auch die Sorge über das nicht mehr zu leugnende krankhafte Spielen nach. Wenn das Geld wieder da ist, schwindet das Problembewusstsein. Die Erfahrung der eigenen Ohnmacht im Moment des Verlusts wird durch Omnipotenzgefühle während einer Gewinnphase abgelöst. Es entspricht einem weiteren Indiz für pathologisches Spielverhalten, dass das gefühlte Verhältnis von Einsatz, Gewinnen und Verlusten nicht den gewöhnlichen haushalterischen Operationen entspricht, oder dem, was man außer der Reihe zum Zeitvertreib mal macht. Es gibt Phasen, in denen Verluste im buchstäblichen Sinn in der Wahrnehmung des Spielers nicht mehr zählen. Kommt er später zur Besinnung, ist er stets erschrocken, dass er wieder einmal mehr verloren hat, als er es im Augenblick der Aktion überschlagen hatte. Kontrollverluste sind eine fast obligatorische Begleiterscheinung seines obsessiven Tuns.

»Vor drei Monaten sah es düster aus, da hat die Bank das Konto zugemacht. Nichts ging mehr, der Dispo völlig am Anschlag. Davon habe ich mich bis heute nicht erholt. Die Mavericks könnten mich jetzt wieder in die Spur setzen. Es ist schon weit nach Mitternacht, aber du willst das Spiel unbedingt in der Live-Übertragung sehen. Soviel Nervenkitzel muss sein. Es ist, als könnte man das Spiel beeinflussen, wenn man live dabei ist. Ein Wurf von der Grundlinie, der sich unmittelbar auf deinem Konto niederschlägt. Die Mavericks müssen einfach punkten. Mit den 2000 Euro Gewinn kommst du dann erst einmal hin, und ein Geburtstagsgeschenk für Siggi ist auch noch drin, kein Problem.«

Werner B. reflektiert seine Situation, aber in der Abwärtsspirale, in der er sich befindet, gibt es keine Halteplattformen. Seine sozialen Beziehungen sind ihm nicht gleichgültig, aber er verkennt die Dimension seiner Verstrickung. Es ist mitunter die Intelligenz eines Spielers, die ihm ein Schnippchen schlägt. Es finden sich immer Gründe und Wege, es doch noch einmal zu versuchen. Erfindungsreichtum wird in solchen Momenten geradezu angestachelt. Das Wissen über das eigene Spielverhalten oder psychologische und medizinische Erkenntnisse verhelfen nicht zu einem realistischen Umgang mit dem, was kommt. Längere Zeiten der Abstinenz täuschen darüber hinweg, dass der Drang, es wieder zu tun, noch virulent sein kann. Der Spieler meint dann, es geschafft zu haben. Situationen, in denen er der Verlockung widerstanden hat, erlebt er bisweilen sogar als Triumph der Unterlassung. Die Tage der Abstinenz, die Erfahrung des Durchhaltens, verschaffen ihm nun jene Erfolgserlebnisse, die er zuvor im Spiel gefunden hat. Aber die plötzliche Willenskraft muss nicht von Dauer sein. Rückfälle gehören zur Spielanordnung.

»Ich habe verschiedene Spielphasen gehabt. Einmal war ich mehrere Jahre ohne jedes Problem, völlig spielfrei. Nachdem ich zigtausend Mark beim Automatenspiel verloren habe und mir die Schulden über den Kopf gewachsen waren, habe ich die Notbremse gezogen und mich offenbart. Ich habe meine Eltern informiert, die sehr verständnisvoll waren, und mir finanziell aus dem Gröbsten herausgeholfen haben. Bei der Bank musste ich damals alle Kreditkarten abgegeben. Miete etc. ging vom Konto ab, für mich blieb nur noch ein Taschengeld. Das ging einigermaßen gut. Es ging wieder los, nachdem ich etwas geerbt hatte. Jetzt sind Sportwetten mein Ding.«

In der Suchtforschung ist das so genannte problematische Spielverhalten noch ein vergleichsweise junges Thema, das in Deutschland Anfang der Achtzigerjahre vor allem durch Arbeiten des Bremer Psychologen Gerhard Meyer etabliert wurde. Mit seiner Dissertation *Geldspielautomaten mit Gewinnmöglichkeiten – Objekte pathologischen Glücksspiels* hat er im Jahr 1983 nachhaltig auf ein Thema aufmerksam gemacht, das bis dahin öffentlich kaum zur Kenntnis genommen worden war.[34] Es bedarf scheinbar zunächst einer Art gesellschaftlicher Inkubationszeit, ehe soziale Problemlagen allgemein wahrgenommen werden. Die Gemeinschaft ignoriert bedrohliche Belastungen für die Allgemeinheit zwar nicht, aber sie neigt zu Normalisierungen. Dies oder das ist nicht schön, aber es gehört zum Leben. Betriebe man eine Sozialgeschichte der Sucht, fiele auf, dass sich die sozialen Instanzen stets abwartend und zögerlich zum Suchtphänomen verhalten, als gebe es ein unausgesprochenes Vertrauen auf vielfältige Kräfte zur Selbstheilung. Der problematische Gegenstand wird von der gesellschaftlichen Aufmerksamkeit nicht fixiert, aber im Auge behalten. Obwohl die Gefahren der Trunksucht seit Jahrtausenden bekannt sind, hat sich erst sehr spät als gesellschaftliche Erkenntnis durchgesetzt, dass die Abhängigkeit von Alkohol einem klar zu beschreibenden Krankheitsbild entspricht. Alle sozialen Milieus neigen trotz unterschiedlicher Abgrenzungsversuche dazu, den Trinker als ihresgleichen zu betrachten. Er gehört dazu, solange er nicht aus der Rolle fällt. Und selbst wenn er ausfällig geworden ist, ist die Wiederaufnahmebereitschaft keineswegs gering. Solch ein Verhalten verweist auf die anthropologische Bedeutung gemeinschaftlicher Rauschzustände, die im Prozess der Zivilisation zurückgedrängt worden sind. Eine allgemeine Vorstellung von Willensschwäche erhält so eine Verbindung zu Ritualen, die allenfalls noch in kanalisierten Bahnen ausgeübt werden. Im Kontext von Abhängigkeit und Sucht gilt die Schwäche, der Versuchung nicht widerstehen zu können, als behebbare Normabweichung. Im Übersehen der Folgen für die Betroffenen drückt sich weniger eine gesellschaftliche Ignoranz aus als vielmehr das Unbehagen, die Ausfallerscheinungen sozialer und medizinischer Art in eine klinische Definition zu fassen.

Die Forschungen zum Glücksspiel, die sich im Zuge ihrer Entwicklung vergleichbaren klinischen Standards der Suchtforschung annäherten, folgten so gesehen einem exemplarischen Verlauf. Es braucht seine Zeit, ehe bestimmte Zusammenhänge erkannt werden. Die Diagnostik sozialer Gefahren hat die Stationen der institutionellen Anerkennung zu durchlaufen, wobei spektakuläre Thesen durchaus dazu beitragen, die übliche Trägheit des bürokratischen Betriebs durchzuschütteln. Geldspielautomaten, so Meyers aufrüttelnde These, können regelmäßiges Spielen und zwanghaftes Spielverhalten hervorrufen und in die

Abhängigkeit treiben. Im speziellen Fall des Automatenspiels waren es vor allem technische Neuerungen, die bekannten Glücksspielarten beschleunigte Spielabläufe und damit potenzierte psychische Einflüsse verliehen. Meyers mit amerikanischen Forschungsergebnissen abgeglichene Arbeit fand in den folgenden Jahren trotz der Abwiegelungsbemühungen der betroffenen Automatenindustrie weitgehend Anerkennung. Das Glücksspiel und seine unterschiedlichen Spielangebote wurde von den entsprechenden medizinischen und psychotherapeutischen Instanzen als eine Suchtform gewertet, die nicht, wie es der klassischen Abhängigkeitsdefinition entspricht, auf stofflichen Substanzen oder Drogen basiert. In der Folge wurden bald weitere Suchtphänomene jenseits toxischer Wirkungsweisen wie Arbeiten, Kaufen, Sammeln, Fernseh- oder Sexkonsum identifiziert, so dass Kritiker von einer Inflation der Süchte sprachen. Im Haushalt des Ichs konnte plötzlich alles als ein Zuviel des Guten auftreten. Die Verwendung eines Begriffs wie Willensschwäche bringt in diesem Zusammenhang auch die Skepsis zum Ausdruck, das Kategoriensystem der Süchte beliebig zu erweitern. Also stellten sich die bekannten Fragen. Was bringt einen dazu, immer wieder zu tun, was einen nachhaltig aus der Bahn wirft? Was macht es Spielern so schwer, ihr schädliches Tagwerk einfach abzustellen? Wo verläuft die Grenze zwischen der Fähigkeit, ruhig Blut zu bewahren, Kontrolllust und Fremdsteuerung? Was geschieht, wenn das autonome Subjekt, das sich eben noch souverän in der Multioptionsgesellschaft bewegt hat, plötzlich nicht mehr Herr im eigenen Haus ist?

Als klar abgrenzbares Phänomen stellt das pathologische Spielen die markanteste und auch am besten erforschte Form einer nichtstofflichen Abhängigkeit dar. Es ist zugleich der blinde Fleck einer allgemein nobilitierten Kulturgeschichte des Spiels, die zu den philosophischen Gemeinplätzen gehört. Der Mensch ist nur da ganz Mensch, wo er spielt, lautet dazu Schillers fast schon folkloristischer Merksatz aus den *Briefen zur ästhetischen Erziehung des Menschen*. Und es klingt trivial, im Zusammenhang mit problematischen Spielverhalten auf die kulturellen Wurzeln der Gemeinschaft im Spiel und den *Homo ludens*, dem der Kulturtheoretiker Johan Huizinga eine kulturanthropologische Studie gewidmet hat, zu verweisen.

Der französische Spieltheoretiker Roger Caillois ist sogar noch einen Schritt weiter gegangen, indem er nicht nur konstatierte, dass in allen Gesellschaften gespielt werde.[35] Seiner Theorie zufolge geht das Spiel der Gesellschaft voraus. Es gibt Gesellschaft nur, weil gespielt wird. Technischer Fortschritt ist nur durch spielerisch anmutende Experimente möglich, und zum erfolgreichen Wirtschaften bedarf es wettkämpferischer Anstrengung. Darüber hinaus ist jedoch der Zufall ein wichtiges Korrektiv, weil nicht alles in vorhersehbare Prozesse zu überführen ist. Caillois verweist auch auf das zerstörerische Potenzial, das im Spiel schlummert. Der Untergang ganzer Kulturen lässt sich mit diesem Ansatz erklären. Die vier Prinzipien des Spiels, die Caillois unterscheidet – Wettkampf und Zufall sowie Maske und Rausch – bestimmen als Rahmenkategorien in unterschiedlichen Kombinationen zwar die Lebens- und Zukunftsfähigkeit einer gesellschaftlichen Formation, können ihr aber auch zum Verhängnis werden. Es kommt auf die ausgewogene Balance an. Neigt eine Gesellschaft beispielsweise zu der Kombination von Verstellungsspielen und Rauschgenuss, ist sie in hohem Maß gefährdet. Dabei geht es Caillois nicht um das Verhängnis Einzelner. In den großen kulturtheoretischen Entwürfen wird individuelles Fehlverhalten in der Regel unter den üblichen Betriebsausgaben verbucht.

Wie die Geldbewegungen der internationalen Finanzmärkte werden auch die Operationen auf den jeweiligen Glücksspielmärkten zunehmend unsichtbar. Die Kasinos sind zu öden Daddelhallen verkommen, und die Pferderennbahnen kämpfen als einstige Festplätze des Sozialen seit langem ums wirtschaftliche

Überleben. Die Zeichen des Niedergangs sind an den einstigen Weihestätten gesellschaftlicher Glanzentfaltung kaum zu übersehen.[36] Zwar boomt das Glücksspiel auch ökonomisch, aber das wachsende Geschäft mit Sportwetten wird über schmucklose, büroähnliche Wettlokale oder gleich von zu Hause über den Computer abgewickelt. Gewinne oder Verluste, die einst als Triumph oder schwerer Schlag öffentlich zur Schau getragen oder erlitten wurden, muss der Spieler heute meist mit sich allein ausmachen. Für die sozialen Dramen, zu denen das willensschwache Personal beitrug, sind die dafür angemessenen Orte rar geworden. Es ist vielleicht mehr als nur ein Zufall, dass der Niedergang des glamourösen Spiels zeitlich etwa mit der institutionellen Pathologisierung des Spiels zusammenfiel.

Die Amerikanische Psychiatrische Gesellschaft hat das Glücksspiel 1980 in ihren Diagnoseschlüssel aufgenommen und diesen seither mehrfach modifiziert. Die jüngste Version des »Diagnostic and Statistical Manual of Mental Disorders, DSM IV« definiert pathologisches Glücksspiel als andauerndes und wiederkehrendes fehlangepasstes Spielverhalten, was sich in einer Kombination mehrerer Merkmale ausdrückt, dies können unter anderen sein: starke Eingenommenheit vom Glücksspiel (zum Beispiel intensives Beschäftigtsein mit gedanklichem Nacherleben vergangener Spielerfahrungen), stetige Erhöhung des Einsatzes, um die gewünschte Erregung zu erreichen, Abstinenzunfähigkeit (der Spieler hat wiederholt erfolglose Versuche unternommen, das Spielen zu kontrollieren, einzuschränken oder aufzugeben), Entzugserscheinungen, Verheimlichung und Beschaffungsdelinquenz.

Treffen mehrere dieser Kriterien auf eine Person zu, so gilt diese als spielsüchtig.

Das pathologische Glücksspiel ist hier von besonderer Bedeutung, weil es als nichtstoffliche Sucht unmittelbar Fragen nach Willenskraft, -stärke und -schwäche aufwirft. Während die stoffgebundenen Süchte in ihren biochemischen Wirkungsweisen vergleichsweise gut erforscht sind und mit Therapien und Entgiftungsprogrammen behandelt werden können, geben die nichtstofflichen Abhängigkeiten noch immer Rätsel auf. Warum fügt jemand sich und seinem sozialen Umfeld wider besseren Wissens Schaden zu? Wie entsteht Abhängigkeit jenseits klar nachweisbarer Substanzen und Gifte? Und wie kann es gelingen, sich wieder aus der Schlinge zu befreien? Während die klassische Suchtforschung Theorien über soziale und individualpsychologische Entwicklungen bereithält, verweist die Hirnforschung auf ein hohes Maß an Determination. Erblich veranlagt oder sozial erlernt? Wenn das Laster zur Sucht wird, vermehren sich mit wachsendem Wissen auch die Widersprüche und Fragen.

Der so genannte gesunde Menschenverstand hat lange davor zurückgescheut, krankhaftes Verhalten auch als Krankheit zu definieren. In Bezug auf Sucht und Abhängigkeit hält der *common sense* am Prinzip einer individuellen Zurechnungsfähigkeit fest, die hinter der Krankheitsdefinition zu verschwinden droht. Krankheit ist Schicksal, es kann jeden treffen. Willensschwäche aber, so die landläufige Vorstellung, ist eine vorübergehende Unpässlichkeit und kann behoben werden, wenn einer nur willens genug oder bereit ist, sich helfen zu lassen. Allerdings ist auch dem gesunden Menschenverstand nicht entgangen, dass in dem unerschöpflichen Reich individueller Selbstentfaltung sich die Möglichkeiten zur Selbstschädigung rasant vermehrt haben.

Der Autor und Glücksforscher Stefan Klein hält die Unterscheidung von stofflichen und nichtstofflichen Abhängigkeiten denn auch eher für beliebig. Viel entscheidender ist für ihn die jüngere Erkenntnis von Hirnforschern, dass im Verlauf einer Abhängigkeit die jeweilige Droge – stofflich oder nichtstofflich – in der Lage ist, das Gehirn umzuprogrammieren. Es erzeugt sich seinen Stoff selbst. »Während sich das Gehirn im ersten Akt der Abhängigkeit noch auf die Wirkstoffe der Droge einstellt, bahnt sich schon der zweite Akt an. In seinem Verlauf verliert der Wunsch nach Genuss an Bedeutung. An seine Stelle tritt ein wildes, unkontrolliertes Verlangen.«[37] Verantwortlich dafür sei, so Klein, der zweite Mechanismus des Belohnungssystems, der uns Lust und Antrieb zum Handeln vermittelt und den Botenstoff Dopamin erzeugt. »Alle Drogen tricksen das Belohnungssystem aus. Und zwar nicht nur, indem sie dem Gehirn Genüsse vorgaukeln, sondern auch dadurch, dass ihre Wirkstoffe den Dopaminspiegel ansteigen lassen. Erst das macht sie so gefährlich. Was beispielsweise ein Signal dafür sein sollte, bald den Liebsten oder die Liebste zu treffen, entsteht beim Konsum einer Zigarette auf rein chemischem Weg – ein leeres Versprechen auf Glück. Dennoch wird das Gehirn umprogrammiert: Allein durch die Wirkung des Dopamins verbucht es das Rascheln des Zigarettenpapiers, das Zischen des Streichholzes und das Kitzeln des ersten Rauchs in der Nase als Erfahrungen, die es schleunigst zu wiederholen gilt. Sucht ist Lernen auf Abwegen.« Und so ist es letztlich gleichgültig, ob die Dopaminstöße chemisch durch eine Zigarette ausgelöst werden oder vom Geldklimpern in der Automatenhölle. Alles was Freude macht, schreibt Klein, eignet sich als Gegenstand einer Abhängigkeit. Das Gehirn lässt sich auf jeden starken Reiz programmieren. Im Fall des Spielers führt das dazu, dass er Verluste weniger stark empfindet, die Aussicht auf Gewinn ihn hingegen stark erregt.

Dennoch wird nicht jeder abhängig, der spielt. Die durch die Ergebnisse der jüngeren Glücksspielforschung stark unter Druck geratene Branche versuchte sich zu wehren und investierte in das Image eines zwanglosen Spiels, das auf die Herausforderungen des Alltags mit einem harmlosen Unterhaltungsbedürfnis antwortet. »Den Kaffee brauchen Sie bei uns nicht zu bezahlen«, lautete einst die freimütige Einladung zum geselligen Freizeitvergnügen in die zahlreich in jeder Stadt leicht zugänglichen Automatenspielhallen. An deren Stelle sind heute triste Lokale getreten, die wie Jugendfreizeitheime mit Wettmöglichkeit aussehen.

Unter den Vielspielern hält sich die Vorstellung eines großen Spiels, das man selbst in der Hand hat. Der Fußballwettskandal um den Schiedsrichter Hoyzer verlief nach einem solchen Muster, das kühne Ganovenstück entpuppte sich am Ende als besonders drastische Form einer aus dem Ruder gelaufenen Spielsucht. Die Motivlage eines Spielers, der die Kontrolle über sein Tun behalten möchte, beschreibt Dieter W.: »Ich kann gar nicht mehr genau sagen, wie alles anfing, es gab nicht den einen glücklichen Gewinn, der das ganze Leben veränderte. Irgendwann aber kam ich über das Spielen zu Geld, das ich vorher nicht hatte. Manchmal, beim Kartenspielen in einer Kneipe, wo das Spielen um Geld geduldet wurde, schien alles ganz einfach, so als könnte man gar nicht verlieren. Anfangs war das wie ein glückliches Geschenk, später konnte es passieren, dass ich eine Gelegenheit zum Spielen suchte, weil ich für irgendetwas Geld brauchte.

So einfach war das dann aber doch nicht, und natürlich habe ich auch verloren. Gerade dann, wenn ich mir das überhaupt nicht leisten konnte. Manchmal war das Geld für einen ganzen Monat schon am Dritten weg. Klar kennt man immer zwei oder drei Leute, die einem was leihen, aber das funktioniert so nicht ewig. Für mich war es beim Spielen von Anfang an wichtig, unabhängig zu sein. Die Spieler, die schon so aussehen, als könnten sie am Tisch nicht für sich geradestehen, werden von den anderen Spielern meist verachtet. Wir wissen untereinander recht genau, mit wem wir es zu tun haben. Davon leben wir ja.«

Dieter W. spricht im Ton einer unerschütterlichen Illusionslosigkeit. Er weiß um die Gefahren der Spielsucht, glaubt aber, über entsprechende Abwehrmechanismen zu verfügen. Konzentration, Kontrolle und Abgebrühtheit sollen an die Stelle treten, wo der abhängige Spieler von seinem Belohungssystem überrumpelt wird. Aus der Gewissheit, gerade nicht dem Spieltrieb zu erliegen, bezieht er seine Kraft, die seit jeher mythisch verklärt worden ist. In der bundesrepublikanischen Frühphase des Automatenspiels erzählte ein legendärer Film die Geschichte des »Monarchen«, eines Spielers, der durch Fingerfertigkeit und ein schnelles Auge in der Lage war, die rotierenden Scheiben des Automatentyps Monarch an den entscheidenden Stellen anzuhalten. Der »Monarch« hatte zumindest diesen einen Gerätetyp unter Kontrolle. Als Herr der Maschine nährte er die Illusion, dass man die Apparatur austricksen könne. Was dem legendären »Monarchen« vorübergehend gelungen war, wurde bei der nächsten technischen Geräteentwicklung mittels unerbittlich festgelegter Computerprogramme ausgeschlossen. Die Spieleinstellung des »Monarchen« hat insgeheim jedoch überlebt:

»Ich spiele nicht in der Hoffnung aufs große Glück, sondern versuche, so wenig Fehler wie möglich zu machen. Am Spieltisch, das war mir schnell klar, habe ich nur eine Chance, wenn ich einen Schritt nach dem anderen mache und auch bereit bin, auszusteigen. Das ist eine Lektion, die ich sehr früh gelernt habe. Einen echten, rauschhaften Verlust, bei dem ich völlig den Boden unter den Füßen verlor, habe ich nur ein- oder zweimal erlitten. Das, so habe ich es mir eingebläut, sollte mir nie wieder passieren. Je länger ich das machte, desto mehr Gesetzmäßigkeiten entdeckte ich. Was ich da trieb, war steuerbar, man konnte es kontrollieren. Auch die Verluste. Wahrscheinlich war es das, was mich reizte. Wenn man am Spieltisch sitzt, geht es nicht nur um einen selbst. Es kommt auf die anderen an. Man muss sich selbst kennen, aber man muss die anderen auch lesen können. Man muss antizipieren, was sie tun. Nicht nur einen Schritt im Voraus oder ein paar Züge wie beim Schach. Beim Kartenspielen in Clubs muss man Tage und Wochen vorausschauen. An einem Tag darf man ruhig verlieren, wenn man weiß, dass der, der gewonnen hat, am nächsten Tag wiederkommt.«

Es steht außer Frage, dass es unter den Berufsspielern auch

zahlreiche abhängige Spieler gibt. Die Grenze zwischen kühler Kontrolle und rauschhaftem Spielverhalten ist fließend. Was in unserem Beispiel Dieter W. von Werner B. unterscheidet, ist die Anstrengung Dieter W.s, sein Spiel als Abfolge rationaler Einzelhandlungen erscheinen zu lassen. Werner B. stellt bei seinen Spielhandlungen immer wieder neu die Schicksalsfrage: Liebt es mich, liebt es mich nicht? Der Spielzwang hat ihm längst die Freiheit genommen, es auch einmal zu lassen. Demgegenüber kommt es Dieter W. ganz ausdrücklich darauf an, als Person nicht voll und ganz im Spiel aufzugehen. Er wartet auf die Gelegenheit, im richtigen Augenblick das Richtige zu tun. Und er ist davon überzeugt, auch die Freiheit dazu zu haben. Als Spieler gehört es zu seinen charakteristischen Fähigkeiten, die Fenster zum Ich geschlossen zu halten. Es gehört zu den Begleiterscheinungen jeder Abhängigkeit, dass die Betroffenen darum bemüht sind, sich nicht in die Karten schauen zu lassen. Oft gelingt es ihnen über Jahre, ihr Tun im Verborgenen zu halten. Es ist für die verschiedenen Formen von Abhängigkeit daher nicht unerheblich, wie die öffentliche Wahrnehmung der jeweiligen Sucht konstituiert ist. Es hat sich wiederholt gezeigt, dass Stigmatisierungen nicht gerade eine entspannende Wirkung hatten. Dass die öffentliche Wahrnehmung ferner einem stetigen Wandel unterworfen ist, lässt sich auch an der psychologischen Theoriebildung ablesen.

In einer exemplarischen Aufzählung gibt der Schweizer Psychoanalytiker Paul Parin einen Eindruck davon, wie schwer sich seine Disziplin getan hat, im Verlauf der Jahrzehnte Licht durch die Ritzen der dunklen Beschäftigung strömen zu lassen: »Von Hattingberg (1914) bezeichnet das Erleben der sexuell getönten Angstlust oder Spannungslust als das entscheidende Motiv des Spielers. J. Neufeld (1923) deutete das zwanghafte Spielen als ausweglosen Versuch, Schuldgefühle zu stillen, die dem unbewussten Wunsch entspringen, den Vater zu töten. Auch Sigmund Freud (1928) sah Dostojewskis Spielsucht als Ausdruck einer masochistischen Schuldverarbeitung und Selbstbestrafungstendenz und in der Spielleidenschaft den symbolischen Ersatz für den Masturbationszwang, der von diesen Phantasien ausgeht. Auf die Lust der höchsten Anspannung folgt Ruhe und der Vorsatz, der Versuchung beim nächsten Mal zu widerstehen. Es kommt zu einem Ringen mit der Impulskontrolle, wobei zuletzt das Gefühl obsiegt, dass dem Impuls nachgegeben werden dürfe. Th. Reik sah darin ein symbolisches Fragen des Spielers, adressiert an Fortuna, ob er für Masturbation verurteilt oder freigesprochen wird. Seit W. Stekel, der auf das Omnipotenzdenken des Spielers verwies, und E. Simmel (1920), der den narzisstischen Drang zur autoerotischen Befriedigung als Ersatz für konflikthaftere Regungen hervorhob, verweisen die Erklärungen auf das unbewusste Streben, die verlorene Allmacht der Kindheit wiederherzustellen (...) Nach Bergler (1936, 1943, 1970), der sich eingehend mit dem Thema befasst hat, soll das Schicksal beliebig kontrolliert werden, womit eine unbewusste Aggression gegen die Eltern zum Ausdruck kommt. Spieler können nicht aufhören, bis der Verlust ihr unbewusstes Strafbedürfnis befriedigt. Die Reihe der Autoren ließe sich fortsetzen.«[38]

Während seine Kollegen Schuld und Schuldverarbeitung als oft verborgene Quellen für pathologisches Glücksspiel betrachten, erkennt der Ethnopsychologe Paul Parin ganz allgemein die Tendenz und die Neigung, das Verhältnis von Zufall und Glück zu verklären. Vor Verklärungen sind indes sich kühle Rationalität attestierende Wissenschaftler nicht gefeit. In den Wirtschaftswissenschaften musste einiger Aufwand betrieben werden, um die Sonderstellung des Glücksspiels einerseits begründen und es andererseits als Marktgeschehen beschreiben zu können.[39] In der Ökonomie wird das Glücksspiel als gewöhnliche Marktaktivität mit dem Unterschied dargestellt, dass es sich beim Spieleinsatz um eine Haushaltsentscheidung unter der Annahme von Unsicherheit handelt, während gewöhnliche Marktentscheidungen unter der Annahme von Sicherheit, also eines verlässlich durchführbaren Tauschs von Geld gegen Ware, dem Vorhandensein eines berechenbaren Geldwert etc. getroffen werden. Man kauft keine Ware, sondern nur die Aussicht, weit mehr Waren kaufen zu können. Und man erwirbt die Aussicht auf die Erfahrung, den richtigen Riecher gehabt zu haben. Dabei waren die Akteure des Glücksspielmarkts stets viel berechenbarer, als solch umständliche Überlegungen vermuten lassen. Entgegen der verbreiteten Annahme eines antizyklischen Spielverhaltens, das in Krisenzeiten mehr und in prosperierenden Zeiten weniger gespielt wird, haben sich die Ausgaben für Glücksspiel über einen langen Zeitraum mit einem Nachlauf von vier bis fünf Jahren proportional verhalten zur Entwicklung des Bruttosozialprodukts. Trotz allem denkbaren skurrilen Spielverhalten ist der Spieler nicht zuletzt auch ein *Homo oeconomicus*.

Das sieht der Gesetzgeber, der über die Zulassung von Glücksspielen wacht, allerdings anders. Er betrachtet den Spieler keineswegs als selbstbewussten und abwägenden Wirtschaftsbürger. So sehr er auf die Einnahmen aus dem Glücksspiel erpicht ist, bleibt er dem Spieler gegenüber skeptisch. Das Glücksspielmonopol des Staats basiert auf der Annahme, dass schwache Bürger vor den Gefahren des Vermögensverlusts durch Spiel geschützt werden müssen. Die Beschützerrolle, in die sich der Staat trotz oder wegen postnationaler Entwicklungen immer häufiger begibt, nimmt er dabei keineswegs nach einem einheitlichen Muster wahr. Je nach Bedarf wird sie mal so oder anders begründet. So wird das seit Herbst 2007 auf Länderebene unterschiedlich durchgesetzte Rauchverbot als Nichtraucherschutzgesetz ausgeübt. Es trachtet danach, vor allem Dritte vor gesundheitlichen Schädigungen zu bewahren. Die Freiheit des Rauchers auf Selbstschädigung soll nicht zu Lasten des Nichtrauchers gehen. Im Bereich des Glücksspiels argumentiert der Gesetzgeber jedoch anders: Nichtspieler bleiben in der Regel unbehelligt von Spielern.

Stattdessen wird hier von einem versagenden Selbstschutz des Bürgers ausgegangen. Das Glücksspielmonopol geht aus einer paternalistischen Haltung des Staats hervor. Der Einzelne muss nachhaltig vor den Fährnissen seiner Willensschwäche bewahrt werden.

Innerhalb der Volkswirtschaft stellen die Angebote von Glücksspielen einen Sonderfall dar. Glücksspiel ist ein demeritorisches Gut, das wie Alkohol, Tabak und Prostitution als wenig verdienstlich eingestuft und dessen Zugang eingeschränkt wird. Entscheidend für das jeweilige Angebotsprofil dieses Guts ist die rechtliche Grundlage, auf der es marktfähig werden kann. Die Geschichte des Glücksspiels wird in allen ihren Kapiteln von den Besteuerungsbemühungen sowie partiellen Prohibitionsversuchen beeinflusst. Keine Volkswirtschaft überließ und überlässt den Glücksspielmarkt einer wettbewerblichen Selbststeuerung. So ergibt sich die besondere Stellung der bundesrepublikanischen Glücksspielwirtschaft im Vergleich zu anderen Branchen aus einem allgemeinen Verbot von Glücksspielen. In Paragraph 284 StGB wird unter Strafe gestellt: »Wer ohne behördliche Erlaubnis ein Glücksspiel veranstaltet oder abhält oder die Einrichtung hierzu bereitstellt ...« Der Gesetzgeber untersagt das Glücksspiel generell, um es kontrolliert mit behördlicher Erlaubnis wieder in Aussicht zu stellen. Der staatliche Genehmigungsvorbehalt wird juristisch mit einem Schutzzweck begründet, der in der Sicherung des Spielvermögens besteht.

Diese Art wohlmeinender staatlicher Fürsorgepflicht hat in der hiesigen Geschichte des Glücksspiels eine willkommene Begleiterscheinung zufolge. Aus dem prinzipiellen Genehmigungsvorbehalt ist dem Staat ein Angebotsmonopol erwachsen, das dem Fiskus nicht nur Steuereinnahmen sichert, sondern ihn auch die Struktur des seit Jahrzehnten an Bedeutung gewinnenden Glücksspielmarkts gestalten lässt. Diesen Widerspruch hatte auch das Bundesverfassungsgericht im Auge, als es 2005 das staatliche

Glücksspielmonopol grundsätzlich bestätigte, von ihm aber nachhaltigere Maßnahmen hinsichtlich des Spielerschutzes verlangte. So gesehen bekräftigte auch das Bundesverfassungsgericht die Vorstellung von einem willensschwachen Bürger, der vor einem freien, allzu freien Marktgeschehen bewahrt werden soll. Das Beispiel des Glücksspiels jedenfalls zeigt, wie schwer der Umgang mit Willensschwäche und deren Abgrenzung zur Krankheit ist.

Selbstmodellierung und Verwilderung

»Wer den Überblick noch hat,
fährt nicht schnell genug.«

Christoph Schlingensief

Wenn es kalt wird in der großen Stadt, dann schlägt man den Kragen hoch, senkt das Haupt und beschleunigt den Schritt. Durch so ein Sauwetter, bei dem man, wie es früher hieß, keinen Hund vor die Tür schickt, will man hindurch so schnell es geht. So war es zumindest bis zur Verabschiedung des Raucherschutzgesetzes im Jahr 2007. Inzwischen treibt es vergnügungsbereite Städter auch an nasskalten Novembertagen draußen vor die Kneipentür, wo sie sich an glühenden Heizpilzen erwärmen und ein paar Züge an der Zigarette im kühlen Abendniesel genießen. Das Rauchverbot hat eine Italienisierung der Verhältnisse forciert, in denen alles auf die Piazza drängt, um wenigstens hier die Reste der bürgerlichen Freiheit zu genießen. Man sieht sie in Berlin und in Barcelona, in Paris und in Brüssel: Ausgeschlossene des Wohlstands, die nicht davon lassen können, regelmäßig Einheiten körperlicher Selbstschädigung zu inhalieren. Während sie eben noch unterhaltsame Zeitgenossen einer parlierenden Gemeinschaft in verqualmten Sälen waren, sieht man nun bemitleidenswerte Tröpfe, die ihre Unbeherrschtheit vor die Tür getrieben hat. Dabei hat sich nur wenig verändert. Sie haben weder Haus noch Stellung, weder Frau noch Auto verloren. Die Ausgestoßenen tragen gute, für die Witterung vielleicht ein wenig zu leichte Kleidung. Es ist ein Kaschmirbibbern, das nur entfernt an die Romane von Charles Dickens erinnert. Das Geheimnis der Szene besteht darin, dass man die Raucher zuvor nicht als Exkludierte wahrgenommen hatte. Plötzlich aber sind sie sichtbar geworden als welche, die nicht anders können. Zugegeben: Ihr Schicksal ist nicht wirklich tragisch. Fast immer finden sich Nichtraucher, die den Weg nach draußen vor die Tür schon aus Gründen der Geselligkeit mit antreten. Die Kneipiers haben unterdessen kleine Zelte über ihre Eingangstüren gebaut, um die Situation so angenehm wie möglich zu gestalten. Man lässt die Raucher nicht allein, auch wenn inzwischen bereits Anstrengungen unternommen werden, den Heizpilzen das Gas wegen des zu hohen CO_2-Ausstoßes abzudrehen.

Die Szene mit Rauchern vor der Tür gibt Auskunft über die vielfältigen Beziehungen von Laster und Gesellschaft und die Folgen, die bereits kleine äußere Veränderungen auf deren Zusammenspiel haben können. Wir haben eine Vorstellung vom Laster, aber nicht immer tritt es so signifikant mit seinen vielfältigen Aspekten in Erscheinung. Wer dem kalten Rauch am Morgen danach abschwören will oder die Zahlen auf der Waage erkennen möchte, ohne dass ihm der eigene Bauch dabei im Weg ist, hat keineswegs nur mit sich selbst und den Strategien der Lastervermeidung oder -reduzierung zu tun. Wer etwas gegen seine charakterlichen Schwächen unternimmt, ist Bestandteil einer großen Volksbewegung für Disziplin und Selbstkontrolle. Der Raucher auf der Straße ist ein Beispiel für das komplexe Zusammenspiel, in dem die trennenden wie die integrativen Kräfte so genannter lasterhafter Verhaltensweisen zutage treten. Vor der Kneipentür wird ein noch nicht entschiedener Interessenkonflikt zwischen traditioneller Geselligkeit und gesundheitspolitisch Gebotenem demonstrativ dargeboten. Das Nichtraucherschutzgesetz hat die Zugehörigkeitsmodi verändert. Die Raucher müssen ihr Verhalten anpassen und sie werden anders gesehen.

Nicht immer bedarf es zur Wahrnehmung solcher Vorgänge eines Gesetzes. Am auffälligsten zeigt sich das Wechselspiel von Abweichung und Anpassung in der Mode, in der Norm und Normverstoß immer wieder neu verhandelt werden. Die inszenatorische Wucht der Mode ist ohne die kokettierende Aufnahme oder Zurückweisung lasterhafter Ausdrucksweisen nicht denkbar. Der ständig einem Wandel ausgesetzte Umgang mit den Lastern findet in der Mode ebenso wie in den Künsten eine Probebühne, auf der Abweichung und Grenzüberschreitung auf ihre normerweiternden Kräfte hin überprüft werden. Längst ist es unmöglich, sich nicht modisch zu verhalten oder mit dieser oder jener Art sich öffentlich zu zeigen, zumindest als modische Aussage wahrgenommen zu werden. Kaum ein Bereich, in dem in den letzten Jahren die Stile der Selbstdarstellung nicht verfeinert worden wären. Wie wir uns kleiden, einrichten oder Nahrung zu uns nehmen, wird über die Bedürfnisbefriedigung hinaus als ein Spiel distinktiver Unterscheidungen inszeniert, wie regelkonform oder nicht es auch ausgetragen werden mag.

Begriffe wie Laster, Willensschwäche oder Tugend müssen im Kontext einer kulturellen Dynamik neu bestimmt werden. Der pädagogisch anmutende Gegensatz von Tugend und Laster hat seine Bedeutung weitgehend verloren. Es gibt keinen Kanon klar umrissener Verhaltensweisen, die man ohne Einschränkung tugendhaft nennen könnte. Wer die Laster hingegen nur als auszumerzende Untugenden auffasst, verkennt deren schöpferische Energien. Das wiederum darf nicht darüber hinwegtäuschen, dass es ein qualitatives Gefälle in den Erscheinungsformen dessen gibt, was wir als Laster bezeichnen. Der Raucher wird in der Öffentlichkeit anders wahrgenommen als einer, dessen Körpergeruch nicht sofort der Gewohnheit des Nikotinkonsums zuzurechnen ist. Am Erscheinungsbild des Körpers in der Öffentlichkeit jedenfalls lässt sich das zunächst paradox erscheinende Verhältnis von Selbstmodellierung und Verwilderung genauer beobachten.

Wenn man den Blick erst einmal dafür geschärft hat, wie Menschen beispielsweise Flüssiges zu sich nehmen, dann gerät das Beobachten der Getränkeaufnahme im öffentlichen Raum bald zu einem Feldversuch über unbekannte Kulturtechniken. Plastikflasche, Thermo-Becher, Pappbehältnis mit Überschwappdeckel – auf die Möglichkeiten zum Getränketransport scheinen in den letzten Jahren beträchtliche industrielle Energien verwandt worden zu sein. Für die Kinder werden eigens stoßfeste, wieder verschließbare Saftflaschen mitgeführt, deren Verschlusstechniken dem Radrennsport entlehnt sind. Manche Kinder verstehen es, beim Nuckeln an den Pfropfen derart sportiv professionell dreinzuschauen, dass man nach den ersten Schlucken umgehend eine frivole Siegesgeste erwartet. Galt es früher mindestens als unschicklich, in der Öffentlichkeit zu trinken, so erscheint die Getränkeaufnahme inzwischen als ein weites Feld sozialer Differenzierung. Tatsächlich haben sich nicht nur die gesellschaftlichen Einstellungen zum öffentlichen Trinken geändert, sondern auch die ernährungswissenschaftlichen Annahmen. Das macht es schon aus objektiven Gründen schwer, klare Regeln zu benennen, an die sich jene nach Kräften zu halten versuchen, die man früher als tugendhaft beschrieben hätte. Die regelmäßige Flüssigkeitsaufnahme ist längst ein gesundheitspolitisches Gebot, aber an der Art des Trinkens wird nicht zuletzt sichtbar, wo einer steht und wie es um ihn bestellt ist. Und wo noch immer in Gemeinschaft getrunken wird, toben erstaunliche Kämpfe der Selbstinszenierung, in denen sogar das alte Genussmittel Kaffee in neuen Behältnissen auf erstaunliche Weise reüssiert.

So feiert sich beim »Coffee-to-go« die neue Kohorte der Jobinhaber. Zu geschäftig, sich für einen Moment hinzusetzen, will man die unbegrenzte Vielfalt der Kaffeekreationen sichtbar auf dem Tablett davontragen. Es geht um mehr als bloßen Koffeingenuss, der den Geist wachhält für die Herausforderungen des Jobs. Weit davon entfernt, wie das Rauchen als schädliche Gewohnheit identifiziert zu werden, ist Kaffeetrinken ein bedeutendes Individualisierungsmerkmal. Schon am Tresen muss sich erweisen, was für ein Kaffeetyp man ist. Man hat die Wahl, aber man muss sie auch souverän vortragen können. An beinahe jedem Counter erfolgt heute nach einer annoncierten Bestellung die Frage nach einer weiteren Angebotsverfeinerung. Mit oder ohne, eingepackt oder direkt. Die hohe Kunst des Konsumentendaseins besteht heute darin, aus allen Fragen distinktiver Vielfalt mit einem schlüssigen Profil hervorzugehen. Bloße Konsumption reicht nicht, es kommt darauf an, es mit Maß und Stil zu tun. »Coffee-to-go«-Trinker lassen schon an der Menge der Becher erkennen, dass Arbeitszeit ein teures Gut ist. Man trinkt nicht für sich, sondern holt für die Gemeinschaft. Kannte der Büroangestellte einst feste Kaffeepausen, Auszeiten vom immergleichen Tun, so befindet sich das neue Prekariat der Kreativen im permanenten Projekt. Gemeinschaftlicher Kaffeegenuss ist das bevorzugte Merkmal flexibilisierter Beruflichkeit. Einer geht noch. Und er geht für alle.

Die verfemte Kehrseite der öffentlichen Regelung des Flüssigkeitshaushaltes ist deshalb nicht aufgehoben. Am anderen Ende der Getränkeaufnahme befindet sich nach wie vor der stigmatisierte Trinker. So sehr sich die Wirtschaftsbürger im Konsum auch neu entwerfen mögen, der Verbrauch von Genussmitteln ist immer noch das Einfallstor tugendlicher Gefahren. Essen, Trinken und Rauchen – oder vielmehr die Begleiterscheinungen davon – sind die bevorzugten Praktiken, an denen individuelle Willensschwäche dargestellt und verhandelt wird. Zu viel, zu oft, zu maßlos. In nichts zeigt man sich ungeschützter als bei der Nahrungsaufnahme. Es gibt nichts, oder fast nichts, zu verbergen. Es geht um das Allergewöhnlichste und man kann sich dabei sehen lassen. Während sich der Drogenkonsument schon aus Angst vor Strafe, aber wohl auch aus Scham vor der Zurschaustellung seines verfemten Tuns, in dunkle Seiteneingänge und enge Bahnhofswinkel verdrückt, trinkt, raucht und isst man weitgehend ungeniert. Andererseits ist Alkoholgenuss in der Öffentlichkeit stärker verpönt als das Rauchen. Der graduelle Verlust an Zurechnungsfähigkeit, den der Trunkenbold nicht länger überspielen kann, macht ihn für die Gemeinschaft eher zu einem warnenden Beispiel als zu einer massiven Bedrohung. Den Raucher kann man rausschicken, vom Trinker hat man wenig zu erwarten. Er ist lästig, aber irgendwie auch verloren für gut gemeinte Appelle.

Was dennoch bleibt, ist ein gemeinschaftlicher Bezugspunkt. Auf andere Weise als das Kaffeetrinken ist auch der Alkoholkonsum in der Öffentlichkeit eng verknüpft mit der Repräsentation von Arbeit. Mühelos findet man im Stadtbild Gruppen von Straßen-, Bauarbeitern und Malern, die sich in ihren Pausen zuprosten. Die körperliche Anstrengung ihres Jobs, erkennbar an der verschmutzten Arbeitskleidung, wird zur Legitimation demonstrativen Alkoholgenusses am helllichten Tag herangezogen. Diese in Kauf genommene Nähe zum Tabu ist alles andere als ein Ausdruck von Willensschwäche. Man darf es, weil man etwas dafür getan hat. Der täglichen Plackerei steht ein spürbares Bedürfnis gegenüber, ungestüme Freiheit zum Ausdruck zu bringen. Derart zu trinken wird in der Regel mit einer betonten Körperlichkeit kombiniert. Die öffentlichen Trinkgebaren sind zugleich abfällige Kommentare zu den verbreiteten Ansichten über gesundheitliche Selbstschädigung. Es ist ein rebellisches Trinken, das sich über einen unausgesprochenen *common sense* hinwegsetzt. Angesichts des auffälligen Wandels gesellschaftlicher Normsetzung darf es nicht verwundern, wenn auf das allgemeine Rauchverbot in naher Zukunft auch ein Verbot des Alkoholgenusses in der Öffentlichkeit durchgesetzt wird. Gesundheitspolitische Begründungen dürften sich finden. Entsprechende, von Krankenkassen oder Gesundheitsverbänden in Auftrag gegebene Studien sind in Vorbereitung. Sie bedienen und bekräftigen das Bedürfnis nach politischer Handlungsfähigkeit.

Mit dem exzessiven Trinken hingegen verbindet sich noch immer die in einer Art Sportjargon kommunizierte Leistung, etwas vertragen zu können. Wer jenseits solcher Gebaren trinkt, tut es verschämt oder mit einer Haltung permanenter Entschuldigungsversuche. Wieder andere haben sich zu einer Position durchgerungen, in der sie ihren Alkoholismus offensiv behaupten. »Alkoholiker! Na und?« Es ist ein Rebellentum, das oft mit erstaunlichen negativen Willensleistungen in Form von Weigerung verknüpft ist. Die öffentliche, per Popsong übermittelte Absage eines Drogenentzugs hat die britische Sängerin Amy Winehouse weit über die Musikbranche hinaus berühmt gemacht. Gerade im Stigma, das ist nirgendwo plastischer durchexerziert worden als im Pop, finden sich erstaunliche Möglichkeiten zur Selbstmodellierung.

Dabei war Trunkenheit nicht von jeher etwas Verwerfliches. Zunächst stellte sie, ganz im Gegenteil, eine Art heiligen Taumel dar. Alkohol wurde gern in Opferzeremonien zugegeben, und der Rausch war ein Zeichen dafür, dass der göttliche Geist das Opfer schon umfangen hatte. Es schien schwer vorstellbar, dass eine Substanz, die solche Wirkung hervorrief, nicht der göttlichen Sphäre entstammen sollte. Alkoholische Flüssigkeiten riefen die Heilige Kommunion erst hervor. Inzwischen steht die auffällige Wiederkehr der Tränkungsarten in der Öffentlichkeit im Zeichen sozialer Differenzierung. Nicht das öffentliche Trinken an sich ist verpönt. Es wird fein unterschieden, wie man es tut.

Immer häufiger jedoch tritt der Körper auf beinahe unbeteiligte Weise in Erscheinung. Gehört zum Trinkgebaren noch eine Form bewusster Inszenierung, so fällt der Körper oft nur noch als störendes Element auf. Er ist da, aber er ist kaum mehr Ergebnis eines erkennbaren Gestaltungsbedürfnisses. Über die bekannten Armutsmerkmale hinaus gerät eine Spezies neuer Verwahrloster in den Blick, so dass man immer häufiger Szenen wie die folgende beobachten kann: Sie scheinen beinahe reglos und driften ohne erkennbares Ziel durch den Stadtverkehr. Sie suchen niemandes Nähe, aber manchmal kann es passieren, dass man unverhofft mit einem von ihnen in Kontakt kommt: Nachdem er die S-Bahn betreten hatte, fiel eine Art atmosphärischer Schutzschirm auf, den der Mann um sich gebildet zu haben schien. Der Waggon war gut besetzt, in seiner Nähe aber gab es genügend freie Plätze. Warum das so war, bemerkte man erst, als es zu spät war. Der Mann, jenseits der Sechzig, verströmte einen beißenden, kaum auszuhaltenden Geruch. Dabei war sein Äußeres nicht weiter aufgefallen. Auf den ersten Blick war kein Ausdruck eines akuten Mangels festzustellen. Die Kleidung, Jeans und Jackett, wirkte getragen, aber nicht abgewetzt, die Schuhe sauber. An seiner Erscheinung war nicht abzulesen, warum er so stark roch. Er selbst saß ruhig, ohne ein Anzeichen von Unwohlsein oder Scham, auf seinem Platz. Aber es war zweifellos er, der so stank.

Körpergeruch ist die drastischste Form zur Bestimmung eines gesellschaftlichen Unten. Er wirkt unmittelbar und lässt keine Ausflüchte oder abschweifenden Erklärungen zu. Nachlässige Kleidung oder schlechte Zähne mögen temporär sein, etwas, das mehr oder weniger leicht zu beheben ist. Die passenden Klamotten waren gerade in der Wäsche, der Termin beim Zahnarzt wurde verschoben. Über die soziale Stellung geben derlei Merkmale jedenfalls keine verlässliche Auskunft. Zwar kann auch der Gestank beseitigt werden, mitunter ist er auf ein körperliches Gebrechen zurückzuführen. Schlechter Geruch duldet jedoch keinen Aufschub. Als sozialer Makel hinterlässt er einen stärkeren Eindruck als verschmutzte Kleidung oder Trunkenheit. Es ist geboten, sofort etwas dagegen zu tun.

Schlechter Geruch erfasst den Wahrnehmenden vollständig. Es ist unmöglich, ihn als modische Note wie zerschlissene Jeans zu empfinden. Übler Geruch bleibt hängen. Wer ihn an sich einfach zulässt, befindet sich jenseits allen distinktiven Spiels. Geruch erreicht die anderen plötzlich und unverhofft, ruft aber keineswegs Abwehrreaktionen wie Angst hervor. »Während nämlich die Angst«, so der ungarische Philosoph Aurel Kolnai, »ihr Objekt als etwas Bedrohliches, etwas ›Stärkeres als ich selbst‹ intendiert, ist in der Ekelintention eine gewisse Geringschätzung ihres Objekts, ein Gefühl der Überlegenheit enthalten. Als ekelhaft wird immer ein Ding empfunden, das nicht für voll genommen, nicht für wichtig gehalten wird: etwas, das man weder vernichtet noch flieht, sondern vielmehr hinwegräumt.«[40] In der sozialen Ordnung stellt man das Ekelerregende ganz nach unten.

Während die optische Wahrnehmung soziale Defizite zunächst vergleicht statt wertet, scheint der Geruchssinn rasch und unmittelbar durchzugreifen. Das ist nicht zuletzt neurologisch begründet. Müssen das Tasten und Sehen mehrere Stationen durchlaufen, ehe die Informationen im Gehirn ankommen und verarbeitet werden, erreicht der Geruch nahezu direkt und ungefiltert den Riechkolben im Gehirn. Wer stinkt, läuft also Gefahr, die stärkste Form sozialer Ablehnung zu erleben. Jemand der riecht, fällt schneller aus der Zuschreibung gesellschaftlicher Normalität als einer, der eine Alkoholfahne hat. Für Zuschreibungen dieser Art gibt es ein hohes Maß gesellschaftlicher Sensibilität.

Umso irritierender ist es, dass immer mehr Menschen der Sinn für die eigenen Gerüche abhanden gekommen scheint. Nichts ist bedeutender für ein intaktes Selbstwertgefühl, die Steuerungshoheit über das Verströmen der eigenen Gerüche zu haben. Der Markt für Deodorants und Parfum weiß inzwischen selbst Männer trotz aller Beharrungskräfte als eine verlässliche Zielgruppe. Wer stinkt, hat in der Regel nichts Eiligeres zu tun, als die Quelle des Gestanks zu beseitigen. Wer sich beim öffentlichen Verzehr mit Currysauce bekleckert, erleidet weniger den Makel beschmutzter Kleidung, über den sich eine fundamental liberalisierte Gesellschaft nahezu mühelos hinwegsetzt. Wer kleckert, erfährt gewissermaßen die gerechte Strafe dafür, die anderen mit Essensgerüchen konfrontiert zu haben. Aber obwohl Geruch unmittelbar wirkt und gerade deshalb so heftige Ablehnung hervorruft, lässt sich an der Wahrnehmung der schlechten Gerüche der anderen eine Art soziales Lernen beobachten.

In der S-Bahn-Szene fiel nicht zuletzt die Vermeidung eines

deutlich zum Ausdruck gebrachten Ekelgefühls der Mitfahrenden auf. Die meisten Fahrgäste waren um diskrete Distanzierung bemüht. Wer sich bereits gesetzt hatte, stand schnell wieder auf, um sich der olfaktorischen Wirkung der Ausdünstungen zu entziehen. Andere blieben einfach sitzen, ohne sich etwas anmerken zu lassen. Niemand, der sein Ekelgefühl offen zur Schau gestellt hätte. Die vorübergehende Fahrgemeinschaft in der S-Bahn hielt am Selbstbild eines funktionierenden sozialen Gebildes fest und zog es einem offenen Eklat vor, der unweigerlich eine Form von sozialer Deklassierung hervorgebracht hätte. Angst vor gewalttätigen Reaktionen war nicht mit im Spiel. Mit dem Mann wäre man wohl leicht fertig geworden. Man entschloss sich intuitiv für Toleranz, obwohl die Empfindlichkeit für schlechte Gerüche eher zugenommen hat. In dieses Schema einer aufs Funktionieren bedachten Egalität gehören auch die Reaktionen auf Verkäufer von Obdachlosenzeitungen oder Straßenmusikern, die einen Äquivalententausch simulieren, um das klare soziale Gefälle des Bettelns zu umgehen. Man gibt nicht, sondern kauft. Ein klares Geschäft, das einem auch jede weitere Auseinandersetzung mit dem Schicksal des anderen erspart.

Es fällt zuweilen schwer zu entscheiden, ob eine Form der Verwahrlosung psychischen Krankheitsbildern zugehört oder nur eine vorübergehende Störung oder Irritation im sozialen Funktionieren ist. In Bezug auf Willensschwäche oder den großzügigen Umgang mit Tugenden sind denn auch nicht die klar zu diagnostizierenden Pathologien von Interesse, sondern die kleinen Anfälle von Unlust, den Anforderungen allgemeiner Beweglichkeit und Alertheit zu entsprechen. Jeder kennt sie, die Neigung zur Verwilderung oder auch nur die generöse Selbsterlaubnis am Morgen, noch ein paar Minuten länger liegen zu bleiben. Mag Letzteres zum festen Repertoire einer geglückten Selbstkontrolle gehören, so befindet sich das Müffeln am Hemd, über das nach kurzer Unentschlossenheit befunden wird, noch einmal angezogen werden zu können, bereits im Graubereich einer praktizierten Nachlässigkeit, mit der man kokettieren mag, die man aber längst nicht mehr in jeder Sekunde unter Kontrolle hat. Es ist ein riskantes Spiel, in dem die eigene Souveränität schnell auf der Strecke bleiben kann. Das ist insbesondere ein Problem des sozialen Typs Aufsteiger. Nie weiß er so recht, auf welcher Stufenleiter des Erfolgs er sich gerade befindet. Geht es noch aufwärts oder ist er bereits wieder auf dem Weg nach unten? Stets spricht er zu schnell und schwitzt zu leicht. Immer hat er das Gefühl, dass keiner über seine Witze lacht. Die Frage ist nicht, ob er für den Anlass auch passend gekleidet ist. Das sind, sieht man einmal etwas genauer hin, ohnehin nur wenige. Aber einmal auf der Party, stellt sich umgehend das Gefühl ein, nicht die richtigen Klamotten angezogen zu haben. Dabei hat er noch am Morgen genau darüber nachgedacht. In der Absicht, nicht allzu overdressed zu erscheinen, hat er ein legeres Jackett gewählt, von denen er ohnehin nur zwei im Schrank hat. Jetzt aber, wo alle anderen im dunklen Anzug erschienen sind, verursacht ihm sein Erscheinungsbild Pickel, und von den Schultern rieseln auffällig großporige Schuppen herab. Das Unbehagen steigert sich noch, als sein Blick auf seine Finger fällt, die sein Glas halten. Am Rand des Nagelbetts, an dem er morgens vor Nervosität noch ein Stück Haut abgerissen hat, zeigt sich nun ein verkrusteter Blutrest. Er erschrickt darüber nicht. Weil das häufiger vorkommt, hat er Techniken entwickelt, das Glas so zu halten, dass es nicht gleich jedem auffällt.

Obwohl sie eher ein geringes Problem sein sollten, gelten Schuppen auf der Schulter als ein Zeichen für körperliche Ungepflegtheit. Als trockene Abstoßungen der Kopfhaut verweisen sie auf ein körperliches Unbehagen. Sie sind ein Signal dafür, dass einer mit sich nicht im Reinen ist. Sozial kompetente Friseure machen darauf aufmerksam. Probieren Sie doch mal dies. Seit dem letzten Mal ist es doch schon viel besser geworden. Nicht wenige sind jedoch geneigt, lieber darüber zu schweigen. Sie müssten eingehender fragen. Und wer würde schon offen zugeben, dass das Herunterschütteln der Schuppen in eine Zwangshandlung übergegangen ist, bei der man immerzu verschorfte Stellen auf der Kopfhaut aufkratzt?

Anzeichen von Verwahrlosung bedeuten nicht zwangsläufig, dass der Körper voll und ganz aus dem Blick geraten ist. Es kann auch bedeuten, dass er auf aufdringliche Weise da ist. Er stellt sich einem als Fremdling in den Weg. Wer sich gehen lässt, fühlt sich nicht wohl in seiner Haut, lässt aber vorhandene und naheliegende Möglichkeiten zum Gegensteuern ungenutzt. Sie kommen gar nicht erst in Betracht. Das muss keine Frage mangelnden Körperbewusstseins sein. Während in den gewöhnlichen Tagesabläufen nicht dauernd ein Bewusstsein vom Körper präsent ist, scheint er in Verwahrlosungsfällen zum Problem geworden zu sein. Ein Problem allerdings, das das Ich zumindest vorübergehend zu bearbeiten eingestellt hat. Der Körper geht nicht länger in einem homogenen Ich auf, sondern tritt als Störung in Erscheinung. Wenn vom Körperbewusstsein die Rede ist, bedeutet das nicht, dass alle Instanzen darauf ausgerichtet sind, die Problemzonen unter Kontrolle zu halten. Es ist die Ausstrahlung, die Aura der gesamten Erscheinung, die der Person Geltung verschafft. Aber hat man erst einmal den Makel im Detail entdeckt, ist es unmöglich geworden, im Spiegel das strahlende Ganze zu entdecken. »Die sensible Aufmerksamkeit auf sich«, schreibt der Philosoph Wilhelm Schmid, »umfasst daher die Aufmerksamkeit auf die Gefahr, nur noch mit sich selbst beschäftigt zu sein.«[41]

Die Strategien der Selbstmodellierung haben eine lange Geschichte hinter sich. Die Sorge ums Ich ist nicht nur anthropologisch verankert. Sehr früh ist auch damit begonnen worden, mit ihr zu experimentieren. So gehören zur Geschichte des Aufwachsens auch Spielformen der Reduktion. Jugendliche entwickeln Geheimsprachen oder verabreden sich untereinander, nur noch mit einer Handvoll von Worten auszukommen. Wieder andere verzichten ganz auf Sprache. Es geht dabei weniger um die Sicherung eines Geheimnisses als um eine Vergewisserung der gemeinschaftlichen Geschlossenheit. Reduktionistische Rituale werden von Kleingruppen praktiziert, können sich aber auch, wie zum Beispiel im Punk, zu einer globalen Jugendkultur entwickeln. Nicht zufällig trat der Punk im Zeichen körperlicher Vernachlässigung auf. Die ästhetische Kraft von Minimalismen ist ungebrochen und für die Bildung von Gruppen von großer Attraktivität. Die Erfahrung oder bloß Vermutung einer Schwäche wird zu einer selbst gewählten Schwäche zusammengezogen und in eine gemeinschaftliche Stärke umgearbeitet.

Wie die Formen der Selbstreduktion auch auf den Einzelnen einwirken, schildert der amerikanische Schriftsteller Paul Auster in seiner autobiografischen Erzählung *Von der Hand in den Mund*. In ihnen vollzieht sich eine Art Verpuppung, eine Anverwandlung an Formen existenzieller Wahrhaftigkeit, aus der später der kreative Mensch hervorgehe. Auster beschreibt, wie er als junger Mensch auf den Spuren von James Joyces Ulysses nach Dublin aufbrach und dort in eine Art innere Isolation geriet. »Das Touristenbüro schickte mich zu einem Bed-and-Breakfast in Donnybrook, fünfzehn Busminuten vom Stadtzentrum entfernt. Abgesehen von dem älteren Ehepaar, das die Pension führte, und zwei oder drei Gästen, habe ich in der ganzen Zeit praktisch mit keinem Menschen gesprochen. Ich habe nicht einmal den Mut aufgebracht, einen Pub zu betreten.«[42] Auster lässt hier offen, ob seine soziale Scheu bereits zum fest gefassten Entschluss einer künstlerischen Selbststilisierung gehört. Wahrscheinlich trifft beides zu. *Von der Hand in den Mund* jedenfalls berichtet von der Selbstwahrnehmung künstlerischer Anfänge, in der Entschlusskraft und Versagensangst sich noch die Waage halten. Zu dieser Ambivalenzerfahrung passt die Verunsicherung durch ein plötzlich auftretendes körperliches Defizit. Der Schriftsteller als junger Mann kann nicht mehr laufen. »Irgendwann im Lauf der Reise war mir ein Zehnagel eingewachsen, und wenn sich das heute vielleicht auch komisch anhört, fand ich es damals ganz und gar nicht zum Lachen. Mein großer Zeh fühlte sich so an, als ob eine Messerspitze darin steckte. Das Gehen war eine einzige Qual, und dennoch tat ich von morgens bis abends nichts anderes, als in meinen zu engen und längst durchgelaufenen Schuhen durch Dublin zu humpeln.«

Was folgt, ist nicht die Beseitigung der Quelle der Behinderung. Der Icherzähler arrangiert sich mit der Situation. Auf diese Weise entsteht ein grandioses Missverhältnis zwischen den Omnipotenzphantasien des werdenden Dichters und der kläglichen Erscheinung des jungen Mannes. »Dass ich mit den Schmerzen leben konnte, fand ich bald heraus, aber die Anstrengung, die mich das kostete, trieb mich nur noch weiter in mich selbst hinein und machte mich als geselliges Wesen vollends unbrauchbar. In der Pension hatte ein bärbeißiger amerikanischer Sonderling seinen festen Wohnsitz – ein siebzigjähriger Ruheständler aus Illinois oder Indiana –, der mir, sobald er von meinem Zustand erfuhr, endlose Geschichten von seiner Mutter erzählte, die sich jahrelang nicht richtig um ihren eingewachsenen Zehnagel gekümmert hatte, nur diverses Zeug aus der Hausapotheke – Desinfektionsmittel, Wattebäusche – angewendet, aber den Stier nicht bei den Hörnern gepackt hatte, und siehe da, schließlich hatte sie Zehenkrebs, der sich am ganzen Fuß und von dort ins Bein und weiter nach oben ausbreitete, bis sie am Ende daran starb. Er erging sich mit Wonne in den grauenhaften Details ihres Ablebens (selbstverständlich nur zu meinem Besten) und als er merkte, wie empfänglich ich für seine Darstellungen war, tischte er mir das Ganze immer wieder von neuem auf. Und ich will nicht bestreiten, dass er mir Angst eingejagt hat.«

Die Bereitschaft, sich in fremder Umgebung eher still zurückzuziehen als im buchstäblichen Sinn triumphierend aufzutreten, geht weit über eine experimentelle Reduktion hinaus und weckt Todesphantasien. »Das lästige Ärgernis war zu einer lebensgefährlichen Krankheit geworden, und je länger ich es aufschob, etwas dagegen zu unternehmen, desto schlechter wurden meine Aussichten. Jedesmal wenn ich auf dem Weg in die Stadt an der Klinik für die unheilbar Kranken vorbeifuhr, wandte ich den Blick ab. Die Worte des alten Mannes ließen mich einfach nicht mehr los. Mein Untergang war nahe, überall sah ich Hinweise auf meinen baldigen Tod.«

Paul Auster hat sich aus seiner Isolation schließlich doch wieder befreien können. Seine Geschichte ist jedoch ein Indiz dafür, wie Selbstmodellierung und die Tendenzen zur Verwilderung einander durchdringen. Es will einfach nicht immer und jederzeit gelingen, sich mit sich selbst anzufreunden.

Ans Limit

»Aber Verlierer wissen: auch siegen ist nur
der Anfang einer anderen Qual.«

Wolf Wondratschek

Wer schütteres Haar oder einen schlechten Charakter vererbt bekommen hat, der kann heutzutage schon allerhand dagegen tun. Die Arenen der Selbstoptimierung haben durchgehend geöffnet, und es mangelt zur Verbesserung der misslichen Lage nicht an Hilfsmitteln. Zur Sorge um sich werden Pulver und Salben sowie adrette Stirnbänder und Wind abweisende Textilien angeboten. Je nach Bedarf und Laune können geräumige Hallen für Selbstmontage aufgesucht sowie professionelle Präzisionsangebote wahrgenommen werden. Es gibt immer was zu tun. Mit Blick auf ein besseres oder wenigstens anderes Leben wird geschwitzt und gefastet, aufgespritzt und abgesaugt, neu vermessen und nachjustiert. Dabei steht der Körper im Zentrum einer nicht nachlassenden Aufmerksamkeit, und es gibt keinen Makel, dem nicht mit Leibesertüchtigung, *indoor* wie *outdoor*, beizukommen wäre. Kein Unwohlsein, für das die einschlägigen Magazine nicht bereits ein entsprechendes Mentalprogramm getestet hätten. Der Wille zur Veränderung zählt, und der Wahl der Waffen sind bei *health care* und forcierter Selbstmodellierung keine Grenzen gesetzt. Es geht munter unter und durch die Haut. Die Kennzeichnungen der plastischen Chirurgie lassen sich wie die Zeichensprache einer fernöstlichen Körperkunst lesen, und die Hoffnung auf eine neue Nase ist in der arabischen Welt nicht minder verbreitet wie in den dekadenten Körperkulten der westlichen Hemisphäre. Kaum jemand bleibt von derlei Trends unberührt, und wenn es vorbei ist, hat man genug damit zu tun, die Zeichen auf der Haut wieder weglasern zu lassen. »Bye, bye Arschgeweih«, singt Ina Müller. Wenn das mal nur so einfach wäre.

Die Businesshotels in Bahnhofsnähe und die Landgasthöfe in der Provinz haben unterdessen flächendeckend auf Wellness umgerüstet. Die Nischen der Zeit, in denen man früher hoffte, endlich einmal etwas nur für sich tun zu können, sind inzwischen vollständig ausgefüllt, Abwehrstrategien zwecklos. Im entgrenzten Freizeitpark baumeln die Gehstöcke für Nordic Walking locker an den Handgelenken, und selbst wenn diese einmal nicht entschlossen und ergonomisch korrekt geschwungen, sondern eher lustlos hinterher geschleift werden, winkt anschließend doch das gute Gefühl, wenigstens ein paar Meter für die einfach nicht abzuschüttelnde Körpermasse absolviert zu haben, die hartnäckig behauptet, vom eigenen Leben angefüllt zu sein.

Mit den sparsam dosierten Steigerungsintervallen körperlicher Ertüchtigung wächst auch das Bewusstsein für Eigenleistung. Wer einmal angefangen hat, ist auf dem besten Wege, nicht mehr aufhören zu können. Die einst eher sorgsam verborgene Unlust, dem eigenen Körper und seinen Geheimnissen zu nahe zu treten, wird nunmehr mit ungehemmter Inbrunst angegangen. Der nicht abreißende Zufluss neuer Informationen über Physis, Psyche und deren kompliziertes Zusammenspiel weckt Energien, gar einen Hauch von Übermut. Die Endorphine werden entfesselt, wo und wann immer es möglich ist. Ebenso großzügig wie mühelos wird das Glas Wein über den Durst am nächsten Morgen mit zehn zusätzlichen Minuten auf dem Waldweg bearbeitet. Ein bisschen Schwitzen reicht für den Anfang zum gefühlten Lasterausgleich. Man hat sich was gegönnt und ist mit sich und der nachträglichen Problembearbeitung geduldig. Alles unter Kontrolle. Die Service-Formate des Fernsehens und die Kundenzeitschriften der Krankenkassen bekräftigen die Mobilitätswilligen darin, auf gutem Wege zu sein. In den Wohnzimmern haben sich seltsame Gerätschaften zum Fernseher gesellt. Der private Raum hat als Refugium vorübergehender Passivität ausgespielt und ist zu einem Kampfplatz der Selbstüberwindung auf dem Stepper oder dem Rudergerät geworden.

Wo die Hanteln nicht regelmäßig in Gebrauch sind, dienen sie als Blickfang des Innendekors und mahnen, es so bald wie möglich doch noch einmal mit der Überlistung der Disziplinlosigkeit zu probieren. Zwar mehren sich mit jedem neuen Fitnessgerät die Gefahren der Prokrastination und der Unlust. Es gibt immer einen Punkt, an dem man sich fragt, ob man alles nicht einfach sein lassen sollte. Doch dann steht der Problemberater vor der Tür und weiß zu berichten, dass Hoffnung auf baldige Bewältigung besteht. Selbstaufgabe? Niemals! Morgen kann es, morgen sollte es so weit sein. Schon der Gedanke an eine Ausflucht wird mit Belehrungen der anderen nicht unter einer Viertelstunde bestraft. Im Gespräch mit den Kollegen und Freunden vergeht kein Tag, an dem nicht so oder so Rechenschaft darüber abgelegt wird, was man für sich und seinen Körper getan hat oder demnächst beabsichtigt zu tun. Alle machen mit oder haben wenigstens eine Begründung dafür zur Hand, warum sie umfangreiche Maßnahmen erst in Kürze ergreifen werden.

Die vielfältigen Anschlussmöglichkeiten sozialer Beobachtung und Gegenbeobachtung können jedoch nicht darüber hinwegtäuschen, dass die Konzentration auf den Körper bis in die vermeintlichen Ruhezonen hinein einen ununterbrochenen Kampf gegen sich selbst eröffnet. Das niemals erschöpfte Angebot esoterischer Entspannungstechniken bewahrt nicht vor dem Stress, immer neu wählen zu müssen. Einfach bloß Ruhe wäre in Phasen der Kontemplation der nötigen Körperspannung abträglich. Man stimuliert sich für Bevorstehendes. Irgendeine Herausforderung, für die es sich bereitzuhalten gilt, naht immer. Grenzerfahrungen lauern und verlocken gleich um die Ecke. Das Extreme wird nicht mehr in der Einsiedelei gesucht, zur Verausgabung, sei es sportlicher oder sexueller Art, wird Rudelbildung bevorzugt.

Angesichts des Marathonlaufs von New York hat der französische Philosoph Jean Baudrillard bereits in den Achtzigerjahren darauf hingewiesen, dass der sportliche Wettbewerb gegen andere einer angestrengten Selbstbezwingung gewichen ist. Keiner will mehr gewinnen, alle wollen es nur noch irgendwie geschafft haben. »I did it«, rufen sich verausgabte Läufer in der Masse zu, von denen jeder für sich stolz über das absolvierte Pensum ist. »I did it« heißt: Man hat etwas zu Ende gebracht. »Dieses Schlagwort einer neuen Form werbewirksamer Aktivität, autistischer Leistung, reiner und leerer Form und Selbstherausforderung«, schreibt Baudrillard, »ist an die Stelle der prometheischen Ekstase von Wettkampf, Anstrengung und Erfolg getreten. Der Marathonlauf New Yorks ist zu einer Art internationalem Symbol für diese fetischistische Leistung, dieses Delirium eines leeren Sieges und diese Begeisterung über eine folgenlose Selbstgefälligkeit geworden.«[43]

Unter dem Gebot, dauernd alert zu sein, hat sich nicht zuletzt auch die Wahrnehmung des Lasters verändert. Dem geheimen Reich der Wollust auf der dunklen Seite der Straße stehen mit diversen Therapieangeboten gut ausgeleuchtete Entsorgungsinstitute gegenüber. Es gibt immer etwas zu beseitigen, und es wird nach den Regeln mentaler Mülltrennung abtransportiert. »I did it« heißt in diesem Fall: Ich habe etwas weggeschafft. Während es früher als eine Art Schicksal hingenommen wurde, zur Fettleibigkeit zu neigen, der Nikotinsucht zu frönen, sexuellen Begierden nachzujagen oder wenigstens von Zeit zu Zeit nicht widerstehen zu können, sind es nunmehr die Lockrufe der Selbsthilfegruppen, derer man sich nicht erwehren kann. So leicht es einem gemacht wird, sich zu diesem oder jenem dunklen Kapitel aus seinem Leben zu bekennen, so unmöglich ist es doch auch geworden, sich der permanenten Mobilmachung der Tugendarmeen zu entziehen. Das katholische Prinzip der Beichte, also Entlastung durch Schuldanerkennung, hilft bei der Tilgung der Sünden nicht weiter. Gnadenlos wird man auf das Verursacherprinzip festgelegt. Kein Bekenntnis ohne die Erwartung auf Selbstkasteiung. Wer sein Damaskus-Erlebnis noch nicht hatte, den erreicht aus allen Lautsprechern die Botschaft des Chors: Du kannst es schaffen. Das unausgesprochene Gebot dieses Chors lautet allerdings: Du musst es auch versuchen.

Dass dieses Motto keineswegs nur nach der Melodie perfider Konsumstrategien gepfiffen wird, zeigt ein kleiner Ausflug in die Wirtschaftsgeschichte. Nachdem die große Depression insbesondere die Vereinigten Staaten nicht verschont hatte, bestand die zentrale Absicht von Präsident Franklin D. Roosevelts New Deal in der Mobilisierung individueller Ressourcen. Zwar kam es primär darauf an, mit staatlichen Investitions- und Beschäftigungsprogrammen, beispielsweise für den Bau von Staudämmen, den wirtschaftlichen Kreislauf wieder auf Touren zu bringen. Zur ökonomischen Volksgesundung war es jedoch ebenso wichtig, die schlummernden individuellen Kräfte freizulegen. Es ging um die Bergung der stillen Reserven Einzelner für das Ganze. Nichts ist zu klein und unbedeutend, jeder Beitrag zählt bei der Vollversammlung der Tugendhaften, die wieder auf die Füße kommen wollten.

Als Vergewisserung der eigenen Antriebskräfte lässt sich auch die Geschichte des Galopprennpferdes Seabuiscuit lesen, die Laura Hildebrand als amerikanische Sozialgeschichte vor dem Hintergrund der großen Depression erzählt. Die Hoffnungen der kleinen Leute, die Arbeit und ihre Vermögen verloren hatten, knüpften sich an den Mut eines krummbeinigen Rennpferds, das über Rennen in der Provinz die großen Rennbahnen und die Herzen sowie die Wettleidenschaft der Menschen eroberte. Schwere Verletzungen und tragische Trainingsunfälle konnten den geschundenen Gaul und diejenigen, die an ihn glaubten, nicht zurückwerfen. Im Gegenteil: Warum ein ganzes Leben wegwerfen, nur weil es beschädigt ist, lautet insgeheim das Motto dieses später mit Jeff Bridges und Toby McGuire verfilmten Sozialmärchens. Trotz der naheliegenden Versuchung, erschöpft aufzugeben, wurde die Selbstaufforderung, es zu schaffen, in dieser Geschichte vor dem Hintergrund einer wachsenden industriellen Mobilität zu einer beachtlichen ökonomischen Energie. Die Beschädigungen, von denen hier die Rede ist, waren äußerer Natur. Die Weltwirtschaftskrise hatte den Menschen, deren traditionelle Bindungen an Familie, Religion und Moral eng geknüpft waren, zumindest vorübergehend den Boden unter den Füßen weggezogen. Nach dem Versagen des ökonomischen Systems galt es, sich angesichts der existenziellen Not aller aus eigener Kraft wieder aufzurappeln. In diesem Sinn handelt *Seabuiscuit* von der Mobilisierung der Willensstärke, die zur Kernausstattung einer protestantischen Ethik im Sinne Max Webers gehört. Wenn es ums Ganze geht, so die einfache Logik, kommt es auf die Fähigkeit an, sich am Riemen zu reißen. Es geht dann viel weniger ums Siegen als ums Überstehen. Voraussetzung für die allgemeine Akzeptanz dieser Logik ist die klare Unterscheidung zwischen Tugend und Laster, also zwischen dem, was nützt und dem, was schadet. Dieses Differenzierungsvermögen gehört nach wie vor zum immer wieder neu beschworenen Pathos des einfachen Lebens. Im Moment der Entscheidung weiß sich der Mensch auf das Wesentliche zu konzentrieren.

Vor dem Hintergrund der Weltwirtschaftskrise hat auch Sidney Pollack seinen Film *Nur Pferden gibt man den Gnadenschuss* angesiedelt, der den Kampf um die Tugend jedoch als Desillusionierungsgeschichte erzählt. Jane Fonda und Michael Sarrazin begeben sich auf das Parkett eines Tanzmarathons, um die ausgelobte Prämie von 1500 Dollar zu gewinnen. Am Ende des Wettkampfs winkt bloß noch ein verdorbener Sieg. Den meisten Teilnehmern dient als Motivation bereits die Aussicht auf kostenlose Verpflegung während des Tanzens. Einige geben trotz Erschöpfung nicht auf, darunter eine erfolglose Schauspielerin, die hofft, auf diese Weise entdeckt zu werden. Moderiert wird der Tanzmarathon von Rocky, der versucht, dem Publikum den Wettbewerb als Show zu verkaufen. Der Film wurde seinerzeit als Metapher für einen gnadenlosen Konkurrenzkampf aufgefasst, der am Ende niemanden unbeschädigt davonkommen lässt. Die gesellschaftliche Realität entfacht Wettbewerbe, aus der keine Sieger hervorgehen.

Betrachtet man Pollacks Film vor dem Hintergrund gegenwärtiger Medienerfahrung, so lassen sich darin leicht die Zutaten heutiger Castingshows ausfindig machen. Über das bloße Sich-am-Riemen-reißen hinaus sind jedoch vor allem Fähigkeiten zur Selbstdarstellung gefragt. Die Castingshows spiegeln eine Situation, in der die Akteure aufgefordert sind, sich weit über die Präsentation ihrer Talente hinaus als Darsteller ihrer selbst einzubringen. Soweit hier von Beschädigungen gesprochen werden kann, haben sich die Formen existenzieller Zurichtungen auf psychische verlagert. Trotz der auffälligen Ähnlichkeiten zum Tanzmarathon, bei dem der Sieg für eine kurze Zeit die Existenzgrundlage sicherte, gilt der Kampf hier nicht mehr dem Überleben, sondern dem bloßen Vorkommen. Dazu bedarf es der Bereitschaft zur Selbstüberwindung. Sich am Riemen reißen oder sich gehen lassen: für das Erreichen des Finales ist alles erlaubt. Vordergründig werden noch einmal die Rahmenbedingungen eines sportlichen Wettbewerbs simuliert. Das beherrschende Thema ist dabei jedoch nicht die Konkurrenz, sondern die Herausforderung der eigenen psychischen Dispositionen. Die jungen Heldenanwärter werden darauf ausgerichtet, ans Limit zu gehen, auch wenn die Akteure in der Regel den Eindruck machen, als wüssten sie nicht, was sie da sollen. Ans Limit zu gehen bedeutet in diesem Zusammenhang kaum mehr als eine Lifestyleoption, die gefährlich sein kann, aber für gewöhnlich folgenlos bleibt. Dennoch erscheinen die Bühnen der Selbstinszenierung als ein Versprechen, die Pfade des mühsamen Fortkommens und

Sich-Kümmerns ein für allemal zu überwinden. Besonders auffällig ist dabei, dass gerade die jungen Akteure, denen man mühelos Willensschwäche attestieren würde, alles daran setzen, von Runde zu Runde dabei zu bleiben. In diesem Sinne lohnt ein Exkurs über die Castingshow als Institution zur Mobilisierung verborgener Kraftreserven.

In der allgemeinen Kritik an den Castingformaten wird meist übersehen, dass die unterschwelligen Formen der Solidarisierung eines der zentralen Themen darstellen. Geht es vordergründig um die Präsentation von Kandidaten, die alles zu tun bereit sind, was der Karriere nutzt, werden auf der Rückseite die Bindekräfte der Familie beschworen. In *Deutschland sucht den Superstar* wird denn auch ständig geheult und nach Mama und Papa gefragt. Dieses fast schon antiquiert erscheinende Modell sozialer Beziehung scheint eindeutiger als alles andere die Bandbreite des emotionalen Rüstzeugs zu repräsentieren. Im Prozess einer forcierten Individualisierung vergewissert man sich so selbst in den trivialen Wettbewerbssimulationen noch der verlässlichen und haltbaren Gemeinschaftsstrukturen. Die stabilisierende Funktion der Familie feiert ein erstaunliches Comeback, und nicht selten sind es Patchworkfamilien, die den bis zur Selbstaufgabe um Erfolg kämpfenden Akteur erst komplett erscheinen lassen. Im Ernstfall stellt die Familie wohl nur noch bedingt ein verlässliches Netz und einen Hort der Geborgenheit dar. In der Medienerzählung aber fungiert sie noch immer als stabiler Schutz. Die individuelle Haltlosigkeit und deren Abwehr jedenfalls ist unterschwellig das große Thema ansonsten sehr verschiedener Fernsehformate.

In den Castingshows geht es nur sehr bedingt um die Sichtung brauchbarer Fähigkeiten und um die Rekrutierung neuer Talente. Es wird vielmehr ein Proberaum für die Erzeugung psychischer Energien bereitgestellt, auf die im Alltag nicht mehr verzichtet werden kann. Schwächen, Ängste und Unsicherheiten werden geradezu herausgekitzelt, weil sie ungeschützt die Konfrontation mit dem Unerwarteten sichtbar machen. Die Formate inszenieren sich als Peepshows der Authentizität, in deren weiterem Verlauf es auf die Überwindung der emotionalen Äußerungen ankommt. Es geht nur scheinbar um Leistung, die Präsentation von Talent und Erlerntem, all das, was bislang als Garant dafür angesehen wurde, dass man gut durchs Leben kommt. Stattdessen werden Performance, Stil und das Gefühl für das richtige Timing aufgewertet. Noch im Moment des Versagens ist es von immenser Bedeutung, einigermaßen gut dabei auszusehen. Schlagfertigkeit ist das wertvollste Attribut im permanenten Ego-Mikado. Das unterscheidet die Kandidaten nicht von den Punktrichtern, die ebenfalls unter den harten Gesichtspunkten der Selbstvermarktung beobachtet werden. Wenn unterdessen die Kandidaten scheitern oder bloß den Text vergessen, erklären sie ihr Versagen wie Fußballprofis damit, dass sie ihr Können im entscheidenden Moment nicht abrufen konnten. Sie haben gelernt, keinen Zweifel daran aufkommen zu lassen, dass künstlerisches Vermögen und Talent ausreichend vorhanden sind. Sorgen bereitet lediglich, dass es nicht jederzeit verfügbar ist. In solchen Selbstbildern haben Zweifel und Willensschwäche sowie die Neigung, sich hängen zu lassen, keinen Platz. Der Dilettantismus, das Unfertige und Unentschiedene werden nach Kräften aufgehübscht, um die allmähliche Verwandlung der Schwächen in Stärken besser hervorbringen zu können. In der Anfangsphase eines Castings treten Trägheit und die Angst vorm Versagen als eine Art Rohzustand zwar offen zutage. Noch sind die Zweifel überdeutlich, die den notwendigen Ehrgeiz allzu schnell wieder in sich zusammenfallen lassen. Gewiss werden auch die Massen derer gezeigt, die scheitern. Die meisten von ihnen haben jedoch eine clowneske Form des Auftretens gewählt, die ihren Eintritt in den Wettkampf als eine ironische Form des Dabeiseins (»Ich hab die Haare schön«) erscheinen lassen.

An den Kandidaten der engeren Wahl führt man hingegen eine wundersame Verwandlung vor. Wer später einmal perfekt frisiert und gestylt auf der Bühne steht, vermag in der Castingphase sein pickliges Gesicht und seine unsichere Mimik nicht zu verbergen. Alles ist angerichtet, um adoleszente Jungs und junge Frauen am Rande des Nervenzusammenbruchs agieren zu lassen. Später sollen sie dann wie nach einem Bad in Drachenblut als unverletzbare Wesen daraus hervorgehen. So gesehen geht es nicht um die zynische Bloßstellung wehrloser junger Menschen, wie Medienethiker dem alternden Beau und Musikproduzenten Dieter Bohlen unterstellen, wenn dieser die Kandidaten einer Kanonade kränkender Sprüche aussetzt. Dessen dreiste Behauptung von Professionalität gehört bereits zum Trainingsprogramm für den Erwerb mentaler Wehrhaftigkeit. In Castingshows wie *Deutschland sucht den Superstar* ist ein Zustand permanenter Bewerbung zu beobachten, in der die Haltung des »Du kannst es schaffen« zugleich beschworen und karikiert wird. Die Einstellung, mit der sich junge Leute für eine Castingshow bewerben, unterscheidet sich nicht sonderlich von derjenigen, mit der man auf einer Beautyfarm vorstellig wird oder sich im Fitnesscenter mit Dehnungsübungen aufwärmt. Hier wie dort sieht man Individuen im permanenten Wettlauf der Selbstoptimierung. Die Erzeugung harter Konkurrenz wird dabei als Geschichte einer weitgehenden Inklusion erzählt. Nur wer dabei war, kann auch auf der Strecke bleiben. Wer auf der Strecke bleibt, ist wenigstens dabei gewesen. Es ist schwer zu entscheiden, was man mehr bewundern soll: die Unerschrockenheit, sich mit Haut und Haar dem Bedürfnis nach ein paar Minuten Berühmtheit auszuliefern oder die Chuzpe, mit einem Minimum an Begabung und beachtlicher Pose am ganz großen Rad zu drehen. Wer nichts kann, versucht nach Möglichkeit, die Posen des Starsystems zu simulieren. Die Beispiele, die belegen, dass man damit durchkommen kann, haben in der jüngsten Vergangenheit nicht abgenommen. Sie machen sich auch im Alltag breit, wo mit der Behauptung frechen Selbstbewusstseins Bildungsdefizite kaschiert werden, während durchaus entwickelte Fähigkeiten, situative Intelligenz und die Kunst sich durchzuschlagen, nur sehr begrenzt auf dem Arbeitsmarkt nachgefragt werden.

Doch selbst wo Talent vorhanden ist, führt dies nicht geradlinig durch die Erfolgsspur. Die Geschichte des in einer britischen Talentshow entdeckten Opernsängers Paul Potts, die ein Fernsehspot der Deutschen Telekom als modernes Märchen der Kommunikationstechniken inszeniert, verlief alles andere als glamourös. Potts kam nicht, sang und siegte. Das Märchen vom singenden Aschenputtel entwickelte sich in der Realität sehr viel langsamer. Paul wuchs als Sohn eines Busfahrers und einer Supermarktkassiererin im südenglischen Bristol auf. Er war zu dick, schwitzte zu viel und zu schnell und war bald ein Außenseiterjunge, wohl auch wegen der in seiner Umgebung als absonderlich empfundenen Begeisterung für Opernmusik. Aber Paul hatte Mumm und ließ nicht locker. Mit elf Jahren wurde er Mitglied eines Kirchenchors in Bristol, bereits einige Jahre vor der Show *Britain's got talent* gewann er in einer Show 8.000 Pfund mit seinem Gesang. Er nahm Gesangsstunden und durfte sogar Pavarotti vorsingen, doch den Mut und die Gelegenheit, eine Profikarriere einzuschlagen, besaß er nicht. Stattdessen jobbte er als Regalauffüller im Supermarkt. Den Durchbruch als Opernsänger mit Showauftritt, Plattenvertrag und Fernsehwerbung hat er wohl letztlich nicht einmal des Talentes wegen geschafft. Opernkritiker sind der Meinung, dass es Sänger dieser Qualität tatsächlich sehr viele gebe. Am Ende war es die Außenseitergeschichte, die Potts vor der Talentshowjury zum Ereignis machte. Die Formel des »Du kannst es schaffen« wirkt als Traum und Versprechen an sich selbst.

Der Werbespot der Deutschen Telekom feiert Paul Potts als Helden eines großen kommunikativen Zusammenschlusses. Auf den verschiedenen Ebenen der elektronischen Teilhabe beobachtet man seinen Mut zur Selbstbehauptung und wird Zeuge eines emphatischen Augenblicks. Weil er dabei geblieben ist, hat er es am Ende doch noch geschafft. Mit Paul Potts ist ein Akteur im typischen Erscheinungsbild eines Verlierers zum Sieger geworden. Er ist ein unwahrscheinlicher Popstar, der die zahlreichen Epigonen des Styles und der Coolness konterkariert. Der bloße Verweis darauf, dass er gekommen ist, um Oper zu singen, gereichte dem Format bereits zur Sensation. Paul Potts hatte nichts in Pose investiert, aber alles an Leidenschaft von seinem Gefühlskonto abgehoben. Er hat das Format des Talentwettbewerbs auf seinen einfachen Kern reduziert.

Als Held wider Willen verkörpert Paul Potts nicht zuletzt ein Phänomen, dem zufolge Verlieren keine Option mehr ist. Die Einladung, immer und überall dabei zu sein, wird permanent ausgesprochen. Die Märkte der Selbstbehauptung werden von einer Inflation des Siegens und Siegenmüssens angetrieben, bei der jede Form der Abweichung auf ihre wenigstens kurzfristigen Aufmerksamkeitsgewinne überprüft wird. Das Verlieren als notwendige soziale Erfahrung, das Leiden an der fehlenden Akzeptanz, das quälende Selbsteingeständnis, eine mangelhafte Leistung abgeliefert zu haben und das lähmende Gefühl der Unterlegenheit werden in solch einer Anordnung ausgeblendet. Die Hypertrophie des Gewinnens hat das Scheitern als wichtigen Bestandteil sozialer Kompetenz preisgegeben. Natürlich gibt es noch Niederlagen, verfehlten Erfolg, aber man ist angehalten, dies als Schlappe zu betrachten, die man am besten schnell und leicht wegsteckt. Die Leerstelle des Verlierens hat unterdessen der Loser eingenommen, den man mal zynisch, mal ironisch denunzieren kann. Der personifizierte Loser macht es den anderen leichter, sich als Sieger fühlen zu können. In einer Art negativem Heroismus wird die Rolle schließlich auch angenommen. »I'm a loser baby, why don't you kill me« singt Beck Hansen, und Jugendliche beschimpfen sich gegenseitig als Opfer, um die Erfahrung ihrer Ungeschütztheit auf die Spitze zu treiben. Das Aushalten einer Durststrecke und die Geduld, aus Fehlern zu lernen, gehören nicht zum Coaching für Gewinnertypen. Tatsächlich hatte es im Herbst 2008 den Anschein, als seien die Akteure der internationalen Finanzwelt auf die Option eines Scheiterns des gesamten Systems nicht vorbereitet gewesen. Darauf trainiert, die Erfolgserwartungen zu berechnen, gab es für diese Form des Versagens kein Repertoire der Schuldverarbeitung. Das Geld war weg, aber es schien niemanden zu geben, der Verantwortung für den Verlust übernehmen wollte und konnte.

Stellt man das Okular sozialer Beobachtung etwas schärfer, tritt der Typus des sozialen Verlierers jedoch wieder in den Blick. Trotz der festen Umklammerung des Dazugehörens sind die Kohorten der Ausgeschlossenen nicht zu übersehen. Im Grunde weiß man genau, wo sie zu finden sind und wie sie aussehen. »Die Jugendlichen hängen herum«, schreibt der Berliner Soziologe Heinz Bude, »und warten darauf, dass etwas passiert, die Männer mittleren Alters haben sich ins Innere der Häuserblocks zurückgezogen, und die Frauen mit den kleinen Kindern sehen mit Mitte zwanzig schon so aus, als hätten sie vom Leben nichts mehr zu erwarten. Es herrscht eine Atmosphäre abgestumpfter Gleichförmigkeit. Hier leben Menschen, die sich daran gewöhnt haben, wenig zu besitzen, wenig zu tun und wenig zu erwarten.«[44]

In seinem Essay konstatiert Bude eine völlig neue Form des sozialen Ausschlusses, in der es nicht mehr um arm und reich sowie oben und unten geht. Es geht stattdessen um drinnen und draußen, und es gibt keine Stufenleiter, über die man sich mit ein bisschen Anstrengung hineinhangeln könnte. »Für die Exkludierten gilt der meritokratische Grundsatz Leistung gegen Teilhabe nicht mehr. Was sie können, braucht keiner, was sie denken, schätzt keiner und was sie fühlen, kümmert keinen. Sie stellen daher eine Provokation für jede anständige Gesellschaft dar.« Gerade diese Provokation ist es ja, die in den Castingshows in leicht verdaulicher Form auf die Bühne gebracht wird. Bildungsferne wird nicht als sozialpolitisches Ärgernis, sondern als unterhaltsame Kuriosität wahrgenommen. Weil man sowieso nichts zu tun hat, kann man sich da auch bewerben. Nicht wenige scheitern allerdings an den auch hier geforderten Formalitäten. So sehr man sich zum Geschehen auf Abstand halten mag, können die von Bude beschriebenen Ausschlussphänomene nicht mehr marginalisiert werden. Längst können sie jeden treffen. Es gibt keine einfachen Prognosen mehr darüber, welche Wege und Abwege in die Exklusion führen. »Die Überqualifikation eines promovierten Mathematikers, dem nach Ablauf von zwölf Jahren wissenschaftlicher Tätigkeit von der Universität wegen einschlägiger Laufbahnregelungen eine Vertragsverlängerung verweigert werden muss, kann genauso dazugehören wie die Geringqualifikation eines Mittvierzigers mit nicht nachweisbaren Schulabschlüssen, der zwanzig Jahre als mithelfender Familienangehöriger in dem jetzt geschlossenen Schnellrestaurant seines Onkels beschäftigt war. Der erste gilt wegen Kontaktscheue, der zweite wegen Distanzlosigkeit als schwer vermittelbar. Weiterqualifikation und Umschulung werden als sinnlos erachtet.«

Vor diesem Hintergrund entpuppen sich auch die krampfhaften Versuche, ganz vorn zu sein oder wenigstens Anschluss zu halten, als nackte Angst davor, abgehängt zu werden. Das ehrgeizige Strampeln um die Idealfigur und das sorgsame Lining des Lipgloss für besseres Aussehen verliert jedoch schnell den Charme zotiger Marotten. Das Schweißband ist Accessoire eines funktionalen Equipments avancierter Abgrenzungskämpfe, die auch verloren werden können. Kosmetik und Wellness überspielen die unvermeidliche Einsicht, dem Alter nur begrenzt Einhalt zu gebieten. Im täglichen Training wird man auch das Zwacken und Zwicken des Körpers gewahr. Wie lange, fragt Heinz Bude, lässt sich die Überzeugung von der eigenen Wendigkeit, Schnelligkeit und Geschmeidigkeit aufrechterhalten?:

»Wer sich durch Körpershaping, Anti-Aging und Alltagsdoping fit und flexibel hält, fühlt sich in Augenblicken der Ermüdung und Ermattung schnell vom Gespenst der Überflüssigkeit bedroht. Was zählt man noch, wenn man nicht mehr mithalten kann? Es scheint sich gerade bei den Avantgardisten der time-space-compression, die sich im ICE zwischen den verschiedenen Arbeitsorten und der Heimatadresse bewegen, die vor der Minibar im Hotelzimmer in plötzliche Depression geraten und die kein aufgebackenes Croissant zum Business-Frühstück mehr sehen können, ein Gefühl des Driftens auszubreiten. Wer im Dienste seiner allseitigen Anschlussfähigkeit alle Kleider des Kollektiven abgestreift hat, sieht sich in Momenten der Unterbrechung und des Übergangs auf die transzendentale Obdachlosigkeit der eigenen Biografie zurückgeworfen. Sie sollen das Leitbild für die totale Mobilisierung der Arbeitsvermögen darstellen, und fühlen sich selbst in ihrer Haut nicht wohl und in ihrer sozialen Position alles andere als gesichert.«

In der Multioptionsgesellschaft, in der man nicht nur alles wählen kann sondern auch wählen muss, kommt die Seele bisweilen ins Stocken. Wo gefördert und gefordert wird, kann es auch zu Aussetzern kommen. Zur Beschreibung der eigenen Lebensspannung benutzt man für gewöhnlich das Wort »Stress«, und von der Überforderung der anderen ist allzu schnell die Rede, wenn dies und das in der eng getakteten Alltagsorganisation nicht klappen wollen. Tatsächlich begegnen einem im gewöhnlichen Konsumentenalltag fortwährend Leute, die an der ihnen anvertrauten Technik scheitern oder des Gestus der Dienstleistung gänzlich entwöhnt sind.

Das Eingeständnis eigener Überforderung fällt da schon schwerer. Auf besonders anschauliche Weise hat der Journalist Arno Widmann den Moment einer selbst erlebten geistigen Sendepause nacherzählt. »Vergangenen Donnerstag nun erwischt es mich«, schreibt er in der *Frankfurter Rundschau* vom 30. September 2008: »Ich sitze auf einem Podium, beginne etwas, das ein Satz zu werden sich schon nach drei, vier zusammenhanglosen Wörtern verweigert. Ich gebe nicht auf, sondern versuche meiner auseinanderfliehenden Gedanken und die sie fixierenden Wörter habhaft zu werden. Aussichtslos. Die ein oder andere Floskel stellt sich ein, dann aber kommt nichts mehr. Kein Wort, kein Gedanke. Einfach nichts. (...) Der große freie Raum zwischen mir und dem Publikum, so leer er ist, bietet tausend Hinterhalte, hinter denen die Dinge und Wörter stecken müssen, derer ich nicht habhaft werde. Ab und zu klumpt ein Wort mir über die Lippen. Der Rest der Wörter und Dinge hat sich aufgelöst, ist verloren. Eigentümlich ist: Es macht mir in Wahrheit nichts aus. Ich trauere diesem Verlust nicht nach und nicht meiner adamitischen Macht über die Namen und Dinge. Ich bin ganz gelassen in meiner Hilflosigkeit, eine depperte Heiterkeit hat Besitz von mir ergriffen. Ich betrachte mich und die Aussichtslosigkeit, aus meiner Situation herauszukommen, freundlich amüsiert. Ich habe mich von mir getrennt.«[45]

Widmann beschreibt den Zustand einer plötzlich durchbrechenden Erschöpfung, die mit keiner physischen Schwäche einherging, als eine Erlösung. Der innere Zwang zu Form und Effizienz scheint für diesen Moment aufgehoben. Was Widmann in freimütiger Offenheit kundtut, wird nicht selten als Blamage erlebt und geht nicht immer so gut aus. Selten stellt sich wohl auch die Möglichkeit ein, die erlittene Schwäche so souverän zu verarbeiten. Widmanns Reflexion macht deutlich, dass sich hier neben der von keinem Ich beantragten Auszeit ein kulturelles Phänomen Ausdruck verschafft hat: In seiner Geschichte der Psychiatrie führt der französische Soziologe Alain Ehrenberg aus, welchen Preis die umfassende Erwartung von Eigenverantwortung und Selbstverwirklichung in der Moderne verlangt. Die Befreiung des

Subjekts aus Traditionen und Bindungen führt paradoxerweise zu pathologischen Selbstfesselungen. »Welchen Bereich man sich auch ansieht (Unternehmen, Schule, Familie), die Welt hat neue Regeln. Es geht nicht mehr um Gehorsam, Disziplin und Konformität mit der Moral, sondern Flexibilität, Veränderung, schnelle Reaktion und dergleichen. Selbstbeherrschung, psychische und affektive Flexibilität, Handlungsfähigkeit: Jeder muss sich beständig an eine Welt anpassen, die eben ihre Beständigkeit verliert, an eine instabile, provisorische Welt mit hin und her verlaufenden Strömungen und Bahnen. Die Klarheit des sozialen und politischen Spiels hat sich verloren. Die institutionellen Transformationen vermitteln den Eindruck, dass jeder, auch der Einfachste und Zerbrechlichste, die Aufgabe, alles zu wählen und alles zu entscheiden, auf sich nehmen muss.«[46]

Wenn der Kampf ums Überleben, aber auch um das adrette Aussehen, das alerte Dabeisein und das coole Drüberstehen fatale Erschöpfungszustände hervorruft, dann lohnt es, sich noch einmal der Rolle des Lasters zu vergewissern. Worin dessen Gefährlichkeit besteht, ist so eindeutig nicht. »Das Gute«, heißt es bei Wilhelm Busch, »dieser Satz steht fest / ist stets das Böse / das man lässt.« Gut und Böse folgen keiner festgelegten Definition, sondern bedingen einander. Als unterlassenes Böses jedenfalls ist das Gute kein Wert an sich. Zur Unterscheidung von gut und böse bedarf es demnach einer großen Portion Intuition und eines gesunden Maßes an Lebensklugheit. Ähnlich verhält es sich auch mit dem Laster. Es lässt sich nicht von vornherein ausschließen, weil es sich erst in der Maßlosigkeit, dem Überschreiten des Angemessenen, bildet. Die Paradoxien, mit denen gute Absichten konfrontiert sind, kennzeichnet Alain Ehrenberg als Überschreitungen ohne Verbote, Entscheidungen ohne Verzicht und Anomalitäten ohne Pathologie. Die angestrengten Kämpfe gegen das Laster und die Versuche, es auszumerzen, lassen das Übel als externes Element vielfach erst in Erscheinung treten. Der so genannte Jojo-Effekt wird als Folge regelmäßiger wie vergeblicher Bemühungen um Gewichtskontrolle beschrieben, während das Phänomen des Elektrosmogs immer manifestere Krankheitsbilder hervorruft, ohne dass verlässliche Zusammenhänge zwischen Erkrankung und äußeren Einwirkungen hätten nachgewiesen werden können.

Dabei geht es hier natürlich nicht darum, bestimmte Krankheitsbilder zu bestreiten und einer allzu regen Einbildungskraft zuzuschreiben. Es muss vielmehr hervorgehoben werden, dass eine integrative Vorstellung vom Laster verlorengegangen ist. Auf besonders skurrile Weise wird das beim so genannten Münchhausen-Syndrom deutlich, das als psychische Störung beschrieben werden kann, bei dem die Betroffenen körperliche Beschwerden erfinden oder selbst hervorrufen und meist sehr dramatisch präsentieren. Sie zwingen die Ärzte gezielt in eine Diagnostik, um diesen später mit Hilfe ausgeprägter medizinischer Kenntnisse Kunstfehler oder Fehlbehandlungen nachzuweisen. Das Münchhausen-Syndrom ist in sozialpsychologischer Lesart eine Reaktion auf medizinische Definitionsbedürfnisse. Sobald Münchhausen-Patienten mit psychischen Krankheitsbildern konfrontiert werden, entziehen sie sich der Behandlung. Der Grund dafür ist vermutlich weniger die Furcht vor Enttarnung als die Angst, auf ein weites Feld der Erklärungen verwiesen zu werden.

Das Laster, soviel verrät bereits der altmodisch anmutende Begriff, ist von keiner Gemeinschaft trennscharf definiert worden. Ohne es klar zu formulieren, hat der gesunde Menschenverstand dennoch eine genaue Vorstellung davon, worin das Laster besteht und wo es zu finden ist. In der profanen Vorstellung erscheint das Laster als ungefähre Grenze zum Üblen, von dem man sich besser fernhält. Dadurch ist gewiss keine Kategorie gewonnen, an die man sich heute gut halten kann. Im Namen des Lasters wurden in anderen Zeitaltern radikale Ausgrenzungskämpfe betrieben. Das dunkle Kapitel der Hexenverfolgungen sowie das repressive Regime der Inquisition hantierten mit fest verankerten Aversionen gegen das Laster. Dass diese heute umfangreichen Techniken der Selbstoptimierung gewichen sind, bedeutet nicht, dass den meisten Lastern noch immer auf eindimensionale, unaufgeklärte Weise begegnet wird.

Es käme aber darauf an, jene Ressourcen zu heben, die es dem Lasterhaften ermöglichen, dabeizubleiben und mitzuhalten oder bisweilen sogar überlegen zu sein. Er ist es schließlich auch, der die Möglichkeit offen hält, sich treiben zu lassen ohne unterzugehen. Das Verhältnis von Tugenden und Lastern, schreibt Martin Seel, ist ohnehin notorisch verwickelt. Von Anfang an lauert hier die Ambivalenz. »Tugenden sind Laster«, so Martin Seel, »die ihr Schlimmstes nicht ausleben. Laster sind Tugenden, die ihr Bestes versäumen.«[47]

Die in diesem Buch beschriebenen Versuche, an die Grenze zu gehen und auf dem Weg dahin alles Störende auszumerzen, führen eher selten in Landschaften der Zufriedenheit. Die Anerkennung der Ambivalenzen von Laster und Willensschwäche ähnelt dem intuitiven Wissen eines Gärtners, der seine Bäume beschneidet: Was zunächst als widersinniger Akt der Zerstörung erscheint, kann bisweilen den Raum für prächtige Triebe schaffen.

Für eine kleine Schule des Nachlassens

»On a slow train, time does not interfere.«

Bob Dylan

Wir grüßten uns schon von weitem. »Na, auch zu früh?« fragte der Kollege S., der eine Antwort gar nicht erst abwartete. »Ich gehe noch eine Runde um den Block.« Mit einer stummen Geste der Billigung folgte ich in der von ihm vorgegebenen Richtung. Wir hatten denselben Termin, waren aber beide mehr als zehn Minuten zu früh erschienen. »Das passiert mir immer«, gestand S., ohne dass er danach gefragt worden war. »Ich komme seit Jahren überall zu früh, und ich hasse mich dafür. Ich kann nichts dagegen tun.« Ich hatte nicht das Gefühl, mich erklären oder ein gesteigertes Interesse an dieser soziopathologischen Eigenart artikulieren zu müssen. Ich wusste, wovon er sprach. In mir hatte S. einen Leidensgenossen. Mit der Zeit entwickelt man seine Techniken, damit fertig zu werden. Zahllose Runden um den Block und blödsinniges Stieren auf irgendwelche Schaufensterauslagen, allein mit dem Ziel, Zeit verstreichen zu lassen, gehören seit langem zu meinen Alltagsbeschäftigungen. Zugegeben: Es gibt aufregendere Dinge im Leben. Ärgerlichere auch.

Es ist nicht tragisch, sondern nur lästig, dass man sich anders verhält als man möchte. Nichts zu machen. Es ist, wenn man zu früh dran ist, vermutlich keine Frage falscher Einschätzungen über den zurückzulegenden Weg. Wie ferngesteuert steht man beim nächsten Mal garantiert wieder zu früh vor einer fremden Tür. Mit der Zeit nimmt man es einfach hin, fast immer der Erste zu sein und ein wenig fehl am Platz zu wirken, während die Gastgeber noch mit letzten Handgriffen befasst sind. Das Angebot, bei irgendwelchen Vorbereitungen mitzutun, wird meist dankend ausgeschlagen, und man hat Floskeln für das Bemühen parat, nach Möglichkeit nicht zu stören: Kümmern Sie sich nicht um mich.

Es ginge zu weit, die dumme Angewohnheit, immer zu früh dran zu sein, in die Liste der modernen Laster aufzunehmen. Manchmal kann es sogar hilfreich sein. Zwar nerve ich Frau und Freunde ständig damit, frühzeitig zu einer Reise aufzubrechen, aber in Sachen Pünktlichkeit kann man sich mir unfallfrei anvertrauen. Ich habe, das sage ich ohne Stolz und ob der meist uncool wirkenden Überpünktlichkeit ein bisschen beschämt, noch nie einen Zug oder Flug verpasst. Wer zu früh kommt, den bestraft kein Fahrplan. Wahrscheinlich ist die zwanghafte Zeitigkeit, der Kollege S. und ich verfallen sind, eine Art paradoxe Umkehrung der Unpünktlichkeit, die noch immer als Unsitte oder einfach nur als störend empfunden wird. Man kann es nicht abstellen, aber man lernt, damit klarzukommen. In Bezug auf die in diesem Buch angestellten Erkundungen zum Laster gibt die übertriebene Pünktlichkeit jedoch einen bemerkenswerten Hinweis: In zunehmend individualisierten Lebenslagen können selbst vermeintliche Tugenden als Laster empfunden werden. Es geht hier daher nicht darum, eine Agenda für tugendhaftes Leben in der Postmoderne zu erstellen oder die Verwerflichkeit neuer Laster zu deklinieren. Die in zahlreichen Lebensfragen aufgeworfene Ambivalenz lässt vielmehr nach Haltungen Ausschau halten, mit denen man den Herausforderungen gewachsen ist. Kann es nicht doch ein Einmaleins der gelungenen Lebensführung geben? Gibt es jenseits uncooler Tugendkataloge nicht wenigstens ein paar entlastende Rezepte?

Die Chancen, irgendwo irgendwie dabei zu sein, sind ebenso gestiegen wie die Risiken, den Einsatz zu verpassen. Der Soziologe Ulrich Bröckling spricht in diesem Zusammenhang von den Regimen der Subjektivierung. Der Zwang, man selbst und zugleich anders zu sein, hat eine permanente Mobilisierung hervorgebracht. Die umfassende Ökonomisierung des Sozialen lässt den Einzelnen keine Wahl, »als fortwährend zu wählen, zwischen Alternativen freilich, die sie sich nicht ausgesucht haben: Sie sind dazu gezwungen, frei zu sein.«[48] Die Möglichkeiten, dieser totalitären Freiheit zu entkommen, sind eher gering. Wie man sich kleidet, was man sagt und wie man sich gibt, sind durchsetzt von widersprüchlichen kulturellen Codes.

Es gibt eine anhaltende Sehnsucht nach Widerstand, Verweigerung und dem Ausbruch aus dem Bestehenden. Weniger pathetisch ausgedrückt: Man will manchmal einfach nur in Ruhe gelassen werden. Doch im dichten Netz des Kulturkapitalismus ist das ganz andere meist nur durch weitere Akte des Mittuns zu haben. Trotz allem fällt eine Konjunktur von Empfehlungen auf, die subversives Unterlaufen oder bloßes Unterlassen als Widerstandsgeste favorisieren. Die Weigerung Mitzumachen als identitätsstiftende Geste. Besonders erfolgreich war diesbezüglich die französische Autorin Corinne Maier mit ihrem Bestseller *Die Entdeckung der Faulheit. Von der Kunst, bei der Arbeit möglichst wenig zu tun*. Maier hegt die Illusion großer und kleiner Verweigerungen, mit denen man sich einem übermächtigen gesellschaftlichen Feind zu entziehen vermag. Gewiss sind die kreativen Schübe, die aus diesen Widerstandsakten erwachsen können, nicht zu unterschätzen. Um störrisch zu sein, bedarf es ebenso Mut wie theatralischer Fähigkeiten. Wer dagegen hält, hebt sich zur Kenntlichkeit hervor. Doch aus dem Akt des Widerstands, der schwer auf Dauer zu stellen sein dürfte, erwächst keine Möglichkeit zur Normalisierung. Wer im Beruf anhaltend wenig tut, fliegt irgendwann raus, wie gut ausgearbeitet sein subversives Programm auch gewesen sein mag. Die Strategie kreativer Faulheit setzt ein intaktes Feindbild voraus, das jedoch immer schwerer auszumachen ist. Das traditionelle Gefälle zwischen denen, die Arbeit verteilen und denen, die sie verrichten, ist weitgehend aufgehoben. Wer Arbeit zu verteilen hat, kann selbst rasch von der Krise erfasst werden. Diese Dynamik scheint auch von den sich als soziale Bewegung inszenierenden »glücklichen Arbeitslosen« vernachlässigt zu werden, wenn sie ein Recht auf Faulheit proklamieren und für eine demonstrative Untugend optieren. Sie pochen auf Verrechtlichung, obwohl diese die wirtschaftlichen Fliehkräfte längst schon nicht mehr aufzuhalten vermag. Ein Recht auf Faulheit wird von niemandem bestritten. Die gesellschaftlichen Institutionen haben sich allenfalls darauf verständigt, Untätigkeit nicht zu gratifizieren. Dass selbst das nicht völlig ausgeschlossen ist, zeigen die Diskussionen über Bürger-, Elterngeld und andere Transferleistungen, die diesen Modellen zufolge dem bloßen Dasein zur Verfügung gestellt werden sollen.

Darüber hinaus ist nicht zu übersehen, dass die Proklamation der Faulheit als Norm ihren Charme schnell zu verlieren droht. Programmatische Faulheit bedarf der Existenz der anderen, die so dumm sind, strebsam und fleißig zu sein. Am Ende erfordert gerade das Faulsein eine Energie, die man doch gerade nicht gewillt war, für andere aufzuwenden. Trotz aller subversiven Verve, die dem sozialen Experiment der glücklichen Arbeitslosen innewohnt, können die Konzepte der Faulheit, programmatische Oblomowerei, nicht ohne Schuldgefühle genossen werden. Die Wonnen des Nichtstuns verheißen letztlich keine Freiheit, sondern zwingen in einen dauerhaften Kampf gegen geregelte Tätigkeit. Letztlich entlastet das propagierte Nichtstun nicht von der Allgegenwärtigkeit des Reichs der Tätigkeit. Was auszuarbeiten wäre, sind stattdessen vielleicht Verhaltenslehren des Nachlassens.

In diesem Sinn lassen sich die Beispiele unzeitgemäßer Lebensführung lesen, die sich den Charme einer vorläufigen Lebenskunst bewahrt haben. Der Architekt Rainer K. zum Beispiel erlaubt sich den Luxus, nicht an die modernen Kommunikationstechniken angeschlossen zu sein. Er telefoniert mit einem uralten Nokia-Handy der ersten Generation, bei dem meist der Akku leer ist. Für berufliche Gespräche benutzt er das Gerät ohnehin nicht. Es dient lediglich für den Notfall, um für seine Frau und Kinder erreichbar zu sein. Eigentlich wäre auch das nicht wirklich nötig. Die Kinder sind fast erwachsen und sein Büro befindet sich in unmittelbarer Nähe zur Wohnung der Familie. Rainer K. arbeitet gewissenhaft an seinen Entwürfen, und seine Auftraggeber haben sich damit abgefunden, dass er bisweilen schlecht zu erreichen ist. Seinem beruflichen Fortkommen, ist er sich sicher, hat das bislang nicht geschadet. Das knochenartige Handgerät ist jedoch in jeder Unterhaltung der Renner. Technische Rückständigkeit wird inzwischen elegant in den Lebensstil eingearbeitet. Der eigene Erfolg hängt nicht mehr nur davon ab, dauerhaft angeschlossen zu sein. Was zählt, ist vielmehr der stilvolle Wechsel zwischen On und Off. Das Beispiel von Rainer K. ist denn auch keineswegs als Aufruf zur technischen Rückständigkeit misszuverstehen, die zudem wenig Tugendhaftes an sich hätte. Fern von jedem Ästhetizismus ist es nicht einmal als Antwort auf den Erwartungsdruck moderner Selbstbehauptung zu deuten. Es hat sich ergeben, so wie man mal unpünktlich ist oder von einer Sache, über die alle reden, einfach noch nichts mitbekommen hat. Für den Charme unkonventioneller Umständlichkeit gibt es keine stabile Währung, aber es beruhigt, immer ein wenig bares dabei zu haben.

Der Schriftsteller Michael R. hat sich jahrelang gegen jede Art technischen Schreibgeräts gewandt. Er schrieb seine Manuskripte stets mit der Hand und gebrauchte eine mechanische Schreibmaschine nur, um die Texte für andere in eine besser lesbare Form zu bringen. Der Gebrauch eines Computers, war er sich sicher, hätte ihn in eine schwere Schreibkrise gestürzt. Das ging Jahr für Jahr so und in den Redaktionen, die er regelmäßig und mit großer Zuverlässigkeit belieferte, wurde man zunehmend ungeduldig, da Kapazitäten für das neuerliche Erfassen seiner

Texte nicht mehr vorhanden waren. Die so genannte Textaufnahme war in allen Verlagen aus dem Haushaltsplan gestrichen, das entsprechende Personal entlassen. Wie Fremdkörper erreichten seine liebevoll getippten Manuskripte jedoch weiterhin die verzweifelten Redakteure, schon von weitem waren sie am unzeitgemäßen Typoskript zu erkennen. Meist fand sich dann doch jemand, der die Blätter an sich nahm und rasch in den PC donnerte. Man schätzte R. ob seiner klugen Texte, und schließlich druckte man ihn ja nicht jeden Tag. Die meisten Redakteure hatten ihre Hoffnung auf eine Innovation der Arbeitsgeräte R.'s aufgegeben. Traf man auf Kollegen anderer Zeitungen, die ebenfalls mit R. arbeiteten, kam bisweilen die Rede auf die sympathisch störende Rückständigkeit. Das ist umso kurioser, weil R. als Autor eine beinahe ungebrochene Modernisierungsfreudigkeit zum Ausdruck bringt. Beharrungsvermögen und sentimentales Festhalten am Bestehenden duldet er nicht. Ein nicht geringer Teil seiner Texte ist darauf aus, die individuellen Mythologien der Untätigkeit und Schwerfälligkeit zu entlarven. Eines Tages war es nach mehrjähriger hartnäckiger Weigerung dann so weit: R. mochte sich nicht länger gegen technische Neuerungen stellen. Tatsächlich war es allerdings seine Frau, die den Haushalt um einen Computer erweitert hatte. In den Zeitungsredaktionen treffen seither E-Mails mit Typoskripten von R. ein. Er hat sich anschließen und bald darauf einen Essay zur digitalen Bohème folgen lassen. Schwer vorstellbar, dass für derlei Lebenskunst der Überraschung ein serielles Coaching entwickelt werden könnte. So anleitungsresistent die Beispiele undogmatischer Verweigerungshaltungen zu sein scheinen: unaufhebbar sind die nicht.

Das individuelle Navigieren zwischen Ordnung und Chaos ist ohnehin ambivalent. Während man keine Charakterpunkte für die gelungene Präsentation eines aufgeräumten Schreibtisches erwarten darf, verheißt eine gesittete Renitenz in der Auseinandersetzung mit Behörden wie dem Finanzamt oder bloß dem eigenen Haushalt doch eine gewisse Aufmerksamkeit. Menschen, in deren Entwicklung ein wenig Wert auf Bildung gelegt worden ist, können, wenn die Rede darauf kommt, in solchen Momenten möglicherweise von Alexander Fleming erzählen. Der experimentierte mit Staphylokokken und Schimmelpilzen, versäumte es aber, vor einer längeren Abwesenheit, noch einmal aufzuräumen. Als er zurückkam, war aus den vergessenen Petrischalen eine Erfindung geworden, auf die die Welt heute nicht mehr verzichten mag: das Penicillin.

Die Anekdote zeigt, wie eng Genie und die Neigung zu Nachlässigkeit und Unordnung beieinanderliegen können. Zumindest wird ein solcher Zusammenhang gern angenommen. Es gibt zahlreiche Erzählungen von Garagenunternehmern und Computer-Nerds, deren zukunftsweisendes Tun von seltsamen Schlaf- und Ernährungsweisen begleitet wird. Als Wohnen würde man ihre Art der Lebensführung nicht bezeichnen, und woraus sie möglicherweise wertvolle Impulse für das Verarbeiten von Datenströmen beziehen, ist für andere schlicht das Dahinvegetieren in Schmutz. Zumindest haben sie ein eigenartiges Verhältnis zu ihrer räumlichen Umgebung. Provisorische Lebensformen stehen nicht selten auf der Kippe zwischen Bewunderung und Stigma, und immer häufiger wächst ihnen beides zu. Die Lebensform scheint sich in einem Schwebezustand zwischen Absturz und Durchbruch zu befinden, der von vielen als attraktiver empfunden wird als schnöde Gleichmäßigkeit. Dass die globalisierte Ökonomie letzteres weitgehend von der Tagesordnung gestrichen hat, hat den Lebensformen des Herumtreibens, Schnorrens und Durchwurschtelns einiges von ihrer Exotik genommen. Während das bloße Herumlungern eben noch als typisches Merkmal zur Beschreibung eines Sozialfalls galt, kann es heute auch schon einmal auf seine schöpferischen Impulse hin abgeklopft werden.

Aus Beharrungsvermögen, Trägheit und Unlust gehen bisweilen seltsame Energien hervor, denen in diesem Buch in verschiedenen Anläufen und wechselnden Perspektiven Aufmerksamkeit geschenkt worden ist. Auf seine Weise hat unlängst der Berliner Kulturwissenschaftler Joseph Vogl eine Inspektion des Zauderns vorgenommen und dessen mitunter Qualen verursachende Unentschiedenheit auf ihre verborgenen Potenziale hin untersucht.[49] Was hat es mit jenem endlosen Grübeln auf sich, das einen nicht zu Potte kommen lässt? Aus zahlreichen literarischen Quellen entwickelt Vogl eine Zauderfunktion, die den Spielarten der Willensschwäche und Unentschlossenheit eine weitgehend noch nicht geborgene Dimension attestiert. »Das Zaudern«, so Vogl, »scheint wie ein verschollenes Thema oder Anathema eine seltsam verwischte Spur zu ziehen, die überall dort scharf und prägnant wird, wo sich – in einer langen abendländischen Geschichte – eine Kultur der Tat und eine Kultur des Werks brechen und reflektieren. Das Zaudern begleitet den Imperativ des Handelns und der Bewerkstelligung wie ein Schatten, wie ein ruinöser Gegenspieler; und man könnte hier von einer Zauderfunktion sprechen: Wo Taten sich manifestieren und wo Handlungsketten sich organisieren, wird ein Stocken, eine Pause, ein Anhalten, eine Unterbrechung markiert. Damit hat sich zugleich ein asymmetrisches Verhältnis zur Zeit und zur Geschichte eingestellt.« Man muss Vogls geschichtsphilosophischen Exkursionen nicht auf allen Pfaden folgen, um in der Zauderfunktion eine noch weitgehend unentdeckte Ressource zu erkennen – ein Vermögen des Innehaltens; Kraftreserven, die aus weitgehend brachliegenden Nischen hervorgeholt werden können, wenn es nötig ist.

Um die Nischen der Untugenden ausleuchten zu können, habe ich mir die Freiheit des mehrfachen Perspektivwechsels erlaubt. Das Buch konnte kein Vertreter des Ratgebergenres werden, weil es auf die Lust des Lesers am Weiterspinnen des Vorliegenden setzt. Es kam darauf an, die Neigung zum Unterlassen, die Tendenz zum Aufschieben und Sich-gehen-lassen auf ihre jeweiligen Energien, stabilisierenden Komponenten und integrierenden Kräfte hin abzuklopfen. Wenn am Ende des Buchs ein »Ach« ertönt, dann ist es kein überdrüssiges, das seinen Missmut vor zusätzlichen Anstrengungen ausdrückt. Es ist vielmehr in der Tonlage des Lauts gesprochen, in dem Erkenntnis und Aufbruch lauern. Es ist als Anregung zu verstehen, sich einer Theorie und Praxis des Nachlassens zu vergewissern, die aus den Erschöpfungszuständen ihr Material gewinnt. Den Blick dafür zu weiten, ist die Idee dieses experimentellen Erlaubnisgebers.

Dank

Die Idee zum Buch hatte Petra Eggers, und ich danke ihr für das entgegengebrachte Vertrauen, das Thema nach meinen Vorstellungen entfalten zu können. Diana Stübs von der Agentur Eggers und Landwehr hat gleich zu Beginn die richtigen Fragen gestellt. Sabine Niemeier vom Campus Verlag danke ich für ihre inspirierende Begleitung des Projekts während des Schreibens und ihre ordnenden Eingriffe zum Schluss. Ursula März, Kathrin Passig und Stefan Klein haben mit ihren klugen Interventionen in ausführlichen Gesprächen sehr zur Abrundung des Buches beigetragen. Der größte Dank gilt Barbara Brockert, die meine Laster kennt, sie oft erträgt und immer wieder auch für deren Schubumkehr sorgt.

Anmerkungen

1 Siegfried Giedion: *Die Herrschaft der Mechanisierung. Ein Beitrag zur anonymen Geschichte*, Hamburg, 1994
2 Italo Sevo: *Zeno Cosini*, Roman, Reinbek 1988
3 Wolfgang Schivelbusch: *Das Paradies, der Geschmack und die Vernunft. Eine Geschichte der Genussmittel*, Frankfurt 1990
4 Stephan Bartels: *Der Kilo-Killer. Ein Jahr im Schlankheitswahn*, S. Fischer Verlag GmbH, Frankfurt 2008
5 Joschka Fischer: *Mein langer Lauf zu mir selbst*, Hamburg 1999
6 Susanne Fröhlich: *Moppelich. Der Kampf mit den Pfunden*, Frankfurt 2004
7 Franz Kafka: »Die Verwandlung«, in *Erzählungen*, Frankfurt 1976
8 Ulrich Beck. *Was zur Wahl steht*, Frankfurt 2005
9 *Der Briefwechsel Wolfgang Koeppen – Siegfried Unseld*, Frankfurt 2006
10 Wolfgang Koeppen, Marion Koeppen: *Briefe: »... trotz allem so wie Du bist«*, Frankfurt 2008
11 Aristoteles: *Nikomachische Ethik*, Herausgegeben und übersetzt von Ursula Wolf, Rowohlt Verlag GmbH, Reinbek bei Hamburg 2006
12 Aristoteles zitiert nach Martin Seel: »Ein Lob der Willensschwäche«, in: *Sich bestimmen lassen*, Frankfurt 2002
13 Aristoteles: *Nikomachische Ethik*, Herausgegeben und übersetzt von Ursula Wolf, Rowohlt Verlag GmbH, Reinbek bei Hamburg 2006
14 Aristoteles: *Nikomachische Ethik*, Herausgegeben und übersetzt von Ursula Wolf, Rowohlt Verlag GmbH, Reinbek bei Hamburg 2006
15 Martin Seel: »Ein Lob der Willensschwäche«, in: *Merkur*, Heft 627, Stuttgart 2001
16 Kathrin Passig, Sascha Lobo: *Dinge geregelt kriegen ohne einen Funken Selbstdisziplin*, Rowohlt Berlin Verlag GmbH, Berlin 2008
17 Benjamin Barber: *Consumed!*, München 2008
18 Norbert Bolz: *Das konsumistische Manifest*, München, 2002
19 Vance Packard: *Die geheimen Verführer*, Düsseldorf, 1958
20 Stefan Klein: *Die Glücksformel oder Wie die guten Gefühle entstehen*, Rowohlt Verlag GmbH, Reinbek bei Hamburg 2002
21 Wolfgang Schmidbauer: *Jetzt haben, später zahlen*, Reinbek 1995

22 Jean-Claude Kaufmann: *Die Erfindung des Ich*, Konstanz 2005
23 Ingo Niermann: *Umbauland*, Frankfurt 2006
24 Ingo Niermann: *Minusvisionen. Unternehmer ohne Geld*, Protokolle, Frankfurt 2003
25 Helmut Höge: *Berliner Ökonomie. Prols und Contras*, Berlin 1997
26 Stefan Klein in: *Stern*, 3/2008
27 Wilhelm Schmid: *Mit sich selbst befreundet sein*,Frankfurt 2004
28 Aurel Kolnai: *Ekel, Hochmut, Hass*, Frankfurt 2007
29 Jean-Claude Kaufmann: *Die Erfindung des Ich*, Konstanz 2005
30 Joyce Carol Oates: *Über Boxen*, Zürich 1988
31 Norman Mailer, zitiert nach Oates, a.a.O.
32 Helmut Lethen: *Verhaltenslehren der Kälte*, Frankfurt 1994
33 Martin Seel: *Sich bestimmen lassen*, Frankfurt 2002
34 Gerhard Meyer: *Geldspielautomaten mit Gewinnmöglichkeit – Objekte pathologischen Glücksspiels?*, Bochum 1991
35 Es gibt eine Reihe bedeutender Spieltheorien, von denen hier nur die wichtigsten genannt sein sollen: Johann Huizinga: *Homo ludens*. Reinbek 1987; Roger Caillois: *Die Spiele und die Menschen*, Frankfurt, Berlin, Wien 1982 sowie: Clifford Geertz: »Deep Play«, in: *Dichte Beschreibung*, Frankfurt 1987
36 vgl. Harry Nutt: *Chance und Glück. Erkundungen zum Glücksspielmarkt in der Bundesrepublik Deutschland*, Frankfurt 1994 sowie »Gewinnen ist geil. Glücksspiel und Wette als symbolische und ökonomische Praxis«, in: *Merkur*, Nr. 673, Mai 2005
37 Stefan Klein in: *Stern*, 3/ 2008
38 Paul Parin: »Psychoanalytische Entlarvung des Glücks«, in: *Kursbuch* 95, 1987
39 Norman Albers: *Ökonomie des Glücksspielmarkts in der Bundesrepublik Deutschland*, Berlin 1993
40 Aurel Kolnai: *Ekel, Hochmut, Hass. Zur Phänomenologie feindlicher Gefühle*, Frankfurt 2007
41 Wilhelm Schmid: *Mit sich selbst befreundet sein*, Frankfurt 2004
42 Paul Auster: *Von der Hand in den Mund. Eine Chronik früher Fehlschläge*, Übersetzung ins Deutsche von Werner Schmitz, Rowohlt Verlag GmbH, Reinbek bei Hamburg 1998
43 Jean Baudrillard: *Amerika*, München 1987
44 Heinz Bude: *Die Ausgeschlossenen. Das Ende vom Traum einer gerechten Gesellschaft*, München 2008
45 Arno Widmann in: *Frankfurter Rundschau*, 30. September 2008
46 Alain Ehrenberg: *Das erschöpfte Selbst*, Frankfurt 2004
47 Martin Seel in: *Merkur*, September/Oktober 2008
48 Ulrich Bröckling: *Das unternehmerische Selbst*, Frankfurt 2007
49 Joseph Vogl: *Über das Zaudern*, Zürich, Berlin 2007